常见刑事犯罪侦查取证
工作指引

编委会主任　黄世根
副　主　任　黄　中
主　　　编　韦凤珍
防城港市人民检察院编写

中国检察出版社

编委会

编委会主任：黄世根

编委会副主任：黄　中

主　　　编：韦凤珍

副　主　编：杨宗春

编委会成员：梁恪嘉　邓　虹　柏树义　刘　惠
　　　　　　张锡燕　傅启杰　蒙永科　韦凤珍

参与编写人员：刘进平　叶良富　李春华　杨良泉
　　　　　　　韦钰滢　杜鹏宇

编写说明

近年来，防城港市检察机关坚持对重大刑事案件提前介入引导侦查，取得了一定的成效。随着刑事案件的高发，检察机关"人少案多"的矛盾日益突出，如何提高引导侦查的全面性和及时性，有效提高引导侦查的质量，是当前两级检察院迫在眉睫的问题。

为切实提高防城港市刑事案件侦办质量，避免出现案发后因未及时收集、固定证据导致相关证据灭失，或因补充侦查影响诉讼效率的情况，防城港市检察机关组织两级检察院刑事检察业务骨干共同编写《常见刑事犯罪侦查取证工作指引》，以全面引导侦查机关及时收集、固定证据，切实提高侦查质量。

本书针对防城港市近5年来刑事犯罪罪名分布情况，选取了走私犯罪、"两抢一盗"、毒品类犯罪等42个高发、多发的罪名，对个罪的定义、构成要件进行了解析；列出常用的法律法规、司法解释文件作为办案参考；重点的证据清单部分则以"表格菜单"方式，从证据类型、证据名称、证明内容、证明标准、特别注意事项5个条块，列明了侦查阶段的取证方向、取证要求，针对特别的证据或特殊罪名，还列出了特别注意事项，提醒办案人员注意取证程序的规范性、取证内容的全面性和罪名之间的区别等事项。

本书由防城港市两级检察院从事刑检业务多年、证据审查经验丰富的骨干成员参与编撰，他们分别为：

主编：韦凤珍，负责对全书内容进行设计、汇总和审稿；

副主编：杨宗春，负责编撰对罪名解析和部分经济犯罪罪名的证据清单；

刘进平，负责编撰毒品犯罪罪名的证据清单；

叶良富，负责编撰危害公共安全罪名和部分经济犯罪罪名的证据清单；

李春华，负责编撰破坏环境资源犯罪罪名的证据清单；

杨良泉，负责编撰部分妨碍社会管理秩序犯罪罪名的证据清单；

韦钰滢，负责编撰侵犯财产权利犯罪罪名的证据清单；

杜鹏宇，负责编撰侵犯人身权利犯罪罪名的证据清单。

限于个人能力、办案经验和边境地区案件类型、证据审查惯性模式的影响，难免有不全面、不精确、不到位的地方，希望广大读者在使用本书过程中多提宝贵意见，以期改进。

编　者

2021年1月

序

证据是刑事诉讼活动的基础和灵魂,可以说,没有证据,就没有刑事诉讼。"以审判为中心"的司法改革,要求公安机关提请逮捕、检察机关提起公诉、审判机关作出裁判三个关键环节全面贯彻"证据裁判原则"。"证据裁判原则"是法庭审判的重要原则,但其蕴含的证据收集、审查判断与运用的程序、规则要求贯穿在整个刑事诉讼过程中。司法工作人员在刑事诉讼活动中,要树立证据意识,正确认识证据的本质及其诉讼价值,科学运用证据认定事实和履行诉讼职责,侦查终结标准、审查起诉标准应主动向审判标准看齐。

刑事侦查是刑事诉讼活动的最初环节,也是基础环节,侦查阶段发现、收集证据,并伴随着审查判断与运用证据的过程,在刑事诉讼中处于基础性的地位。刑事侦查阶段收集、固定证据的质量和效率将影响整个刑事案件的质量和效率。在"以审判为中心"的司法体制改革大背景下,最高人民检察院提出了"案-件比"这一诉讼效率考核指标,对检察机关的指控质量和指控效率提出了更高的要求,面对受理审查起诉的案件证据尚达不到起诉标准,又要严格控制"案-件比"的情况下,提前介入、引导取证成为了检察机关把控指控质量、提高办案效率的重要手段。而对于侦查机关而言,尤其是新晋侦查员,检察机关的个案提前介入只是解决了个案问题,但整体的证据意识、对证据体系标准和证据裁判原则的认识须经历一个过程。

本书创造性地以"照单抓药"的方式引导侦查人员遵循规范和科学的取证程序、步骤、方法开展侦查取证活动,确保依法、及时、全面、有效固定证据,避免因时间的推移导致证据灭失等情况,通过类案引导取证实现提前介入全覆盖,从而有效提升侦查和侦查监督工作质效。收录罪名均为常见、多发的罪名,并兼具防城港市的边境地域特色,罪名和证据类型全面、逻辑性较强,希望能够对防城港市侦查刑事案件发挥积极有效的引导取证作用。

目 录

序 1

第一章 危害公共安全罪 1

一、失火罪（刑法第 115 条第 2 款）... 1
  （一）犯罪构成要件 1
  （二）专门性法律法规文件 1
  （三）证据清单 1

二、非法制造、买卖、运输、邮寄、储存枪支、弹药、爆炸物罪（刑法第 125 条第 1 款）............ 5
  （一）犯罪构成要件 5
  （二）专门性法律法规文件 6
  （三）证据清单 6

三、非法持有、私藏枪支、弹药罪（刑法第 128 条第 1 款）..................... 11
  （一）犯罪构成要件 11
  （二）专门性法律法规文件 11
  （三）证据清单 11

四、交通肇事罪（刑法第 133 条）... 15

（一）犯罪构成要件 15
　　（二）专门性法律法规文件 16
　　（三）证据清单 16

五、危险驾驶罪（刑法第133条之一） 22
　　（一）犯罪构成要件 22
　　（二）专门性法律法规文件 22
　　（三）证据清单 23

第二章　破坏社会主义市场经济秩序罪 29

一、生产、销售伪劣产品罪（刑法第140条） 29
　　（一）犯罪构成要件 29
　　（二）专门性法律法规文件 29
　　（三）证据清单 30

二、走私珍贵动物、珍贵动物制品罪(刑法第151条第2款) 35
　　（一）犯罪构成要件 35
　　（二）专门性法律法规文件 36
　　（三）证据清单 36

三、走私国家禁止进出口的货物、物品罪(刑法第151条第3款) 40
　　（一）犯罪构成要件 40
　　（二）专门性法律法规文件 41
　　（三）证据清单 41

四、走私普通货物、物品罪（刑法第153条） ... 45
  （一）犯罪构成要件 ... 45
  （二）专门性法律法规文件 ... 46
  （三）证据清单 ... 46

五、合同诈骗罪（刑法第224条） ... 51
  （一）犯罪构成要件 ... 51
  （二）专门性法律法规文件 ... 51
  （三）证据清单 ... 52

六、组织、领导传销活动罪（刑法第224条之一） ... 56
  （一）犯罪构成要件 ... 56
  （二）专门性法律法规文件 ... 57
  （三）证据清单 ... 57

七、非法经营罪（刑法第225条） ... 61
  （一）犯罪构成要件 ... 61
  （二）专门性法律法规文件 ... 62
  （三）证据清单 ... 63

第三章 侵犯公民人身权利、民主权利罪 ... 70

一、故意杀人罪（刑法第232条） ... 70
  （一）犯罪构成要件 ... 70
  （二）专门性法律法规文件 ... 70
  （三）证据清单 ... 71

二、故意伤害罪（刑法第234条） 76
（一）犯罪构成要件 76
（二）专门性法律法规文件 76
（三）证据清单 77

三、强奸罪（刑法第236条） 81
（一）犯罪构成要件 81
（二）专门性法律法规文件 82
（三）证据清单 82

四、非法拘禁罪（刑法第238条） 88
（一）犯罪构成要件 88
（二）专门性法律法规文件 88
（三）证据清单 89

五、拐卖妇女、儿童罪（刑法第240条） 93
（一）犯罪构成要件 93
（二）专门性法律法规文件 93
（三）证据清单 94

第四章　侵犯财产罪 99

一、抢劫罪（刑法第263条） 99
（一）犯罪构成要件 99
（二）专门性法律法规文件 99
（三）证据清单 100

二、盗窃罪（刑法第264条） ... 104
（一）犯罪构成要件 ... 104
（二）专门性法律法规文件 ... 104
（三）证据清单 ... 105

三、诈骗罪（刑法第266条） ... 109
（一）犯罪构成要件 ... 109
（二）专门性法律法规文件 ... 109
（三）证据清单 ... 110

四、抢夺罪（刑法第267条） ... 113
（一）犯罪构成要件 ... 113
（二）专门性法律法规文件 ... 113
（三）证据清单 ... 114

五、职务侵占罪（刑法第271条第1款） ... 117
（一）犯罪构成要件 ... 117
（二）专门性法律法规文件 ... 118
（三）证据清单 ... 118

六、敲诈勒索罪（刑法第274条） ... 122
（一）犯罪构成要件 ... 122
（二）专门性法律法规文件 ... 122
（三）证据清单 ... 122

七、故意毁坏财物罪（刑法第275条） ... 126

（一）犯罪构成要件 126
（二）专门性法律法规文件 126
（三）证据清单 127

第五章　妨害社会管理秩序罪 130

一、妨害公务罪（刑法第 277 条） 130
（一）犯罪构成要件 130
（二）专门性法律法规文件 131
（三）证据清单 131

二、聚众斗殴罪（刑法第 292 条第 1 款） 135
（一）犯罪构成要件 135
（二）专门性法律法规文件 135
（三）证据清单 135

三、寻衅滋事罪（刑法第 293 条） 139
（一）犯罪构成要件 140
（二）专门性法律法规文件 140
（三）证据清单 141

四、开设赌场罪（刑法第 303 条第 2 款） 145
（一）犯罪构成要件 145
（二）专门性法律法规文件 145
（三）证据清单 146

目 录

五、掩饰、隐瞒犯罪所得、犯罪所得收益罪(刑法第312条) 150
 （一）犯罪构成要件 151
 （二）专门性法律法规文件 151
 （三）证据清单 151

六、组织他人偷越国（边）境罪（刑法第318条） 154
 （一）犯罪构成要件 154
 （二）专门性法律法规文件 155
 （三）证据清单 155

七、运送他人偷越国（边）境罪（刑法第321条） 158
 （一）犯罪构成要件 158
 （二）专门性法律法规文件 158
 （三）证据清单 159

八、偷越国（边）境罪（刑法第322条） 162
 （一）犯罪构成要件 162
 （二）专门性法律法规文件 162
 （三）证据清单 163

九、非法捕捞水产品罪（刑法第340条） 165
 （一）犯罪构成要件 166
 （二）专门性法律法规文件 166
 （三）证据清单 166

十、非法收购、运输、出售珍贵、濒危野生动物、珍贵、濒危野生动物制品罪（刑法第341条第1款） 170

（一）犯罪构成要件 170
　　（二）专门性法律法规文件 170
　　（三）证据清单 171

十一、非法占用农用地罪（刑法第342条） 175
　　（一）犯罪构成要件 175
　　（二）专门性法律法规文件 176
　　（三）证据清单 176

十二、盗伐林木罪（刑法第345条第1款） 180
　　（一）犯罪构成要件 180
　　（二）专门性法律法规文件 181
　　（三）证据清单 181

十三、滥伐林木罪（刑法第345条第2款） 184
　　（一）犯罪构成要件 184
　　（二）专门性法律法规文件 185
　　（三）证据清单 185

十四、走私、贩卖、运输、制造毒品罪（刑法第347条） 188
　　（一）犯罪构成要件 188
　　（二）专门性法律法规文件 189
　　（三）证据清单 190

十五、非法持有毒品罪（刑法第348条） 196
　　（一）犯罪构成要件 197

（二）专门性法律法规文件 197
　　（三）证据清单 197

十六、容留他人吸毒罪（刑法第354条） 202
　　（一）犯罪构成要件 202
　　（二）专门性法律法规文件 202
　　（三）证据清单 203

十七、组织卖淫罪（刑法第358条第1款） 207
　　（一）犯罪构成要件 207
　　（二）专门性法律法规文件 207
　　（三）证据清单 208

十八、引诱、容留、介绍卖淫罪（刑法第359条第1款） 212
　　（一）犯罪构成要件 212
　　（二）专门性法律法规文件 212
　　（三）证据清单 212

附录：综合性法律法规及司法解释 217

第一章 危害公共安全罪
（刑法"分则"第二章）

一、失火罪（刑法第 115 条第 2 款）

失火罪，是指由于行为人的过失引起火灾，造成严重后果，危害公共安全的行为。

（一）犯罪构成要件

1. 客体要件：本罪侵犯的客体是公共安全，即不特定多数人的生命、健康或重大公私财产的安全。
2. 客观要件：本罪在客观方面表现为行为人实施引起火灾、造成严重后果的危害公共安全的行为。
3. 主体要件：本罪主体为一般主体，凡年满 16 周岁且具有刑事责任能力的人均可成为本罪主体。
4. 主观要件：本罪在主观方面表现为过失，既可出于疏忽大意的过失，也可出于过于自信的过失。

（二）专门性法律法规文件

1. 最高人民检察院、公安部《关于公安机关管辖的刑事案件立案追诉标准的规定（一）》；
2. 国家林业局、公安部《关于森林和陆生野生动物刑事案件管辖及立案标准》。

（三）证据清单

证据类型	证据名称	证明内容	证明标准	特别注意事项
物证	1. 被烧毁财物、房屋等原物或照片	被烧毁的物品、财物、房屋情况；失火的火源和助燃物品；从事其他生产、生活活动等起火原因情况。	应原物提取，不便提取的以照片形式附卷；物证的特征、数量、数额、重量与扣押清单一致。	手机、电子设备须当场封存，确保电子数据不被篡改；注意当事人用火是否采取必要的防火措施或物品。
	2. 打火机、火柴、易燃物品、电源插座等火源			

续表

证据类型	证据名称	证明内容	证明标准	特别注意事项
物证	3. 手机等通信工具	被烧毁的物品、财物、房屋情况；失火的火源和助燃物品；从事其他生产、生活活动等起火原因情况。	应原物提取，不便提取的以照片形式附卷；物证的特征、数量、数额、重量与扣押清单一致。	手机、电子设备须当场封存，确保电子数据不被篡改；注意当事人用火是否采取必要的防火措施或物品。
物证	4. 生产、生活工具、物品原物或照片			
书证	1. 受案材料、立案文书、破案经过	是否有管辖权；线索来源、发案经过、侦破经过。	相关文书应加盖公章，报案、控告等应形成笔录。	注意受案时间与立案时间的衔接。
书证	2. 户籍证明	犯罪嫌疑人身份信息、刑事责任年龄。	由户籍所在地公安机关出具并加盖公章。	未成年人刑事犯罪注意收集出生证明、户口本复印件等相关材料，必要时可以进行骨龄鉴定。
书证	3. 刑事犯罪、违法等前科材料	前科劣迹。	刑事判决书、刑满释放证明、治安处罚决定书、戒毒通知书等均须调取。	
书证	4. 到案经过、公安机关证明材料、接受投案的证明材料、检举揭发材料、立案逮捕或判决等法律文书	犯罪嫌疑人到案的真实详细过程；犯罪嫌疑人是否具有自首和立功情节。	到案经过应包括到案时间、地点、经过及是否抗拒抓捕、是否自动投案，是否有协助抓获其他同案犯的行为；到案后是否如实供述犯罪事实；由2名以上参与抓捕或者接受投案的办案人员书写、签名，并加盖单位公章。	异地抓获的，应附异地公安机关出具的抓获经过、在逃人员登记表、临时羁押证明；检举揭发的，应当收集笔录或自述材料，被检举揭发人案件相关文书如立案决定书、逮捕决定书、起诉书、判决书等；协助抓捕的，详细说明协助方式及作用。
书证	5. 拘传、拘留、逮捕、取保候审等强制措施文书	采取强制措施的合法性、羁押期限时长，是否按规定送所。	依法告知、加盖公章、注意法定羁押期限。	注意拘留后24小时入所、呈捕时间、执行时间以及拘留、逮捕后讯问时间。
书证	6. 失火地区范围图、失火物品照片等书证；失火林地、耕地等区域及失火所致损毁房屋、物品的权属证明	确认被害人或被害单位及受损情况。	可由被害人提供，也可向相关单位调取，确保程序合法。	烧毁价值要结合价格鉴定意见。
书证	7. 准许炼山、野外用火、餐饮、烧烤经营的许可证书、火源工具的安全证书	犯罪嫌疑人具有合法用火的依据。	原件提取或向行业主管部门调取，确保来源合法。	注意用火的火源类型、方式和范围。

第一章 危害公共安全罪

续表

证据类型	证据名称	证明内容	证明标准	特别注意事项
书证	8.案发时天气情况、风向风速等书证	造成火势扩大的原因。	从气象部门调取,手续合法。	注意是否属于突发天气转变或外力干扰导致不可预见。
	9.点火前后采取了一定预防失火措施的书证(如防火线布置计划书等)	犯罪嫌疑人是否存在过失。	原件调取或向相关主管部门调取。	注意防火措施与实际用火是否相当和达到最低要求。
	10.被烧毁物品发票、价格凭证、交易凭条等	被害人对被烧毁财物拥有合法权利及物品价值、购买时间、物品信息。	证据来源合法性;附卷材料须与原件一致。	证据提供单位或个人签章;调取复印件的须备注出处,原件存放情况。
	11.通话记录、短信记录	点火原因和参与人员、防火分工和失火后是否报警或寻求灭火帮助。	须加盖提供单位的公章;以拍照、截图形式提取的须当事人签字确认。	可结合涉案电子设备所提取的电子勘查情况作出分析。
	12.银行流水、微信支付、支付宝等资金往来情况	雇工进行与失火相关的生产、经营活动的费用支付;火源、点火工具、易燃物品的来源。	须加盖提供单位的公章;以拍照、截图形式提取的须当事人签字确认。	注意点火前是否购买相应的防火工具。
	13.住院记录、病历材料、伤情检查笔录等	被害人被烧伤伤情、治疗情况和费用。	从医疗机构调取,手续齐全。	必要时可询问负责治疗的医生。
	14.赔偿协议、收条、谅解书	赔偿情况;犯罪嫌疑人认罪、悔罪及刑事和解情况。	核实退赃、赔偿款支付情况及谅解书的真实性。	
犯罪嫌疑人的供述及辩解	1.自书材料	失火的火源、起因;是否为炼山、野外用火或生产经营用火、用电做好防火措施;房屋、生产经营场所、设施是否符合消防安全,电器、生产工具是否存在故障或存在消防隐患;是否及时发现火势或是没有按照要求确认火源灭掉等主观目的;火灾发现的过程及是否组织扑救、报警;火灾造成的损失或人员伤亡情况;是否赔偿、获得谅解。	自书材料应证明来源、提取时间;须制作3份以上综合笔录,清晰明了阐述案发经过;确定涉案数额;对讯问过程同步录音录像;注意讯问程序的合法性和笔录符合法定要求。	讯问未成年犯罪嫌疑人须有法定代理人(或合适成年人)在场;讯问女性未成年犯罪嫌疑人须有女性侦查人员在场参与讯问。
	2.讯问笔录			

续表

证据类型	证据名称	证明内容	证明标准	特别注意事项
被害人陈述	被害人的询问笔录	火灾发生的过程；造成的人员伤亡情况和房屋、农用地、器具、物品损毁情况；发现、报案的过程；案发现场情况。	询问过程应符合法定程序。	如被害人与犯罪嫌疑人的关系，是否对火灾发生存在过失。
证人证言	1. 目击证人的询问笔录 2. 抓获人、报案人、现场发现人的询问笔录 3. 消防人员的证言 4. 被害人家属等其他知情人的询问笔录	火灾发生的过程；报警、扑救和抢救人员、财物的过程；造成的人员伤亡、财物损失情况；对火源、起因的判断。	询问过程应符合法定程序。	证人的身份及与犯罪嫌疑人的关系；注意证人是否能够正确表达；是否需要提供翻译；未成年人必须有合适成年人或法定代理人在场。
鉴定意见	1. 价格鉴定	鉴定被损毁的房屋、器具、物品、农林作物的损失数额。	委托程序、鉴定程序合法；鉴定意见与委托要求相符。	检材的提取、送检应当符合法定程序，鉴定意见应在法定时限内作出；鉴定机构、人员资质必须符合法定条件；鉴定意见应有2名鉴定人签名、机构签章。无鉴定人签名的，应对鉴定人进行询问或进行说明；鉴定意见须及时告知。
	2. 痕迹鉴定	对所提取的指纹、脚印等进行鉴定，确定犯罪嫌疑人。		
	3. 消防责任事故鉴定、火源鉴定	火灾的起因、火源的确定。		
	4. 产品安全认定、电器故障鉴定	是否存在产品缺陷或使用不当。		
	5. 法庭科学DNA鉴定	现场遗留生物证的归属和被害人伤亡与火灾的关系。		
	6. 伤情鉴定	涉案人受伤情况。		
勘查、检查、辨认笔录等	1. 现场勘查笔录及照片	火灾现场；点火工具来源、丢弃现场；提取物证现场。	应当拍摄现场照片或录像、绘制现场图、制作现场勘查及提取物证笔录；制作搜查、检查笔录和扣押物品、文件清单；严见证人制度，必要时进行同步录音录像。	
	2. 搜查、检查笔录、照片及扣押物品、文件清单	人身检查情况、涉案财物、作案工具情况。		

续表

证据类型	证据名称	证明内容	证明标准	特别注意事项
勘查、检查、辨认笔录等	3. 辨认笔录	犯罪嫌疑人、被害人、相关证人之间身份确认情况；辨认作案工具。	（同上）	
	4. 指认笔录	指认现场、指认火源、引火工具。		
	5. 侦查实验	查明火灾起因和火源。		
视听资料	音频、视频	证明案发过程及案发现场情况。	应附证据来源、调取文书以及与案件关联性的说明。	提供录音录像单位、个人的盖章或签章；注意时间的核对与校正。
电子数据	电子数据勘验、检查笔录及载体	手机、电脑、导航仪等电子设备数据存储、恢复情况；社交软件、金融平台、网络交易平台、邮箱等资料。	案发经过；引发火灾的产品的来源和交易情况；损毁物品价值和赔偿情况。	可根据办案需要将部分重要电子数据打印并经犯罪嫌疑人签字确认后附卷。

二、非法制造、买卖、运输、邮寄、储存枪支、弹药、爆炸物罪（刑法第125条第1款）

非法制造、买卖、运输、邮寄、储存枪支、弹药、爆炸物罪，是指违反法律规定，未经国家有关部门批准，非法制造、买卖、运输、邮寄、储存枪支、弹药、爆炸物的行为。

（一）犯罪构成要件

1. 客体要件：本罪侵犯的客体是公共安全，即不特定多数人的生命、健康和重大公私财产的安全。
2. 客观要件：本罪客观方面表现为非法制造、买卖、运输、邮寄、储存枪支、弹药、爆炸物的行为。
3. 主体要件：本罪主体为一般主体，凡年满16周岁且具有刑事责任能力的自然人都可以构成。根据刑法第125条第3款的规定，单位也可成为本罪主体。单位非法从事制造、买卖、运输、邮寄、储存枪支、弹药、爆炸物的活动，其主管人员和直接责任人员，应按本罪论处。

4.主观要件：本罪主观方面表现为故意，即明知是枪支、弹药、爆炸物而非法制造、买卖、运输、邮寄、储存。

（二）专门性法律法规文件

1.《枪支管理法》；
2.《民兵武器装备管理条例》；
3.《民用爆炸物品安全管理条例》；
4.最高人民法院《关于审理非法制造、买卖、运输枪支、弹药、爆炸物等刑事案件具体应用法律若干问题的解释》；
5.最高人民法院、最高人民检察院《关于涉以压缩气体为动力的枪支、气枪铅弹刑事案件定罪量刑问题的批复》；
6.公安部《关于印发爆炸物品名称的通知》；
7.公安部《关于对彩弹枪按照枪支进行管理的通知》；
8.公安部《关于印发〈仿真枪认定标准〉的通知》；
9.公安部《关于对以气体等为动力发射金属弹丸或者其他物质的仿真枪认定问题的批复》；
10.公安部《关于对空包弹管理有关问题的批复》；
11.《公安机关涉案枪支弹药性能鉴定工作规定》；
12.《民用爆炸物品销售许可实施办法》。

（三）证据清单

证据类型	证据名称	证明内容	证明标准	特别注意事项
物证	1.涉案的枪支、弹药、爆炸物、外包装等原物或照片；制造工具	非法制造、买卖、运输、邮寄、储存的枪支、弹药、爆炸物及原材料、零件的实物、特征、数量及包装、储存、运输工具和通信工具。	扣押、提取、封存等过程具有合法性，扣押、提取、封存的作案工具、货物物品须与案件具有关联性；物证特征、数量、质量应与扣押物品清单一致。	枪支、弹药、爆炸物注意不同型号、不同类别的情况及数量，分门别类进行登记；原材料、零件的数量、特征、来源。
	2.运输车辆、船舶等工具照片			
	3.对讲机、手机等通信工具			
	4.购买原材料、零件、工具的单证和包装物			
	5.记账本、票据、通行证、现金等物品			

续表

证据类型	证据名称	证明内容	证明标准	特别注意事项
书证	1. 受案材料、立案文书、破案经过	是否有管辖权；线索来源、发案经过、侦破经过。	相关文书应加盖公章，报案、控告等应形成笔录。	注意受理案件与立案时间、手续的衔接，如行政案件转化为刑事案件等情况，关系到收集证据的时间是否合法的问题。
	2. 犯罪嫌疑人主体证据、户籍证明；单位工商登记资料、营业执照	犯罪嫌疑人或嫌疑单位的基本信息；是否构成单位犯罪。	犯罪嫌疑人是否具备完全刑事责任年龄，是否属于人大代表、政协委员、国家工作人员、中共党员，是否精神正常。	未成年人刑事犯罪注意收集出生证明、户口本复印件等相关材料，必要时可以进行骨龄鉴定；单位犯罪的，注意收集法定代表人和负责人的身份信息。
	3. 刑事犯罪、违法等前科材料	前科劣迹及是否有累犯情节。	刑事判决书、刑满释放证明、治安处罚决定书、戒毒通知书等均须调取。	特别注意是否具有前科劣迹，如行政处罚、刑事处罚及释放证明等，以及是否达到完全刑事责任年龄。
	4. 到案经过、公安机关证明材料、接受投案的证明材料、检举揭发材料、立案逮捕或判决等法律文书	犯罪嫌疑人到案的真实详细过程；犯罪嫌疑人是否具有自首和立功情节。	到案经过应包括到案时间、地点、经过及是否抗拒抓捕、是否自动投案、是否有协助抓获其他同案犯的行为；到案后是否如实供述犯罪事实；由2名以上参与抓捕或者接受投案的办案人员书写、签名，并加盖单位公章。	异地抓获的，应附异地公安机关出具的抓获经过、在逃人员登记表、临时羁押证明；检举揭发的，应当收集笔录或自述材料，被检举揭发人案件相关文书，如立案决定书、逮捕决定书、起诉书、判决书等；协助抓捕的，详细说明协助方式及作用。
	5. 传唤等文书以及拘传、拘留、逮捕、取保候审、监视居住等强制措施文书	传唤时间、拘传时间、羁押期限、强制措施合法性。	文书应当规范，符合公安机关刑事法律文书式样，完整、真实清楚记录各办案阶段的羁押时间，确保所有时间均在规定的时间范围内。	特别需要注意传唤、拘传时间（12小时或24小时起止时间及审批手续）、拘留后送看守所时间（24小时内）；异地执行拘留逮捕的要附转押、路程说明；拘留逮捕后通知家属时间要在法律规定的时间范围内。
	6. 通话记录、短信记录	预谋、分工情况、上下家联系情况及作案时间、过程、结果等情况。	须加盖提供单位的公章；以拍照、截图形式提取的，须当事人签字确认。	可结合涉案电子设备所提取的电子勘查情况作出分析。

续表

证据类型	证据名称	证明内容	证明标准	特别注意事项
书证	7. 开户信息、银行流水、微信支付、支付宝等资金往来情况	犯罪预备、工具准备等出资、雇工工钱支付情况；买卖、运输、邮寄枪支、弹药、爆炸物及其原材料、零件的交易支付情况。	对相关资金流向进行分析统计，形成款项流转过程的侦查意见。	调取手续必须具有合法性，调取证据通知书附卷。对于违法所得在银行卡内的，要冻结移送处理。
	8. 车、船、飞机票、路桥费、加油记录等	行为人实施异地买卖、运输、邮寄、储存行为的时间、地点等情况。	调取手续齐全；收集原件。	
	9. 托运、邮寄枪支、弹药、爆炸物或原材料、零件的物流寄递单证	买卖、运输、邮寄枪支、弹药、爆炸物或原材料、零件的时间、方式和路线。	调取手续齐全；收集原件。	是否存在掩饰、伪装或逃避检查的情况；是否以虚假身份作案，必要时进行笔迹鉴定。
	10. 记载制造、买卖、运输、储存枪支、弹药、爆炸物的记录本或记账单	枪支、弹药、爆炸物交易的情况；上、下家及相关交易信息；赃款的处理情况。	调取手续齐全；收集原件；由记录人进行解释并签名确认。	犯罪嫌疑人否认的，要做笔迹鉴定；注意跟微信、手机信息、供述串并分析。
	11. 租房合同、住宿登记及费用	房屋等犯罪场所的所有人、使用人或管理人情况；行动轨迹或犯罪行为场所。	调取手续齐全；收集原件。	使用虚假身份、号码等信息租用车辆、房屋、包厢等，注意收集相关的证人证言、监控视频、辨认笔录等证实实际租用人身份，必要时进行笔迹等鉴定。
	12. 租车合同、机动车登记信息、驾驶人登记信息、驾驶证、行驶证	交通工具的归属和使用情况；是否专门用于运输、买卖、储存的作案工具。	调取手续齐全；收集原件和复印件。	机动车登记所有人与实际使用人不一致的，应当收集登记所有人等证人的证言、转让合同、付款记录、保养维修记录等证据。
	13. 资格证书、生产经营许可证等证件（针对不按规定制造、超额出售等情形或超出合法正常的生产、生活需要、生产经营活动）	犯罪嫌疑人或犯罪嫌疑单位具有合法制造或销售爆炸物、民用枪支的资格和数量限额；合法生产、生活所需的枪支、爆炸物的情形。	依法从有关单位调取，也可由犯罪嫌疑人提供，但要确保真实性，结合证言、供述认定是否具备销售制造许可。	注意生产、制造、经营的范围、配额。
	14. 涉案物品处理或移交清单	枪支、弹药、爆炸物或原材料、零件的处理或移交情况。	由相关部门出具、盖章。	已移交相关部门进行处置的需要说明处置的方式及结果。

第一章　危害公共安全罪

续表

证据类型	证据名称	证明内容	证明标准	特别注意事项
犯罪嫌疑人的供述及辩解	1. 自书材料	犯罪起意、预谋过程，对枪支、弹药、爆炸物及原材料、零件的性质、用途和行为违法性的认知；实施犯罪行为的时间、地点、人物、分工、流程；涉案物品的来源、去向、储存地点、交易价格和方式、运输方式；作案次数、犯罪经过、作案工具、记账及获益情况；共同犯罪分工、配合、分赃、工钱等。	自书材料应证明来源、提取时间；须制作3份以上综合笔录，清晰明了阐述案发经过；确定涉案数额；对讯问过程同步录音录像；注意讯问程序的合法性和笔录符合法定要求。	讯问未成年犯罪嫌疑人须有法定代理人（或合适成年人）在场；讯问女性未成年犯罪嫌疑人须有女性侦查人员在场参与讯问。
	2. 讯问笔录			
证人证言	1. 目击证人、知情者、上下家、快递物流人员的询问笔录	作案过程、涉案物品的流转；犯罪嫌疑人的体貌体征、抓获的经过；单位犯本罪的，还要收集参与人员、单位领导的证言。	询问过程应符合法定程序。	证人的身份及与犯罪嫌疑人的关系；注意证人是否能够正确表达；是否需要提供翻译；未成年人必须有适格成年人在场。
	2. 抓获人、报案人、现场发现人的询问笔录			
鉴定意见	1. 枪支、弹药、爆炸物或原材料、零件的鉴定	鉴定涉案物品的属性，是否符合法定的枪支、弹药、爆炸物范围。	委托程序、鉴定程序合法；鉴定意见与委托要求相符。	检材的提取、送检应当符合法定程序，鉴定意见应在法定时限内作出；鉴定机构、人员资质必须符合法定条件；鉴定意见应有2名鉴定人签名、机构盖章。无鉴定人签名的，应对鉴定人进行询问或进行说明；鉴定意见须及时告知。
	2. 痕迹鉴定	对所提取的指纹、脚印、爆破痕迹等进行鉴定，证实案发情况。		
	3. 理化鉴定	枪支、弹药、爆炸物或原材料的成分、特性认定。		
	4. 司法会计鉴定	枪支、弹药、爆炸物或原材料、零件的交易情况和获利情况，特别是无现货但扣押到账本类证据材料能够证明涉案金额或数量的案件。		
	5. 法庭科学DNA鉴定	遗留在枪支、弹药、爆炸物或原材料、零件的生物物证。		

续表

证据类型	证据名称	证明内容	证明标准	特别注意事项
勘查、检查、辨认笔录等	1. 现场勘查笔录及照片	枪支、弹药、爆炸物或原材料、零件装卸、储存、交易现场；犯罪工具来源、丢弃现场；提取物证现场。	文书应当规范，符合公安机关刑事法律文书式样，内容应当完整、真实、详细，清晰记录物品搜查、扣押、清点、核称、取样、存放、移交的过程。应当拍摄现场照片或录像、绘制现场图、制作现场勘查及提取物证笔录；制作搜查、检查、核称、取样笔录和清单。	严格执行见证人制度；注意提取案发现场和涉案物品上犯罪嫌疑人、涉案动物遗留的生物物证；注意扣押物品与案件的关联性，与案件无关及时发还物品所有人，保障相关人员的权利；严格见证人制度，对搜查、扣押、核称、取样过程进行同步录音录像；清点取样后依法封存于具有保管条件的地方储存。
	2. 搜查证、搜查笔录、扣押决定书、扣押清单等搜查扣押手续、移交存放清单记录证据	依法搜查、扣押作案工具、枪支、弹药、爆炸物或原材料、零件数量、类型；查扣账本、车辆等物品的过程。		
	3. 清点、核称笔录	对依法扣押的涉案枪支、弹药、爆炸物或原材料、零件进行清点、核称相关数量。		
	4. 抽样提取送检笔录	对依法扣押的涉案枪支、弹药、爆炸物或原材料、零件进行按比例抽样送检。		
	5. 辨认笔录	犯罪嫌疑人、相关证人之间身份确认情况；辨认作案工具。		
	6. 指认笔录	指认现场和作案工具、指认涉案物品。		
	7. 侦查实验	涉案枪支、弹药、爆炸物进行射击、爆破的杀伤力、爆破性。		
视听资料	音频、视频	证明案发过程及案发现场情况。	应附证据来源、调取文书以及与案件关联性的说明，组织犯罪嫌疑人及相关证人对视频、音频内容进行辨认。	注意提取沿途路段的监控录像、交管部门测速装置、车辆GPS、涉案车辆及邻近车辆行车记录仪视频的相关视频、数据；提供录音录像单位、个人的盖章或签章；注意时间的核对与校正，不得剪辑、增加、删改。
电子数据	电子数据勘验、检查笔录及载体	手机、电脑、导航仪等电子设备数据存储、恢复情况；社交软件、金融平台、网络交易平台、邮箱等资料。	案发经过；赃物处理；资金流转；组织犯罪嫌疑人及相关证人对电子数据内容进行辨认。	可根据办案需要将部分重要电子数据打印并经犯罪嫌疑人签字确认后附卷。
技侦证据	技术侦查手段获取的音频、视频、书证、物证等	案发经过。	满足一般证据的证明标准。	审批手续合法；注意转化为其他形式的证据，无法转化的密卷移送并附超清文字、光盘。

三、非法持有、私藏枪支、弹药罪（刑法第 128 条第 1 款）

非法持有、私藏枪支、弹药罪，是指违反枪支管理规定，私自挪用、藏匿枪支、弹药，拒不交出的行为。

（一）犯罪构成要件

1. 客体要件：本罪侵犯的客体是公共安全和国家对枪支、弹药的管理制度。
2. 客观要件：本罪在客观方面表现为行为人违反枪支管理规定，非法持有、私藏枪支的行为。
3. 主体要件：本罪的主体为一般主体，即凡年满 16 周岁、具备刑事责任能力的人均可成为本罪主体。单位也可成为本罪主体。
4. 主观要件：本罪在主观方面表现为故意，即明知是禁止私人持有的枪支、弹药，而故意隐藏不交。

（二）专门性法律法规文件

1. 《枪支管理法》；
2. 《民用爆炸物品安全管理条例》；
3. 最高人民法院《关于审理非法制造、买卖、运输枪支、弹药、爆炸物等刑事案件具体应用法律若干问题的解释》；
4. 最高人民法院、最高人民检察院《关于涉以压缩气体为动力的枪支、气枪铅弹刑事案件定罪量刑问题的批复》；
5. 最高人民检察院《关于将公务用枪用作借债质押的行为如何适用法律问题的批复》；
6. 《公安机关涉案枪支弹药性能鉴定工作规定》。

（三）证据清单

证据类型	证据名称	证明内容	证明标准	特别注意事项
物证	1. 涉案的枪支、弹药、外包装等原物或照片 2. 原来的持枪证明 3. 装配、制造枪支工具 4. 自行组装的配件和原料	非法持有、私藏的枪支、弹药的实物、特征、数量及包装、储存、运输工具和通信工具。	扣押、提取、封存等过程具有合法性，扣押、提取、封存的作案工具、货物物品须与案件具有关联性。物证特征、数量、质量应与扣押物品清单一致。	枪支、弹药注意不同型号、不同类别的情况及数量，分门别类进行登记。

续表

证据类型	证据名称	证明内容	证明标准	特别注意事项
书证	1. 受案材料、立案文书、破案经过	是否有管辖权；线索来源、发案经过、侦破经过。	相关文书应加盖公章，报案、控告等应形成笔录。	注意受理案件与立案时间、手续的衔接，如行政案件转化为刑事案件等情况，关系到收集证据的时间是否合法的问题。
	2. 犯罪嫌疑人主体证据、户籍证明、单位工商登记注册、营业执照等	犯罪嫌疑人或单位的基本信息。	犯罪嫌疑人是否具备完全刑事责任年龄，是否属于人大代表、政协委员、国家工作人员、中共党员，是否精神正常。	未成年人刑事犯罪注意收集出生证明、户口本复印件等相关材料，必要时可以进行骨龄鉴定。
	3. 刑事犯罪、违法等前科材料	前科劣迹及是否有累犯情节。	刑事判决书、刑满释放证明、治安处罚决定书、戒毒通知书等均须调取。	特别注意是否具有前科劣迹，如行政处罚、刑事处罚及释放证明等，以及是否达到完全刑事责任年龄。
	4. 到案经过、公安机关证明材料、接受投案的证明材料、检举揭发材料、立案逮捕或判决等法律文书	犯罪嫌疑人到案的真实详细过程；犯罪嫌疑人是否具有自首和立功情节。	到案经过应包括到案时间、地点、经过及是否抗拒抓捕、是否自动投案，是否有协助抓获其他同案犯的行为；到案后是否如实供述犯罪事实；由2名以上参与抓捕或者接受投案的办案人员书写、签名，并加盖单位公章。	异地抓获的，应附异地公安机关出具的抓获经过、在逃人员登记表、临时羁押证明；检举揭发的，应当收集笔录或自述材料，被检举揭发人案件相关文书如立案决定书、逮捕决定书、起诉书、判决书等；协助抓捕的，详细说明协助方式及作用。
	5. 传唤等文书以及拘传、拘留、逮捕、取保候审、监视居住等强制措施文书	传唤时间、拘传时间、羁押期限、强制措施合法性。	文书应当规范，符合公安机关刑事法律文书式样，完整、真实清楚记录各办案阶段的羁押时间，确保所有时间均在规定的时间范围内。	特别需要注意传唤、拘传时间（12小时或24小时起止时间及审批手续）、拘留后送看守所时间（24小时内）；异地执行拘留逮捕的要附转押、路程说明；拘留逮捕后通知家属时间要在法律规定的时间范围内。
	6. 通话记录、短信记录	枪支的来源；持有、私藏枪支的人员和位置。	须加盖提供单位的公章；以拍照、截图形式提取的须当事人签字确认。	可结合涉案电子设备所提取的电子勘查情况作出分析。

第一章　危害公共安全罪

续表

证据类型	证据名称	证明内容	证明标准	特别注意事项
书证	7.高速路通行记录、住宿登记等	行为人持有、转移枪支的运输路线和藏匿地点。	调取手续齐全；收集原件。	
	8.租车、租房合同；机动车登记信息、驾驶人登记信息、驾驶证、行驶证	用于藏匿枪支、弹药的房屋、车辆的情况。	调取手续齐全，收集原件和复印件。	机动车登记所有人与实际使用人不一致的，应当收集登记所有人等证人的证言、转让合同、付款记录、保养维修记录等证据。
	9.持枪证（针对私藏枪支的情形）	犯罪嫌疑人曾经合法持枪的情况。	依法从有关单位调取，也可由犯罪嫌疑人提供。	注意合法持枪的时间、身份。
	10.涉案物品处理或移交清单	枪支、弹药的处理或移交情况。	由相关部门出具、盖章。	已移交相关部门进行处置的需要说明处置的方式及结果。
犯罪嫌疑人的供述及辩解	1.自书材料 2.讯问笔录	犯罪起意、预谋过程，对枪支、弹药的性质、用途和行为违法性的认知；实施持有、私藏枪支、弹药行为的时间、地点、分工；涉案枪支、弹药的数量、型号、来源、去向、储存地点和方式，有无使用。	自书材料应证明来源、提取时间；须制作3份以上综合笔录，清晰明了阐述案发经过；确定涉案数额；对讯问过程同步录音录像；注意讯问程序的合法性和笔录符合法定要求。	讯问未成年犯罪嫌疑人须有法定代理人（或合适成年人）在场；讯问女性未成年犯罪嫌疑人须有女性侦查人员在场参与讯问。
证人证言	1.目击证人、知情者的询问笔录 2.抓获人、报案人、现场发现人的询问笔录	涉案枪支、弹药的数量、型号、来源、去向、储存地点和方式；犯罪嫌疑人的体貌体征、抓获的经过。	询问过程应符合法定程序。	证人的身份及与犯罪嫌疑人的关系；注意证人是否能够正确表达；是否需要提供翻译；未成年人必须有适格成年人在场。

续表

证据类型	证据名称	证明内容	证明标准	特别注意事项
鉴定意见	1. 枪支、弹药的鉴定	鉴定涉案物品的属性，是否符合法定的枪支、弹药范围。	委托程序、鉴定程序合法；鉴定意见与委托要求相符。	检材的提取、送检应当符合法定程序，鉴定意见应在法定时限内作出；鉴定机构、人员资质必须符合法定条件；鉴定意见应有2名鉴定人签名、机构签章。无鉴定人签名的，应对鉴定人进行询问或进行说明；鉴定意见须及时告知。
	2. 痕迹鉴定	对所提取的指纹、脚印等进行鉴定，证实案发情况。		
	3. 理化鉴定	枪支、弹药或原材料的成分、特性认定。		
	4. 法庭科学DNA鉴定	遗留在枪支、弹药的生物物证。		
勘查、检查、辨认笔录等	1. 现场勘查笔录及照片	枪支、弹药装卸、储存现场；提取物证现场。	文书应当规范，符合公安机关刑事法律文书式样，内容应当完整、真实、详细，清晰记录物品查获、扣押、清点、核称、取样、存放、移交的过程。应当拍摄现场照片或录像，绘制现场图、制作现场勘查及提取物证笔录；制作搜查、检查、核称、取样笔录和清单。	严格执行见证人制度；注意提取案发现场和涉案物品上犯罪嫌疑人、涉案枪支、弹药遗留的生物物证；注意扣押物品与案件的关联性，与案件无关及时发还物品所有人，保障相关人员的权利；严格见证人制度，对搜查、扣押、取样过程进行同步录音录像；清点取样后依法封存于具有保管条件的地方储存。
	2. 搜查证、搜查笔录、扣押决定书、扣押清单等搜查扣押手续、移交存放清单记录证据	依法搜查、扣押涉案枪支、弹药数量、型号；搜查房屋、车辆等场所的过程。		
	3. 清点笔录	对依法扣押的涉案枪支、弹药进行清点相关数量。		
	4. 抽样提取送检笔录	对依法扣押的涉案枪支、弹药进行按比例抽样送检。		
	5. 辨认笔录	犯罪嫌疑人、相关证人之间身份确认情况。		
	6. 指认笔录	指认现场和涉案枪支、弹药。		
	7. 侦查实验	涉案枪支、弹药进行射击的杀伤力。		

续表

证据类型	证据名称	证明内容	证明标准	特别注意事项
视听资料	监控、录音等音频、视频	证明案发过程及案发现场情况。	应附证据来源、调取文书以及与案件关联性的说明，组织犯罪嫌疑人及相关证人对视频、音频内容进行辨认。	提供录音录像单位、个人的盖章或签章；注意时间的核对与校正，不得剪辑、增加、删改。
电子数据	电子数据勘验、检查笔录及载体	手机、电脑、导航仪等电子设备数据存储、恢复情况；社交软件、金融平台、网络交易平台、邮箱等资料。	枪支、弹药的来源、流转、储存情况；组织犯罪嫌疑人及相关证人对电子数据内容进行辨认。	可根据办案需要将部分重要电子数据打印并经犯罪嫌疑人签字确认后附卷。
技侦证据	技术侦查手段获取的音频、视频、书证、物证等	案发经过。	满足一般证据的证明标准。	审批手续合法；注意转化为其他形式的证据，无法转化的密卷移送并附超清文字、光盘。

四、交通肇事罪（刑法第133条）

交通肇事罪，是指违反道路交通管理法规，发生重大交通事故，致人重伤、死亡或者使公私财产遭受重大损失，依法被追究刑事责任的犯罪行为。

（一）犯罪构成要件

1. 客体要件：本罪侵犯的客体，是交通运输的安全。
2. 客观要件：本罪客观方面表现为在交通运输活动中违反交通运输管理法规，因而发生重大事故，致人重伤、死亡或者使公私财产遭受重大损失的行为。
3. 主体要件：本罪的主体为一般主体，即凡年满16周岁、具有刑事责任能力的自然人均可构成。
4. 主观要件：本罪主观方面表现为过失，包括疏忽大意的过失和过于自信的过失。

（二）专门性法律法规文件

1.《道路交通安全法》；
2.《道路交通安全法实施条例》；
3.最高人民法院《关于审理交通肇事刑事案件具体应用法律若干问题的解释》。

（三）证据清单

证据类型	证据名称	证明内容	证明标准	特别注意事项
物证	1.肇事车辆、被害人驾驶车辆、损毁散落部件等原车、原物或照片	作案工具和现场物品情况。	注意原物提取，不便提取的以概貌照和细目照结合；与扣押物品清单一致。	注意被害人财物损毁的情况和肇事车辆遗落的货物、物品的收集。
	2.驾驶证、行驶证、行车记录仪、头盔、车载危险物品等			
	3.手机等通信工具			
	4.现场散落的衣物鞋袜等物品			
书证	1.受案材料、立案文书、破案经过	是否有管辖权；线索来源、发案经过、侦破经过。	受案时间与立案时间的衔接；相关文书应加盖公章，报案、控告等应形成笔录，网上报案、控告、举报的，应对网页截图打印附卷，并注明来源。	行政案件转化为刑事案件的要注意证据的收集和转化问题。
	2.户籍证明	犯罪嫌疑人和被害人的身份信息、刑事责任年龄。	由户籍所在地公安机关出具并加盖公章。	未成年人刑事犯罪注意收集出生证明、户口本复印件等相关材料，必要时可以进行骨龄鉴定。
	3.刑事犯罪、违法等前科材料	前科劣迹和交通违法情况。	刑事判决书、刑满释放证明、治安处罚决定书、戒毒通知书等均须调取。	曾因酒后驾驶、无证驾驶、吸食毒品后驾驶、严重超载等严重违规驾驶被行政处罚的，应调取相关材料。

第一章 危害公共安全罪

续表

证据类型	证据名称	证明内容	证明标准	特别注意事项
书证	4. 到案经过、公安机关证明材料、接受投案的证明材料、检举揭发材料、立案逮捕或判决等法律文书	犯罪嫌疑人到案的真实详细过程；犯罪嫌疑人是否具有自首和立功情节；是否肇事逃逸。	到案经过应包括到案时间、地点、经过及是否抗拒抓捕；异地抓获的应附异地公安机关出具的抓获经过、在逃人员登记表、临时羁押证明；是否自动投案，是否有协助抓捕其他同案犯的行为；到案后是否如实供述犯罪事实；由2名以上参与抓捕或者接受投案的办案人员书写、签名，并加盖单位公章。	检举揭发的应当收集笔录或自述材料，被检举揭发案件相关文书如立案决定书、逮捕决定书、起诉书、判决书等；协助抓捕的详细说明协助方式及作用；使用警犬嗅源手段协助侦查确定犯罪嫌疑人，应将相关情况写成书面材料，并加盖单位公章，有条件的可以附录像。
	5. 拘传、拘留、逮捕、取保候审等强制措施文书	采取强制措施的合法性、羁押期限时长，是否按规定送所。	依法告知、加盖公章、注意法定羁押期限。	注意拘留后24小时入所、呈捕时间、执行时间以及拘留、逮捕后讯问时间。
	6. 通话记录、短信记录	作案时是否有打电话、回复微信或是作案前是否有饮酒、吸毒等情况。	犯罪嫌疑人通信使用的手机、手机卡及机主信息、通话记录、信息等材料，须加盖提供单位的公章；以拍照、截图形式提交的须当事人签字确认。	可结合涉案电子设备所提取的电子勘查情况作出分析。
	7. 犯罪嫌疑人驾驶资质、机动车年检资料、性能证明和上路行驶资质、保险单据	犯罪嫌疑人的驾驶资格，机动车合法行驶的资质、额定乘载人数。	原件调取或从交通管理部门、保险公司内调取；程序合法、手续完备。	注意核查驾驶证、行驶证、年检证明的有效期限和证件、牌照的真伪。
	8. 病历、诊断书、抢救记录、住院治疗记录、死亡记录、伤情检查笔录等	给被害人身体、精神造成损害的情况；死亡的情况。	从医院调取；手续合法、完备。	注意被害人是否存在其他相关疾病的诊断以及是否因疾病引发死亡。
	9. 住宿登记资料、车船机票	犯罪嫌疑人肇事后逃逸的活动轨迹。	尽可能原物提取，若原物不能提取的须注明来源，与原件是否一致，票证遗失可以使用网络电子凭证。	

续表

证据类型	证据名称	证明内容	证明标准	特别注意事项
书证	10.因交通事故造成损失的物品的购买凭证、发票等	因交通肇事造成财物损失情况。	原件调取,手续合法,确保真实性。	依法收集毁损交通工具购置发票或者维修单据,所载货物价值的书证如购货合同、购货发票,携带物品的购买凭证;应当结合价格认定进行审查。
	11.赔偿情况、收条、谅解书	赔偿情况;犯罪嫌疑人认罪、悔罪及刑事和解情况。	核实赔偿款支付情况及谅解书的真实性。	注意犯罪嫌疑人认罪认罚的真诚性和被害人谅解的自愿性。
犯罪嫌疑人的供述及辩解	1.自书材料	犯罪嫌疑人出行目的、交通方式;驾驶人的驾驶证号、准驾车型;车辆行驶证号、有无保险、车辆状况、是否存在故障、是否修理未完成;驾驶前餐饮情况,是否饮酒、是否吸毒;驾驶前身体状况和休息情况,是否存在疲劳驾驶,是否存在患病、吸烟、打手机、视力差等情况;车辆行驶路线、车辆速度、停靠位置、车载物品等是否存在违反交通规则情况;事故发生的时间、地点、过程、后果及双方的方位、走向、行为姿态;发生事故后是否原地等待,是否存在挪移车辆、挪移伤者或逃逸情况;作案后的思想和逃跑或投案情况。	自书材料应证明来源、提取时间;须制作3份以上综合笔录,清晰明了阐述案发经过;对讯问过程同步录音录像;注意讯问程序的合法性和笔录符合法定要求。	不是现场查获犯罪嫌疑人的,要注意是否系"顶包";犯罪嫌疑人系机动车所有人、管理人但不是驾驶人员的,注意查明其与驾驶员的关系,承担刑事责任的认识、态度等;对于校车业务、旅客运输业务、危险化学品运输业务的车辆所有人及管理人是否负有直接责任要查明;对于同车可能涉及共同犯罪的人员要问明各参与人的地位、作用、言行。
	2.讯问笔录			

第一章 危害公共安全罪

续表

证据类型	证据名称	证明内容	证明标准	特别注意事项
被害人陈述	被害人的询问笔录	被害人的出行目的、交通方式、是否违反交通规则；事故发生的时间、地点、过程和后果，被害人及犯罪嫌疑人所处的道路方位、走向、行动姿态；肇事车辆特征、车辆速度、车载物品、行车情况；受伤后治疗情况、伤残情况、费用及赔偿情况。	询问过程应符合法定程序；未成年人须有适格成年人在场。	注意被害人是否存在过错或对事故发生承担相应的责任。
证人证言	1. 目击证人的询问笔录 2. 犯罪嫌疑人、被害人亲属的询问笔录 3. 抓获人、报案人、现场发现人的询问笔录 4. 其他知情人的询问笔录	机动车在道路上行驶的具体时间、地点、详细经过，犯罪嫌疑人的体貌特征以及车辆的车型、车号、颜色、特征情况；交通事故发生后犯罪嫌疑人是否保护现场、抢救伤者、报警或逃逸等；向车主核实车辆状况；是否存在酒驾、醉驾和超员、超速驾驶。	询问过程及笔录应符合法定程序、法定要求；未成年人须有适格成年人在场。	注意证人的身份及与犯罪嫌疑人的关系；同车人及车辆所有者、经营者是否应当承担责任。
鉴定意见	1. 痕迹鉴定、车辆性能检测	地面痕迹、车体痕迹、人体痕迹和其他痕迹等有关联性的痕迹来源、造成的原因，汽车自身的性能及是否有超载超速情况等。	专业机构检测车辆性能，文书符合法定要求；注意区分故障是偶发还是事先存在。	检材的提取、送检应当符合法定程序，鉴定意见应在法定时限内作出；鉴定机构、人员资质必须符合法定条件；鉴定意见应有2名鉴定人签名、机构签章。无鉴定人签名的，应对鉴定人进行询问或进行说明；鉴定意见须及时
	2. 死因鉴定	鉴定被害人死亡的原因、是否存在影响死亡的其他因素或疾病介入。	多因一果情况下注意分析各因素对死亡的参与度和致使作用程度。	

续表

证据类型	证据名称	证明内容	证明标准	特别注意事项
鉴定意见	3. 伤情鉴定	被害人、犯罪嫌疑人等涉案人受伤情况、程度或残疾等级。	注意核实伤情形成时间与原因、行为与结果之间的因果关系，排除意外因素介入。	告知。注意二次碾压或交通肇事后实施故意杀人、故意伤害等情形；注意是否存在顶罪情况。
	4. 法庭科学DNA鉴定	1. 犯罪嫌疑人、被害人是否遗留血迹等生物物证在涉案物品上或犯罪现场。 2. 对死亡被害人与其亲属作亲子鉴定，以明确被害人身份。 3. 犯罪嫌疑人衣物、身体、车辆是否遗留有被害人的生物物证。 4. 被害人的血迹是否遗留在犯罪嫌疑人身上或所持物品处。	女性被害人注意是否存在怀孕情况；对怀孕的女性犯罪嫌疑人、被告人，应当委托县级以上医院进行检查后作出妊娠情况证明。	
	5. 价格认定	车辆损坏和财物损毁情况、损失数额。	结合购物发票、凭证综合认定，由专业机构出具，签章完备。	车辆损失不包括肇事一方的损失。财产损失指车辆所载货物、人员携带物品等直接损失情况。
	6. 司法精神鉴定	犯罪嫌疑人的刑事责任能力或被害人的精神状态。	醉驾的注意是否存在慢性酒精中毒导致的精神障碍。	犯罪嫌疑人作案时行为反常或者归案后言行举止失常，曾有精神病史或其近亲属有精神病史，可能患有精神病的，存在智力障碍或聋哑、盲人等生理功能缺失情况的，应当进行司法精神鉴定。
	7. 交通事故责任认定书	确定双方当事人的责任；是否肇事后逃逸、隐匿或故意破坏、伪造现场、毁灭证据的行为，分析违法行为与事故后果的因果关系。	文书应当规范，内容完整、真实、详细、清晰记录交通事故情况，由办案民警签名或者盖章，加盖公安机关交通管理部门道路交通事故处理专用章。	交通事故认定书应当在法定期限内作出并送达双方当事人；注意逃逸与致人重伤、死亡的因果关系。
	8. 血液酒精含量检验鉴定、血液毒性或尿液毒性鉴定、药物成分鉴定	当事人是否存在饮酒、吸毒、使用麻醉药等。	注意检材的提取时间、程序及送检程序。	

第一章 危害公共安全罪

续表

证据类型	证据名称	证明内容	证明标准	特别注意事项
勘查、检查、辨认笔录、侦查实验等	1. 现场勘查笔录及照片	事故现场、车辆状况、被害人伤亡和财物损毁情况；转移车辆或受伤被害人现场、抛尸现场；提取物证现场。	应当拍摄现场照片或录像、绘制现场图、制作现场勘查及提取物证笔录；制作搜查、检查笔录和扣押物品、文件清单；严格见证人制度，必要时进行同步录音录像。	注意核查被害人是否存在违规情况；对于事故后逃匿的案件注意查清双方责任和肇事根本原因；造成财物损失的注意收集财物损毁情况。
	2. 搜查、检查笔录、照片及扣押物品、文件清单	人身检查情况、涉案物品、车辆情况。		
	3. 辨认笔录	犯罪嫌疑人、被害人、相关证人之间身份确认情况；辨认作案工具。		
	4. 指认笔录	指认现场、指认涉案物品。		
	5. 现场呼气酒精含量检测书	呼气酒精含量是否达80毫克/100毫升以上。	文书应当规范，内容应当完整、真实、详细，由当事人签字确认。	一般以血液酒精含量检验鉴定作为认定是否醉酒的依据，但抽取血样之前逃脱的，可以以呼气酒精含量作为认定醉酒的依据。
	6. 犯罪嫌疑人血液、尿液提取笔录	依法提取血液、尿液样本用于检测是否吸毒、滥用药物。	提取过程应当规范，全程监控，毒瘾发作情况下要全程同步录音录像；现场检测或当场登记封装，立即送检。	因特殊原因不能立即送检的，经上级公安机关管理部门负责人批准，可以在3日内送检，但应当按照规范低温保存。
	7. 侦查实验	对于双方责任有争议的，还原案发过程。	审批手续和实验过程符合法定程序。	
视听资料	双方当事人车辆及邻近车辆行车记录仪、天网监控、事故路段民用监控等音频、视频	证明案发过程及案发现场情况；是否存在超速、逆行、违规变道占道、不按交通指示行驶、追逐竞驶等违反交通规则行为。	应注意监控收集的全面性，如车辆的行驶路线、被害人的行驶路线；刹车、停车、下车查看及逃跑藏身情况；附有案件关联性的说明。	提供录音录像单位、个人的盖章或签章；注意时间的核对与校正；组织犯罪嫌疑人及相关证人、被害人对视频、音频内容进行辨认。

续表

证据类型	证据名称	证明内容	证明标准	特别注意事项
电子数据	电子数据勘验、检查笔录及载体	手机、电脑、导航仪、交管部门测速装置等电子设备数据存储、恢复情况，案发经过。	组织犯罪嫌疑人、被害人及相关证人对电子数据内容进行辨认。	可根据办案需要将部分重要电子数据打印并经犯罪嫌疑人签字确认后附卷。

五、危险驾驶罪（刑法第133条之一）

危险驾驶罪，是指在道路上驾驶机动车，追逐竞驶，情节恶劣的；醉酒驾驶机动车的；从事校车业务或者旅客运输，严重超过定额乘员载客，或者严重超过规定时速行驶的；违反危险化学品安全管理规定运输危险化学品，危害公共安全的行为。

（一）犯罪构成要件

1. 客体要件：本罪客体为对不特定且多数人的生命、身体或者财产的危险。
2. 客观要件：本罪客观方面表现为在道路上醉酒驾驶机动车或者在道路上驾驶机动车追逐竞驶，且情节恶劣。
3. 主体要件：犯罪主体为一般主体，凡已满16周岁且具有刑事责任能力的自然人均可以成为本罪主体。
4. 主观要件：本罪主观方面为故意，即明知自己在道路上醉酒驾驶机动车或者在道路上驾驶机动车追逐竞驶的行为危害到公共安全而希望或放任这种状态的发生。

（二）专门性法律法规文件

1.《道路交通安全法》；
2.《道路交通安全法实施条例》；
3. 最高人民法院、最高人民检察院、公安部《关于办理醉酒驾驶机动车刑事案件适用法律若干问题的意见》；
4. 最高人民法院、最高人民检察院、公安部《关于依法惩治妨害公共交通工具安全驾驶违法犯罪行为的指导意见》；

5. 公安部《关于公安机关办理醉酒驾驶机动车犯罪案件的指导意见》；
6.《交通警察道路执勤执法工作规范》。

（三）证据清单

证据类型	证据名称	证明内容	证明标准	特别注意事项
物证	1. 涉案车辆原物或照片 2. 驾驶证、行驶证、行车记录仪以及干扰司机驾驶所使用的工具等 3. 手机等通信工具	作案工具和现场物品情况。	注意原物提取，不便提取的以概貌照和细目照结合；与扣押物品清单一致；提取程序合法，制作同步录音录像。	行车记录仪、手机、客车内监控硬盘提取后要封存。
书证	1. 受案材料、立案文书、破案经过	是否有管辖权；线索来源、发案经过、侦破经过。	受案时间与立案时间的衔接；相关文书应加盖公章，报案、控告等应形成笔录，网上报案、控告、举报的，应对网页截图打印附卷，并注明来源。	行政案件转化为刑事案件的要注意证据的收集和转化问题。
	2. 户籍证明	犯罪嫌疑人和被害人的身份信息、刑事责任年龄。	由户籍所在地公安机关出具并加盖公章。	未成年人刑事犯罪注意收集出生证明、户口本复印件等相关材料，必要时可以进行骨龄鉴定。
	3. 刑事犯罪、违法等前科材料	前科劣迹及是否有累犯情节。	刑事判决书、刑满释放证明、治安处罚决定书、戒毒通知书等均须调取。	曾因酒后驾驶、无证驾驶、吸食毒品后驾驶、严重超载等严重违规驾驶被行政处罚的，应调取相关材料。
	4. 到案经过、公安机关证明材料、接受投案的证明材料、检举揭发材料、立案逮捕或判决等法律文书	犯罪嫌疑人到案的真实详细过程；犯罪嫌疑人是否具有自首和立功情节。	到案经过由2名以上参与抓捕或者接受投案的办案人员书写、签名，并加盖单位公章。	检举揭发的，应当收集笔录或自述材料，被检举揭发人案件相关文书如立案决定书、逮捕决定书、起诉书、判决书等；协助抓捕的，详细说明协助方式及作用。
	5. 拘传、拘留、取保候审等强制措施文书	采取强制措施的合法性、羁押期限时长，是否按规定送所。	依法告知、加盖公章、注意法定羁押期限。	注意拘留后24小时入所。

续表

证据类型	证据名称	证明内容	证明标准	特别注意事项
书证	6.通话记录、短信记录	作案时是否有打电话、回复微信或作案前是否有饮酒、吸毒等情况。	犯罪嫌疑人通信使用的手机、手机卡及机主信息、通话记录、信息等材料，须加盖提供单位的公章；以拍照、截图形式提取的须当事人签字确认。	可结合涉案电子设备所提取的电子勘查情况作出分析。
	7.出警审批等材料	合法组织警力出警开展查处活动的审批过程。	单位出具，手续齐全。	注意调取设卡查处活动的原因和方案。
	8.犯罪嫌疑人驾驶资质、机动车年检资料、性能证明和上路行驶资质、保险单据	犯罪嫌疑人的驾驶资格，机动车合法行驶的资质、额定乘载人数。	原件调取或从交通管理部门、保险公司内调取；程序合法、手续完备。	注意核查驾驶证、行驶证、年检证明的有效期限和证件、牌照的真伪。
	9.从事校车业务或者旅客运输业务的资质证件及车辆等级、年检资料	从事校车业务或者旅客运输业务的合法资质、车型和乘客限额。	原件提取或从交通主管部门调取，调取手续合法。	注意提取校车标牌、旅客运输许可证。
	10.危险化学品运输许可证等运输资质证件、运输管理制度相关文件	危险货物道路运输许可证、危险物品来源证明；运输危险化学品的合法资质。	原件提取或从主管部门调取，调取手续合法。	驾驶、装卸、押运人员的运输危险化学物品的从业资格证书。
	11.赔偿情况、收条、谅解书	赔偿情况；犯罪嫌疑人认罪、悔罪及刑事和解情况。	核实赔偿款支付情况及谅解书的真实性。	注意犯罪嫌疑人认罪认罚的真诚性和被害人谅解的自愿性。
犯罪嫌疑人的供述及辩解	1.自书材料	犯罪嫌疑人出行目的、交通方式；驾驶人的驾驶证号、准驾车型；车辆行驶证号、有无保险、车辆状况、是否存在故障、是否修理未完成；驾驶前餐饮情况、是否饮酒、是否吸毒；车辆行驶路线、车辆速度；是否追逐竞驶、同伙行为及追逐原因；	自书材料应证明来源、提取时间；须制作3份以上综合笔录，清晰明了阐述案发经过；	不是现场查获犯罪嫌疑人的，要注意是否"顶包"；犯罪嫌疑人系机动车所有人、管理人但不是驾驶人员的，注意查明其与驾驶员的关系，承担刑事责任的认识、态度等；
	2.讯问笔录			

续表

证据类型	证据名称	证明内容	证明标准	特别注意事项
		是否属于校车或客运车辆严重超员超速情形；是否属于违反安全规定运输危险化学品；犯罪嫌疑人使用暴力或者抢夺驾驶操纵装置，干扰公共交通工具正常行驶的原因、经过、后果；驾驶员与乘客互殴的原因、经过、后果。	对讯问过程同步录音录像；注意讯问程序的合法性和笔录符合法定要求。	对于校车业务、旅客运输业务、危险化学品运输业务的车辆所有人及管理人是否负有直接责任要查明；对于同车可能涉及共同犯罪的人员要问明各参与人的地位、作用、言行。
被害人陈述	被害人的询问笔录	被害人的出行目的、交通方式、是否违反交通规则；事故发生的时间、地点、过程和后果，被害人及犯罪嫌疑人所处的道路方位、走向、行动姿态；肇事车辆特征、车辆速度、车载物品、行车情况；受伤后治疗情况、伤残情况、费用及赔偿情况；犯罪嫌疑人使用暴力或者抢夺驾驶操纵装置，干扰公共交通工具正常行驶的原因、经过、后果；驾驶员与乘客互殴的原因、经过、后果。	询问过程应符合法定程序；未成年人须有适格成年人在场。	注意被害人是否存在过错或对事故发生承担相应的责任。
证人证言	1. 目击证人的询问笔录 2. 犯罪嫌疑人、被害人亲属的询问笔录 3. 抓获人、报案人、现场发现人的询问笔录 4. 其他知情人的询问笔录	机动车在道路上行驶的具体时间、地点、详细经过，犯罪嫌疑人的体貌特征以及车辆的车型、车号、颜色、特征情况；是否存在酒驾、醉驾和超员、超速驾驶；犯罪嫌疑人使用暴力或者抢夺驾驶操纵装置，干扰公共交通工具正常行驶的原因、经过、后果；驾驶员与乘客互殴的原因、经过、后果。	询问过程及笔录应符合法定程序、法定要求；未成年人须有适格成年人在场。	注意证人的身份及与犯罪嫌疑人的关系；同车人及车辆所有者、经营者是否应当承担责任。

续表

证据类型	证据名称	证明内容	证明标准	特别注意事项
鉴定意见	1. 痕迹鉴定、车辆性能检测	地面痕迹、车体痕迹、人体痕迹和其他痕迹等有关联性的痕迹来源、造成的原因，汽车自身的性能及是否有超载超速情况等。	专业机构检测车辆性能，文书符合法定要求；注意区分故障是偶发还是事先存在。	检材的提取、送检应当符合法定程序，鉴定意见应在法定时限内作出；鉴定机构、人员资质必须符合法定条件；鉴定意见应有2名鉴定人签名、机构签章。无鉴定人签名的，应对鉴定人进行询问或进行说明；鉴定意见须及时告知。
	2. 伤情鉴定	被害人、犯罪嫌疑人等涉案人受伤情况、程度或残疾等级。	核实伤情形成时间与原因、行为与结果之间的因果关系，排除意外因素介入。	
	3. 死因鉴定	鉴定被害人死亡的原因、是否存在影响死亡的其他因素或疾病介入。	多因一果情况下注意分析各因素对死亡的参与度和致使作用程度。	
	4. 法庭科学DNA鉴定	犯罪嫌疑人、被害人是否遗留血迹等生物物证在涉案物品上或犯罪现场；对死亡被害人与其亲属作亲子鉴定，以明确被害人身份；犯罪嫌疑人衣物、身体、车辆是否遗留有被害人的生物物证。	女性被害人注意是否存在怀孕情况；对怀孕的女性犯罪嫌疑人、被告人，应当委托县级以上医院进行检查后作出妊娠情况证明。	
	5. 价格认定	车辆损坏和财物损毁情况、损失数额。	结合购物发票、凭证综合认定，由专业机构出具，签章完备。	车辆损失不包括肇事一方的损失。财产损失指车辆所载货物、人员携带物品等直接损失情况。
	6. 车速鉴定、危险化学品鉴定	是否超速超载，是否追逐竞速，装载的是不是危险化学品。	专业机构和有资质人员作出。	
	7. 司法精神鉴定	犯罪嫌疑人的刑事责任能力或被害人的精神状态。	醉驾的注意是否存在慢性酒精中毒导致的精神障碍。	
	8. 交通事故责任认定书	确定双方当事人的责任；是否肇事后逃逸、隐匿或故意破坏、伪造现场、毁灭证据的行为，分析违法行为与事故后果的因果关系。	文书应当规范，内容完整、真实、详细、清晰记录交通事故情况，由办案民警签名或者盖章，加盖公安机关交通管理部门道路交通事故处理专用章。	交通事故认定书应当在法定期限内作出并送达双方当事人。

续表

证据类型	证据名称	证明内容	证明标准	特别注意事项
鉴定意见	9. 血液酒精含量检验鉴定、血液毒性或尿液毒性鉴定、药物成分鉴定	当事人是否存在饮酒、吸毒、使用麻醉药等。	满足一般证据的证明标准。	注意检材的提取时间、程序及送检程序。
勘查、检查、辨认笔录、侦查实验等	1. 现场勘查笔录及照片	事故现场、车辆状况、被害人伤情和财物损毁情况；转移车辆现场；提取物证现场。	应当拍摄现场照片或录像、绘制现场图、制作现场勘查及提取物证笔录；制作搜查、检查笔录、辨认笔录和扣押物品、文件清单符合规范要求；严格见证人制度，必要时进行同步录音录像。	对从事校车业务或者旅客运输的现场笔录，应记载实际载员人数，核对超员人数；对于违反规定运输危险化学品的案件，应记载危险品种类、容器、包装等，依法封存。
	2. 搜查、检查笔录、照片及扣押物品、文件清单	人身检查情况、涉案物品、作案工具、车辆情况。		
	3. 现场检查笔录	车辆超员情况；装载危险化学品情况。		
	4. 辨认笔录	犯罪嫌疑人、被害人、相关证人之间身份确认情况；辨认作案工具。		
	5. 指认笔录	指认现场、指认涉案物品。		
	6. 现场呼气酒精含量检测书	呼气酒精含量是否达80毫克/100毫升以上。	文书应当规范，内容应当完整、真实、详细，由当事人签字确认。	一般以血液酒精含量检验鉴定作为认定是否醉酒的依据，但抽取血样之前逃脱的，可以以呼气酒精含量作为认定醉酒的依据。
	7. 犯罪嫌疑人血液、尿液提取笔录	依法提取血液、尿液样本用于检测是否吸毒、滥用药物。	提取过程应当规范，全程监控，毒瘾发作情况下要全程同步录音录像；现场检测或当场登记封装，立即送检。	因特殊原因不能立即送检的，经上级公安机关管理部门负责人批准，可以在3日内送检，但应当按照规范低温保存。

续表

证据类型	证据名称	证明内容	证明标准	特别注意事项
视听资料	双方当事人车辆及邻近车辆行车记录仪、天网监控、事故路段民用监控等音频、视频	证明案发过程及案发现场情况；是否存在超速、逆行、违规变道占道、不按交通指示行驶、追逐竞驶、抢夺驾驶装置或与乘客互殴等违反交通规则行为。	应注意监控收集的全面性，如车辆的行驶路线、被害人的行驶路线；刹车、停车、下车查看及逃跑藏身情况；附与案件关联性的说明。	提供录音录像单位、个人的盖章或签章；注意时间的核对与校正；组织犯罪嫌疑人及相关证人、被害人对视频、音频内容进行辨认。
电子数据	电子数据勘验、检查笔录及载体	手机、电脑、导航仪、交管部门测速装置等电子设备数据存储、恢复情况。	案发经过；组织犯罪嫌疑人、被害人及相关证人对电子数据内容进行辨认。	可根据办案需要将部分重要电子数据打印并经犯罪嫌疑人签字确认后附卷。

第二章 破坏社会主义市场经济秩序罪

（刑法"分则"第三章）

一、生产、销售伪劣产品罪（刑法第140条）

生产、销售伪劣产品罪，是指生产者、销售者在产品中掺杂、掺假，以假充真，以次充好或者以不合格产品冒充合格产品，销售金额达5万元以上的行为。

（一）犯罪构成要件

1. 客体要件：本罪侵犯的客体是国家对普通产品质量的管理制度。

2. 客观要件：本罪在客观方面表现为生产者、销售者违反国家的产品质量管理法律、法规，生产、销售伪劣产品的行为。

3. 主体要件：本罪主体为一般主体，凡年满16周岁且具有刑事责任能力的自然人都可以构成，单位也可成为本罪主体。

4. 主观要件：本罪在主观方面表现为故意，一般具有非法牟利的目的。

（二）专门性法律法规文件

1.《产品质量法》；

2.《消费者权益保护法》；

3. 最高人民法院《关于审理生产、销售伪劣商品刑事案件有关鉴定问题的通知》；

4. 最高人民法院、最高人民检察院《关于办理生产、销售伪劣商品刑事案件具体应用法律若干问题的解释》;

5. 最高人民法院、最高人民检察院《关于办理非法生产、销售烟草专卖品等刑事案件具体应用法律若干问题的解释》;

6. 最高人民法院、最高人民检察院《关于办理妨害预防、控制突发传染病疫情等灾害的刑事案件具体应用法律若干问题的解释》;

7. 最高人民法院、最高人民检察院《关于办理危害食品安全刑事案件适用法律若干问题的解释》;

8. 最高人民法院、最高人民检察院《关于办理危害药品安全刑事案件适用法律若干问题的解释》;

9. 最高人民法院、最高人民检察院《关于办理环境污染刑事案件适用法律若干问题的解释》;

10. 最高人民法院、最高人民检察院、公安部《关于依法严惩"地沟油"犯罪活动的通知》;

11. 最高人民法院、最高人民检察院、公安部、国家烟草专卖局《关于办理假冒伪劣烟草制品等刑事案件适用法律问题座谈会纪要》。

（三）证据清单

证据类型	证据名称	证明内容	证明标准	特别注意事项
物证	1. 伪劣产品、半成品、原料、掺杂材料、包装物等原物或照片	生产、销售伪劣产品的原料、生产过程、产品数量和外观；生产工具、运输工具；销售过程、销售数量和结果；假冒或超越生产资质的情况；获益情况和非法所得的财产扣押。	扣押、提取、封存等过程具有合法性，扣押、提取、封存的作案工具、货物物品须与案件具有关联性；扣押物品与扣押清单在物品数量、特征、重量等方面应保持一致性。	手机、电子设备须当场封存，确保电子数据不被篡改；注意不易保存的货物，须依法处置后将案款提存。
	2. 生产工具、装卸工具、运输工具等原物或照片			
	3. 手机、电脑等设备			
	4. 现金、银行卡、记账本、票据、动产实物、不动产权证等			
书证	1. 受案材料、立案文书、破案经过	是否有管辖权；线索来源、发案经过、侦破经过。	相关文书应加盖公章，报案、控告等应形成笔录。	注意受理案件与立案时间、手续以及技侦手续的衔接。

续表

证据类型	证据名称	证明内容	证明标准	特别注意事项
书证	2. 犯罪嫌疑人户籍证明等基本信息；犯罪嫌疑单位的基本信息和诉讼代表人身份信息	犯罪嫌疑人是否具备完全刑事责任年龄，是否属于人大代表、政协委员、国家工作人员、中共党员，是否精神正常；犯罪嫌疑单位是否具有单位犯罪主体资格。	犯罪嫌疑人主体证据、户籍证明；犯罪嫌疑单位营业执照、工商登记材料、法人代表及负责人身份信息。	未成年人刑事犯罪注意收集出生证明、户口本复印件等相关材料，必要时可以进行骨龄鉴定；企业经营者或高管要收集企业相关信息及任职证明。
	3. 刑事犯罪、违法等前科材料	前科劣迹及是否有累犯或刑罚执行期间犯罪，是否吸毒人员。	刑事判决书、刑满释放证明、治安处罚决定书、强制戒毒登记表、戒毒通知书等。	注意调取一、二审刑事判决裁定及释放证明等；注意既往同类行为行政处罚材料的调取。
	4. 到案经过、公安机关证明材料、接受投案的证明材料、检举揭发材料、立案逮捕或判决等法律文书	犯罪嫌疑人到案的真实详细过程；犯罪嫌疑人是否具有自首和立功情节。	到案经过应包括到案时间、地点、经过及是否抗拒抓捕、是否自动投案，是否有协助抓获其他同案犯的行为；到案后是否如实供述犯罪事实；由2名以上参与抓捕或者接受投案的办案人员书写、签名，并加盖单位公章。	异地抓获的，应附异地公安机关出具的抓获经过、在逃人员登记表、临时羁押证明；检举揭发的，应当收集笔录或自述材料，被检举揭发人案件相关文书如立案决定书、逮捕决定书、起诉书、判决书等；协助抓捕的，详细说明协助方式及作用。
	5. 传唤等文书以及拘传、拘留、逮捕、取保候审、监视居住等强制措施文书	传唤时间、拘传时间、羁押期限、强制措施合法性。	文书应当规范，符合公安机关刑事法律文书式样，完整、真实、清楚记录各办案阶段的羁押时间，确保所有时间均在规定的时间范围内。	特别需要注意传唤、拘传时间（12小时或24小时起止时间及审批手续）、拘留后送看守所时间（24小时内）；异地执行拘留逮捕的要附转押、路程说明；拘留逮捕后通知家属时间要在法律规定的时间范围内。
	6. 通话记录、短信记录、开户信息	预谋、分工情况、上下家联系情况及作案时间、过程、结果等情况。	须加盖提供单位的公章；以拍照、截图形式提取的须当事人签字确认。	注意调取生产、交易上下家的证据；可结合涉案电子设备所提取的电子勘查情况作出分析。

续表

证据类型	证据名称	证明内容	证明标准	特别注意事项
书证	7. 开户信息、银行流水、微信支付、支付宝等资金往来情况	原料来源、产品交易的过程和资金流转；路费、雇工工钱支付情况；犯罪嫌疑人与上下家间的交易记录情况。	对相关资金流向进行分析统计，形成款项流转过程的侦查意见；异常资金流结合交易对手账户分析。	调取手续必须具有合法性，调取证据通知书附卷；对于违法所得在银行卡内的要冻结移送处理。
	8. 机票、乘机记录、车船票、路桥费等	原料、产品交易的方式、过程。	调取手续齐全；收集原件。	
	9. 生产经营许可证、产品合格证书、检验证书、专利证书等	犯罪嫌疑人、犯罪嫌疑单位的经营范围、是否具备生产、销售资质；是否制作假证件。	调取手续齐全；收集原件；必要时从行业主管部门调取。	以假充真的情况下，注意收集真产品相关的证件、证书、原生产经营者的营业执照、专营专卖等材料。
	10. 购销合同、货运单据、物流单据、记账本、记账单	购买原料、设备、工具及产品交易的过程和获益情况。	调取手续齐全；收集原件；注意电子材料提取手续。由记录人进行解释并确认。	是否存在掩饰、伪装或逃避检查的情况；是否以虚假身份作案，必要时进行笔迹等鉴定。
	11. 厂房、房屋产权证明、租房合同、住宿登记记录及费用	生产、销售场所的所有人、使用人或管理人情况；外出采买、销售的路线。	调取手续齐全；收集原件。	使用虚假身份、号码等信息租用车辆、房屋等，注意收集相关的证人证言、监控视频、辨认笔录等证实实际租用人身份，必要时进行笔迹等鉴定。
	12. 租车合同、机动车登记信息、驾驶人登记信息、驾驶证、行驶证	运输货物工具的归属和使用情况；是否有专门的作案工具。	调取手续齐全；收集原件和复印件。	机动车登记所有人与实际使用人不一致的，应当收集登记所有人等证人的证言、转让合同、付款记录、保养维修记录等证据。
	13. 涉案物品处理或移交清单	涉案伪劣产品、原材料、作案工具等物品的处理或移交情况。	由相关部门出具、盖章。	已移交相关部门进行处置的需要说明处置的方式及结果。

续表

证据类型	证据名称	证明内容	证明标准	特别注意事项
犯罪嫌疑人的供述及辩解	1. 自书材料	产品原材料、掺杂材料的来源和使用方式；伪劣产品生产的时间、地点、方式、过程、数量和去向；销售的方式、地点、价格和获益情况；生产、销售成本资金的来源；通信、交通等工具的来源去向；上下家在犯意提起、付款、运输、促ణ交易等环节所起的作用；共同犯罪案件中的预谋、分工、出资、分赃以及地位、作用；是否曾因实施生产、销售伪劣产品违法行为被行政处罚；到案经过及是否有自首、立功等情节；犯罪嫌疑人的经济状况、涉案财产的储存和处理。	自书材料应证明来源、提取时间；须制作3份以上综合笔录，清晰明了阐述案发经过；确定涉案数额；对讯问过程同步录音录像；注意讯问程序的合法性和笔录符合法定要求；讯问外国人、少数民族应当提供翻译。	讯问未成年犯罪嫌疑人须有法定代理人（或合适成年人）在场；讯问女性未成年犯罪嫌疑人须有女性侦查人员在场参与讯问；注意区分以次充好、以假充真、掺杂掺假和以不合格产品冒充合格产品的4种类型的情况；以虚假身份、地址或物品办理托运、寄递伪劣产品时，注意对犯罪嫌疑人采取上述方式供述与辩解的收集。
	2. 讯问笔录			
被害人陈述	被害人询问笔录或自述材料	因购买、使用伪劣产品造成的损失、损伤情况。	询问程序合法。	重点询问对伪劣产品的认知和使用过程。
证人证言	1. 目击证人、知情者、上下家的询问笔录	生产、销售伪劣产品的过程等；购买、销售的上下家及伪劣产品原料、制造工具购买、销售的数量、价格和收益；犯罪嫌疑人的体貌体征、抓获的经过。	询问过程应符合法定程序。	证人的身份及与犯罪嫌疑人的关系，是否为员工或交易上下家；未达到追责标准的参与人对犯罪发生的过程的叙述等。
	2. 抓获人、报案人、参与员工、现场发现人的询问笔录			
鉴定意见	1. 伪劣产品鉴定	鉴定产品的真假、质量。	委托程序、鉴定程序合法；鉴定意见与委托要求相符。	检材的提取、送检应当符合法定程序，鉴定意见应在法定时限内作出；鉴定机构、人员资质必须符合法定条件；鉴定意见应有2名鉴定人签名、机构签章。无鉴定人签名的，应对鉴定人进行询问或进行说明；鉴定意见须及时告知。
	2. 笔迹鉴定	银行凭条、记账本、合同、物流单据等笔迹鉴定。		
	3. 价格鉴定	生产、销售伪劣产品的数额。		
	4. 痕迹鉴定	对所提取的指纹、痕迹等进行鉴定。		

续表

证据类型	证据名称	证明内容	证明标准	特别注意事项
鉴定意见	5.伤情或死因鉴定	因使用伪劣产品造成被害人的伤亡原因。	（同上）	（同上）
	6.法庭科学DNA鉴定	遗留在现场或涉案物品上的犯罪嫌疑人或经手人的生物物证进行同一认定。		
	7.司法会计鉴定	生产、销售伪劣产品交易情况和获利情况，特别是无现货并扣押到账本、银行资金流的案件。		
勘查、检查、辨认笔录等	1.现场勘查笔录及照片	伪劣产品及原料的生产、销售、储存现场；被害人使用伪劣产品的现场；犯罪工具来源、丢弃现场；提取物证现场；指纹、掌纹等痕迹；体液、毛发等生物检材。	文书应当规范，符合公安机关刑事法律文书式样，内容应当完整、真实、详细，清晰记录物品搜查、扣押、清点、核称、取样、存放、移交的过程。应当拍摄现场照片或录像，绘制现场图，制作现场勘查及提取物证笔录；制作搜查、检查、核称、取样笔录和清单；称量工具是否合格；实地称量不具备条件的应依法封装后到有条件的地方进行称量抽样送检；见证人在场，同步录音录像。	严格执行见证人制度；注意提取案发现场和涉案物品上犯罪嫌疑人、涉案人员的生物物证；注意扣押物品与案件的关联性，与案件无关及时发还物品所有人，保障相关人员的权利；严格见证人制度，对搜查、扣押、核称、取样过程进行同步录音录像；清点取样后依法封存于具有保管条件的地方储存。不得将不同包装物内的产品、半成品、原料等进行混合，严格避免交叉污染和重复计算；及时发现、提取犯罪嫌疑人身体、衣服、随身物品以及作案工具上的伪劣产品、原料及相关的痕迹和生物检材。
	2.搜查证、搜查笔录、扣押决定书、扣押清单等搜查扣押手续、移交存放清单记录证据	查获的产品、半成品、原材料、包装物、记账本、现金、手机等涉案物品来源、名称、数量、特征等；运输工具的数量、特征。		
	3.清点、核称笔录	产品、原材料、废料、废液重量的清点和称量。		
	4.抽样提取送检笔录	对依法扣押的产品、原材料、废液、废料进行抽样送检。		
	5.辨认笔录	犯罪嫌疑人、交易上下家、被害人等身份确认情况；辨认作案工具。		
	6.人身检查笔录及照片	确定涉案人特征、受伤情况或者精神状态；提取生物检材或产品、原料检材。		
	7.指认笔录	指认现场、指认涉案物品、作案工具。		

续表

证据类型	证据名称	证明内容	证明标准	特别注意事项
视听资料	生产、销售等场所监控视频；道路监控视频、高速卡口监控视频；行车记录仪视频、执法记录仪视频；车辆GPS记录；银行监控视频；宾馆、KTV等监控视频；其他涉案相关音视频	犯罪嫌疑人生产、销售伪劣产品的作案地点、过程；运输、交易、外出推销等活动轨迹情况；到案经过、协助抓捕他人经过；抓获、搜查、扣押、称量经过。	存储于光盘等存储介质随案移送；附有调取证据通知书（回执）和调取证据清单，并由证据持有人签名或盖章；附视频资料制作说明，对视频资料的来源、真实完整性、提取保存过程和证实主要事实进行说明。	注意提取沿途路段的监控录像、收费站的通行记录、车辆GPS、涉案车辆及邻近车辆行车记录仪视频的相关视频、数据；提供录音录像单位、个人的盖章或签章；注意时间的核对与校正，不得剪辑、增加、删改；注意时间的核对；组织犯罪嫌疑人及相关证人对视频、音频内容进行辨认。
电子数据	电子数据勘验、检查笔录及载体	手机、电脑、导航仪等电子设备数据存储、恢复情况；微信、QQ等社交软件、支付宝、微信支付等网络交易平台、网页、邮箱等交易相关资料。	对伪劣产品、原材料、掺杂掺假、以次充好、以假充真、以不合格充合格等方式的认知；伪劣产品的生产、来源、去向及交易方式、过程；组织犯罪嫌疑人及证人对电子数据内容进行辨认。	可根据办案需要将部分重要电子数据打印并经犯罪嫌疑人签字确认后附卷；使用前后注意封存物证。
技侦证据	采取技术侦查措施获取的物证、视听资料、电子数据等	犯罪嫌疑人对伪劣产品的明知；共同犯罪的各犯罪嫌疑人在共同犯罪中的地位、作用；购销原料、产品的过程和交易数量、金额。	审批程序合法、齐全，必要时附秘卷移送；视频、音频内容应当转化为文字材料与光盘一并移送。	采取技术侦查措施收集音视频证据应同时收集证明声音主体身份的证据；必要时进行声纹鉴定、图像鉴定。

二、走私珍贵动物、珍贵动物制品罪（刑法第151条第2款）

走私珍贵动物、珍贵动物制品罪，是指违反海关法规，逃避海关监管，非法携带、运输、邮寄珍贵动物、珍贵动物制品进出国（边）境的行为。

（一）犯罪构成要件

1. 客体要件：本罪所侵犯的客体是国家对珍贵动物及其制品禁止进出口的制度。

2.客观要件：本罪在客观方面表现为违反海关法规，逃避海关监管，非法携带、运输、邮寄国家禁止进出口的珍贵动物及其制品，进出国（边）境的行为。

3.主体要件：本罪的主体为一般主体，年满16周岁具有刑事责任能力的自然人及单位都可以构成本罪而成为本罪主体。

4.主观要件：本罪在主观方面只能出于故意，过失不能构成本罪。

（二）专门性法律法规文件

1.《海关法》；

2.最高人民法院、最高人民检察院、海关总署《关于办理走私刑事案件适用法律若干问题的意见》；

3.最高人民法院、最高人民检察院、公安部、司法部、海关总署《关于走私犯罪侦查机关办理走私犯罪案件适用刑事诉讼程序若干问题的通知》；

4.最高人民法院、最高人民检察院《关于办理走私刑事案件适用法律若干问题的解释》；

5.国家林业局、公安部《关于森林和陆生野生动物刑事案件管辖及立案标准》；

6.《国家重点保护野生动物名录》。

（三）证据清单

证据类型	证据名称	证明内容	证明标准	特别注意事项
物证	1.走私的动物、动物制品、包装物等原物或照片	走私的具体物品、数量和走私、运输工具、通信工具。	扣押、提取、封存等过程具有合法性；扣押、提取、封存的作案工具、货物品须与案件具有关联性；物证特征、数量、质量应与扣押清单一致。	珍贵动物注意活体与死体的情况及数量；动物制品注意数量、重量或面积的核算。
	2.运输车辆、船舶等工具照片			
	3.对讲机、手机等通信工具			
	4.记账本、票据、通行证等物品			

续表

证据类型	证据名称	证明内容	证明标准	特别注意事项
书证	1. 受案材料、立案文书、破案经过	是否有管辖权；线索来源、发案经过、侦破经过。	相关文书应加盖公章，报案、控告等应形成笔录。	注意受理案件与立案时间、手续的衔接，如行政案件转化为刑事案件等情况，关系到收集证据的时间是否合法的问题。
	2. 犯罪嫌疑人主体证据、户籍证明；犯罪嫌疑单位营业执照、工商登记材料、法人代表及负责人身份信息	犯罪嫌疑人的基本信息；犯罪嫌疑单位的基本信息和诉讼代表人身份信息。	犯罪嫌疑人是否具备完全刑事责任年龄，是否属于人大代表、政协委员、国家工作人员、中国共产党党员，是否精神正常；犯罪嫌疑单位是否具有单位犯罪主体资格。	未成年人刑事犯罪注意收集出生证明、户口本复印件等相关材料，必要时可以进行骨龄鉴定；要收集企业经营者或高管的企业相关信息及任职证明。
	3. 刑事犯罪、违法等前科材料；被海关作出行政处罚的记录	前科劣迹及是否有累犯情节。	刑事判决书、刑满释放证明、治安处罚决定书、戒毒通知书等均须调取。	特别注意是否具有前科劣迹，如行政处罚、刑事处罚及释放证明等，以及是否达到完全刑事责任年龄。
	4. 到案经过、公安机关证明材料、接受投案的证明材料、检举揭发材料、立案逮捕或判决等法律文书	犯罪嫌疑人到案的真实详细过程；犯罪嫌疑人是否具有自首和立功情节。	到案经过应包括到案时间、地点、经过及是否抗拒抓捕、是否自动投案，是否有协助抓获其他同案犯的行为；到案后是否如实供述犯罪事实；由2名以上参与抓捕或者接受投案的办案人员书写、签名，并加盖单位公章。	异地抓获的，应附异地公安机关出具的抓获经过、在逃人员登记表、临时羁押证明；检举揭发的，应当收集笔录或自述材料，被检举揭发人案件相关文书如立案决定书、逮捕决定书、起诉书、判决书；协助抓捕的，详细说明协助方式及作用；使用警犬嗅源手段协助侦查确定犯罪嫌疑人、被告人或查获赃物等相关物品的，应将相关情况写成书面材料，并加盖单位公章，有条件的可以附录像。
	5. 传唤等文书以及拘传、拘留、逮捕、取保候审、监视居住等强制措施文书	传唤时间、拘传时间、羁押期限、强制措施合法性。	文书应当规范，符合公安机关刑事法律文书式样，完整、真实清楚记录各办案阶段的羁押时间，确保所有时间均在规定的时间范围内。	特别需要注意传唤、拘传时间（12小时或24小时起止时间及审批手续）、拘留后送看守所时间（24小时内）；异地执行拘留逮捕的，要附转押、路程说明；拘留逮捕后通知家属时间要在法律规定的时间范围内。

续表

证据类型	证据名称	证明内容	证明标准	特别注意事项
书证	6.野生动物养殖许可证	是否属于合法养殖。	原件调取，外文应当翻译。	注意真实性核对。
	7.通话记录、短信记录	预谋、分工情况、上下家联系情况及作案时间、过程、结果等情况。	须加盖提供单位的公章；以拍照、截图形式提取的须当事人签字确认。	可结合涉案电子设备所提取的电子勘查情况作出分析。
	8.交易合同、物流合同、记账本	货物的来源、去向和交易、获益情况。	原件调取。	注意核对真实性。
	9.运输工具的权属证明	运输工具的来源、情况。	原件调取或从主管部门调取。	注意运输工具是否为专门工具。
	10.开户信息、银行流水、微信支付、支付宝等资金往来情况	犯罪预备、工具准备等出资、雇工工钱支付情况；犯罪嫌疑人与上下家间的交易记录情况。	对相关资金流向进行分析统计，形成款项流转过程的侦查意见。	调取手续必须具有合法性，调取证据通知书附卷。对于违法所得在银行卡内的要冻结移送处理。
	11.涉案物品处理或移交清单	珍贵动物或制品的处理或移交情况。	由相关部门出具、盖章。	已移交相关部门进行处置的需要说明处置的方式及结果。
犯罪嫌疑人的供述及辩解	1.自书材料	犯罪起意、预谋过程，对珍贵动物及制品的保护等级、价值和行为违法性的认知；实施走私行为的时间、地点、人物、分工、流程以及走私物品的来源、去向；作案次数、犯罪经过、作案工具、记账及获益情况；共同犯罪分工、配合、分赃、工钱等。	自书材料应证明来源、提取时间；须制作3份以上综合笔录，清晰明了阐述案发经过；确定涉案数额；对讯问过程同步录音录像；注意讯问程序的合法性和笔录符合法定要求。	讯问未成年犯罪嫌疑人须有法定代理人（或合适成年人）在场；讯问女性未成年犯罪嫌疑人须有女性侦查人员在场参与讯问。
	2.讯问笔录			
证人证言	1.目击证人、知情者、上下家的询问笔录	作案过程、犯罪嫌疑人的体貌体征、抓获的经过。	询问过程应符合法定程序。	证人的身份及与犯罪嫌疑人的关系；未达到追责标准的参与人对走私犯罪发生的过程的叙述等。
	2.抓获人、报案人、现场发现人的询问笔录			

续表

证据类型	证据名称	证明内容	证明标准	特别注意事项
鉴定意见	1. 价格鉴定	鉴定涉案物品价格。	委托程序、鉴定程序合法；鉴定意见与委托要求相符。	检材的提取、送检应当符合法定程序，鉴定意见应在法定时限内作出；鉴定机构、人员资质必须符合法定条件；鉴定意见应有2名鉴定人签名、机构签章。无鉴定人签名的，应对鉴定人进行询问或进行说明；鉴定意见须及时告知。
	2. 痕迹鉴定	对所提取的指纹、脚印、动物印痕等进行鉴定，证实案发情况。		
	3. 法庭科学DNA鉴定/物种鉴定	珍贵动物或制品的物种归属、保护等级或参照保护等级；遗留在现场或涉案物品上的犯罪嫌疑人或涉案动物、动物制品的生物物证。		
	4. 价值鉴定	鉴定涉案珍贵动物制品的保护价值。		
	5. 司法会计鉴定	走私珍贵动物的交易情况和获利情况，特别是无现货并扣押到账本的案件。		
勘查、检查、辨认笔录等	1. 现场勘查笔录及照片	走私入境及货物过驳、储存、交易现场；犯罪工具来源、丢弃现场；提取物证现场。	文书应当规范，符合公安机关刑事法律文书式样，内容应当完整、真实、详细，清晰记录物品搜查、扣押、清点、核称、取样、存放、移交的过程。应当拍摄现场照片或录像，绘制现场图；制作现场勘查及提取物证笔录；制作搜查、检查、核称、取样笔录和清单。	严格执行见证人制度；注意提取案发现场和涉案物品上犯罪嫌疑人、涉案动物遗留的生物物证；注意扣押物品与案件的关联性，与案件无关及时发还物品所有人，保障相关人员的权利；严格见证人制度，对搜查、扣押、核称、取样过程进行同步录音录像；清点取样后依法封存于具有保管条件的地方储存。
	2. 搜查证、搜查笔录、扣押决定书、扣押清单等搜查扣押手续、移交存放清单记录证据	依法搜查、扣押作案工具、珍贵动物或其制品、账本、车辆等物品的过程；注意核清数量或重量等计量数值。		
	3. 清点、核称笔录	对依法扣押的涉案珍贵动物或制品进行清点、核称相关数量。		

续表

证据类型	证据名称	证明内容	证明标准	特别注意事项
勘查、检查、辨认笔录等	4. 抽样提取送检笔录	对依法扣押的涉案珍贵动物或制品进行抽样送检（针对数量多的涉案动物按规定比例取样）。	（同上）	（同上）
	5. 辨认笔录	犯罪嫌疑人、相关证人之间身份确认情况；辨认作案工具。		
	6. 指认笔录	指认涉案物品、运输工具、通信工具；指认入境地点、过驳地点等现场和海路或陆路运输路线。		
视听资料	音频、视频	证明案发过程及案发现场情况。	应附证据来源、调取文书以及与案件关联性的说明，组织犯罪嫌疑人及相关证人对视频、音频内容进行辨认。	注意提取沿途路段的监控录像、交管部门测速装置、车辆GPS、涉案车辆及邻近车辆行车记录仪视频的相关视频、数据；提供录音录像单位、个人的盖章或签章；注意时间的核对与校正，不得剪辑、增加、删改。
电子数据	电子数据勘验、检查笔录及载体	手机、电脑、导航仪等电子设备数据存储、恢复情况；社交软件、金融平台、网络交易平台、邮箱等资料。	案发经过；赃物处理；资金流转；组织犯罪嫌疑人及相关证人对电子数据内容进行辨认。	可根据办案需要将部分重要电子数据打印并经犯罪嫌疑人签字确认后附卷。

三、走私国家禁止进出口的货物、物品罪（刑法第151条第3款）

走私国家禁止进出口的货物、物品罪，是指走私珍稀植物及其制品等国家禁止进出口的其他货物、物品的行为。

（一）犯罪构成要件

1. 客体要件：本罪侵犯的客体为国家正常对外贸易管理秩序和国家关于进出口货物、物品的禁止性管理规定。
2. 客观要件：本罪在客观上表现为违反海关法规，走私珍稀植物及其制品等国家禁止进出口的其他货物、物品的行为。

3. 主体要件：本罪的主体要件为一般主体，年满16周岁且具有刑事责任能力的自然人和单位均可成为本罪主体。

4. 主观要件：本罪的主观要件为明知违反海关监管规定，而希望或放任违法结果的发生。

（二）专门性法律法规文件

1.《海关法》；

2.《森林法》；

3. 最高人民法院、最高人民检察院、海关总署《关于办理走私刑事案件适用法律若干问题的意见》；

4. 最高人民法院、最高人民检察院、公安部、司法部、海关总署《关于走私犯罪侦查机关办理走私犯罪案件适用刑事诉讼程序若干问题的通知》；

5. 最高人民法院、最高人民检察院《关于办理走私刑事案件适用法律若干问题的解释》；

6.《野生植物保护条例》；

7.《野生药材资源保护管理条例》；

8.《国家重点保护野生植物名录》。

（三）证据清单

证据类型	证据名称	证明内容	证明标准	特别注意事项
物证	1. 走私的货物、物品、包装物等原物或照片 2. 运输车辆、船舶等工具照片 3. 对讲机、手机等通信工具 4. 记账本、票据、通行证等物品	走私的具体物品、数量和走私、运输工具、通信工具。	扣押、提取、封存等过程具有合法性，扣押、提取、封存的作案工具、货物品须与案件具有关联性；物证的特征、数量、质量与扣押清单一致。	注意先后不同日期扣押的货物、物品要分批登记，注明查扣日期，以核算税率和偷逃税额（针对走私限制进出口货物超配额、超权限情形）。

续表

证据类型	证据名称	证明内容	证明标准	特别注意事项
书证	1.受案材料、立案文书、破案经过	是否有管辖权；线索来源、发案经过、侦破经过。	相关文书应加盖公章，报案、控告等应形成笔录。	注意受理案件与立案间隔时间、手续的衔接，如行政案件转化为刑事案件等情况，关系到收集证据的时间是否合法的问题。
	2.犯罪嫌疑人主体证据、户籍证明；犯罪嫌疑单位营业执照、工商登记材料、法人代表及负责人身份信息	犯罪嫌疑人的基本信息；犯罪嫌疑单位的基本信息和诉讼代表人身份信息。	犯罪嫌疑人是否具备完全刑事责任年龄，是否属于人大代表、政协委员、国家工作人员、中共党员，是否精神正常；犯罪嫌疑单位是否具有单位犯罪主体资格。	未成年人刑事犯罪注意收集出生证明、户口本复印件等相关材料，必要时可以进行骨龄鉴定；要收集企业经营者或高管的企业相关信息及任职证明。
	3.刑事犯罪、违法等前科材料；被海关作出行政处罚的记录	前科劣迹及是否有累犯情节。	刑事判决书、刑满释放证明、治安处罚决定书、戒毒通知书、行政处罚决定书等相关材料均须调取。	特别注意是否具有前科劣迹，如行政处罚、刑事处罚及释放证明等，以及是否达到完全刑事责任年龄；个人或单位既往是否因走私被处以行政处罚。
	4.到案经过、公安机关证明材料、接受投案的证明材料、检举揭发材料、立案逮捕或判决等法律文书	犯罪嫌疑人到案的真实详细过程；犯罪嫌疑人是否具有自首和立功情节。	到案经过应包括到案时间、地点、经过及是否抗拒抓捕、是否自动投案，是否有协助抓获其他同案犯的行为；到案后是否如实供述犯罪事实；由2名以上参与抓捕或者接受投案的办案人员书写、签名，并加盖单位公章。	异地抓获的，应附异地公安机关出具的抓获经过、在逃人员登记表、临时羁押证明；检举揭发的，应当收集笔录或自述材料，被检举揭发人案件相关文书如立案决定书、逮捕决定书、起诉书、判决书等；协助抓捕的，详细说明协助方式及作用。
	5.传唤等文书以及拘传、拘留、逮捕、取保候审、监视居住等强制措施文书	传唤时间、拘传时间、羁押期限、强制措施合法性。	文书应当规范，符合公安机关刑事法律文书式样，完整、真实清楚记录各办案阶段的羁押时间，确保所有时间均在规定的时间范围内。	特别需要注意传唤、拘传时间（12小时或24小时起止时间及审批手续）、拘留后送看守所时间（24小时内）；异地执行拘留逮捕的附转押、路程说明；拘留逮捕后通知家属时间要在法律规定的时间范围内。
	6.通话记录、短信记录	预谋、分工情况、上下家联系情况及作案时间、过程、结果等情况。	须加盖提供单位的公章；以拍照、截图形式提取的须当事人签字确认。	可结合涉案电子设备所提取的电子勘查情况作出分析。

续表

证据类型	证据名称	证明内容	证明标准	特别注意事项
书证	7. 开户信息、银行流水、微信支付、支付宝等资金往来情况	犯罪预备、工具准备等出资、工钱支付情况；犯罪嫌疑人或单位与上下家间的交易记录情况；单位银行账户流水。	对相关资金流向进行分析统计，形成款项流转过程的侦查意见。	调取手续必须具有合法性，调取证据通知书附卷。对于违法所得在银行卡内的要冻结移送处理。
	8. 交易合同、物流合同	货物的来源、去向和交易、获益情况。	原件调取。	注意核对真实性。
	9. 运输工具的权属证明	运输工具的来源、情况。	原件调取或从主管部门调取。	注意运输工具是否为专门工具。
	10. 犯罪嫌疑单位或犯罪嫌疑人记录的账本	单位经营情况及参与走私的具体账目和获益情况。	必要时做司法会计鉴定。	注意让记录人、犯罪嫌疑人解释、签字确认。
	11. 瞒报、伪报、夹带的报关单证、真实和虚假合同、物流单证、代理合同、提单、装箱单等	货物的来源和走私入境的方式、数量、价值、关税情况。	原件调取，必要时从海关等相关部门调取。	注意隐匿、夹带货物或伪报、瞒报的单证与实物核对。
	12. 禁止进出口、限制进出口物品名录及相关文件	涉案货物、物品是否属于国家禁止或限制进出口货物、物品。	调取手续合法，来源正规。	注意文件或名录印发时间与案发时间相符。
	13. 涉案物品处理或移交清单	货物、物品的处理或移交情况。	由相关部门出具、盖章。	已移交相关部门进行处置的，需要说明处置的方式及结果；不易保存的货物、物品须尽快依法处理，并提存案款。
犯罪嫌疑人的供述及辩解	1. 自书材料	犯罪起意、预谋过程，对走私行为的认知；实施走私行为的时间、地点、人物、分工、流程以及走私货物、物品的来源、去向；货物购进、卖出的交易价格和获益情况；作案次数、犯罪经过、作案工具、记账情况；共同犯罪分工、配合、分赃、工钱等。	自书材料应证明来源、提取时间；须制作3份以上综合笔录，清晰明了阐述案发经过；确定涉案数额；对讯问过程同步录音录像；注意讯问程序的合法性和笔录符合法定要求。	讯问未成年犯罪嫌疑人须有法定代理人（或合适成年人）在场；讯问女性未成年犯罪嫌疑人须有女性侦查人员在场参与讯问。
	2. 讯问笔录			

续表

证据类型	证据名称	证明内容	证明标准	特别注意事项
证人证言	1. 目击证人、知情者、上下家的询问笔录 2. 抓获人、报案人、现场发现人的询问笔录	走私犯罪行为的作案过程、犯罪嫌疑人的体貌体征、抓获的经过。	询问过程应符合法定程序。	证人的身份及与犯罪嫌疑人的关系；未达到追责标准的参与人对走私犯罪发生的过程的叙述等。
鉴定意见	1. 价格鉴定	鉴定涉案物品价格。	委托程序、鉴定程序合法；鉴定意见与委托要求相符。	检材的提取、送检应当符合法定程序，鉴定意见应在法定时限内作出；鉴定机构、人员资质必须符合法定条件；鉴定意见应有2名鉴定人签名、机构签章。无鉴定人签名的，应对鉴定人进行询问或进行说明；鉴定意见须及时告知。
	2. 痕迹鉴定	对所提取的指纹、脚印、公司印章等进行鉴定，证实案发情况。		
	3. 货物品种、质量鉴定	走私的货物、物品的种属、性质、质量和真假。		
	4. 法庭科学DNA鉴定/物种鉴定	遗留在现场或涉案物品上的犯罪嫌疑人的生物物证。		
	5. 禁止进出口货物认定	鉴定涉案货物的性质。		
	6. 司法会计鉴定	走私货物的交易情况和获利情况，特别是无现货并扣押到账本的案件。		
	7. 笔迹鉴定	账本、合同、收条等笔迹的来源。		
勘查、检查、辨认笔录等	1. 现场勘查笔录及照片	走私入境及货物过驳、储存、交易现场；犯罪工具来源、丢弃现场；提取物证现场。	文书应当规范，符合公安机关刑事法律文书式样，内容应当完整、真实、详细，清晰记录物品搜查、扣押、清点、核称、取样、存放、移交的过程。应当拍摄现场照片或录像、绘制现场图、制作现场勘查及提取物证笔录；制作搜查、检查、核称、取样笔录和清单。	严格执行见证人制度；注意提取案发现场和涉案物品上犯罪嫌疑人、涉案动物遗留的生物物证；注意扣押物品与案件的关联性，与案件无关及时发还物品所有人，保障相关人员的权利；严格见证人制度，对搜查、扣押、核称、取样过程进行同步录音录像；清点取样后依法封存于具有保管条件的地方储存。
	2. 搜查证、搜查笔录、扣押决定书、扣押清单等搜查扣押手续、移交存放清单记录证据	依法搜查、扣押作案工具、货物、账本、车辆等物品的过程；注意核清数量或重量等计量数值。		
	3. 清点、核称笔录	对依法扣押的涉案货物进行清点、核称相关数量、重量。		

续表

证据类型	证据名称	证明内容	证明标准	特别注意事项
勘查、检查、辨认笔录等	4.抽样提取送检笔录	对依法扣押的涉案货物进行抽样送检。	（同上）	（同上）
	5.辨认笔录	犯罪嫌疑人、相关证人之间身份确认情况；辨认作案工具。		
	6.指认笔录	指认涉案货物、运输工具、通信工具；指认陆路、海路运输路线、入境地点、过驳地点等现场。		
视听资料	音频、视频	证明案发过程及案发现场情况。	应附证据来源、调取文书以及与案件关联性的说明，组织犯罪嫌疑人及相关证人对视频、音频内容进行辨认。	注意提取沿途路段的监控录像、交管部门测速装置、车辆GPS、涉案车辆及邻近车辆行车记录仪视频的相关视频、数据；提供录音录像单位、个人的盖章或签章；注意时间的核对与校正，不得剪辑、增加、删改。
电子数据	电子数据勘验、检查笔录及载体	手机、电脑、导航仪等电子设备数据存储、恢复情况；社交软件、金融平台、网络交易平台、邮箱等资料。	案发经过；赃物处理；资金流转；组织犯罪嫌疑人及相关证人对电子数据内容进行辨认。	将部分重要电子数据打印并经犯罪嫌疑人签字确认后附卷。

四、走私普通货物、物品罪（刑法第153条）

走私普通货物、物品罪，是指违反海关法规，逃避海关监管，非法运输、携带、邮寄国家禁止进出口的武器、弹药、核材料、假币、珍贵动物及其制品、珍稀植物及其制品、淫秽物品、毒品以及国家禁止出口的文物、金银和其他贵重金属以外的货物、物品进出境，偷逃应缴纳关税额5万元以上的行为。

（一）犯罪构成要件

1.客体要件：本罪所侵犯的客体是国家对外贸易管制。

2. 客观要件：本罪在客观方面表现为违反海关法规，逃避海关监管。

3. 主体要件：本罪的主体要件为一般主体，即年满16周岁且具有刑事责任能力的自然人均能构成本罪，单位亦能成为本罪主体。

4. 主观要件：本罪的主观方面只能由故意构成，过失不构成本罪，并且本罪在犯罪目的上是牟利。

（二）专门性法律法规文件

1.《海关法》；

2.《烟草专卖法》；

3.《对外贸易法》；

4. 最高人民法院、最高人民检察院、海关总署《关于办理走私刑事案件适用法律若干问题的意见》；

5. 最高人民法院、最高人民检察院、公安部、司法部、海关总署《关于走私犯罪侦查机关办理走私犯罪案件适用刑事诉讼程序若干问题的通知》；

6. 最高人民法院、最高人民检察院《关于办理走私刑事案件适用法律若干问题的解释》；

7. 最高人民法院、最高人民检察院、公安部《关于办理走私、非法买卖麻黄碱类复方制剂等刑事案件适用法律若干问题的意见》；

8. 最高人民检察院《关于擅自销售进料加工保税货物的行为法律适用问题的解释》。

（三）证据清单

证据类型	证据名称	证明内容	证明标准	特别注意事项
物证	1.走私的货物、物品、包装物等原物或照片 2.运输车辆、船舶等工具照片 3.对讲机、手机等通信工具 4.记账本、票据、通行证等物品	走私的具体物品、数量和走私、运输工具、通信工具。	扣押、提取、封存等过程具有合法性。扣押、提取、封存的作案工具、货物物品须与案件具有关联性。物证的特征、数量、质量应与扣押清单一致。	注意先后不同日期扣押的货物、物品要分批登记，注明查扣日期，以核算税率和偷逃税额。

续表

证据类型	证据名称	证明内容	证明标准	特别注意事项
书证	1. 受案材料、立案文书、破案经过	是否有管辖权；线索来源、发案经过、侦破经过。	相关文书应加盖公章，报案、控告等应形成笔录。	注意受理案件与立案间隔时间、手续的衔接，如行政案件转化为刑事案件等情况，关系到收集证据的时间是否合法的问题。
	2. 犯罪嫌疑人主体证据、户籍证明；犯罪嫌疑单位营业执照、工商登记材料、社会信用代码证书、法人代表及负责人身份信息；单位分支机构、内设机构的设立情况和授权证明	犯罪嫌疑人的基本信息；犯罪嫌疑单位的基本信息和诉讼代表人身份信息；单位犯罪的主要责任人和直接责任人情况；实施犯罪时单位存续的情况及承担责任的主体。	犯罪嫌疑人是否具备完全刑事责任年龄，是否属于人大代表、政协委员、国家工作人员、中共党员，是否精神正常；犯罪嫌疑单位是否具有单位犯罪主体资格；是否存在合并、注销、撤销等情况。	未成年人刑事犯罪注意收集出生证明、户口本复印件等相关材料，必要时可以进行骨龄鉴定；要收集企业经营者或高管的企业相关信息及任职证明；外国人或港澳台胞身份证明的收集；拥有多国护照的需要其本人确认国籍。
	3. 刑事犯罪、违法等前科材料；被海关作出行政处罚的记录	前科劣迹及是否有累犯情节。	刑事判决书、刑满释放证明、治安处罚决定书、戒毒通知书、行政处罚决定书等相关材料均须调取。	特别注意是否具有前科劣迹，如行政处罚、刑事处罚及释放证明等，以及是否达到完全刑事责任年龄；个人或单位既往是否因走私被处以行政处罚。
	4. 到案经过、公安机关证明材料、接受投案的证明材料、检举揭发材料、立案逮捕或判决等法律文书	犯罪嫌疑人到案的真实详细过程；犯罪嫌疑人是否具有自首和立功情节。	到案经过应包括到案时间、地点、经过及是否抗拒抓捕、是否自动投案，是否有协助抓获其他同案犯的行为；到案后是否如实供述犯罪事实；由2名以上参与抓捕或者接受投案的办案人员书写、签名，并加盖单位公章。	异地抓获的，应附异地公安机关出具的抓获经过、在逃人员登记表、临时羁押证明；检举揭发的，应当收集笔录或自述材料，被检举揭发人案件相关文书如立案决定书、逮捕决定书、起诉书、判决书等；协助抓捕的，详细说明协助方式及作用。
	5. 传唤等文书以及拘传、拘留、逮捕、取保候审、监视居住等强制措施文书	传唤时间、拘传时间、羁押期限、强制措施合法性。	文书应当规范，符合公安机关刑事法律文书式样，完整、真实清楚记录各办案阶段的羁押时间，确保所有时间均在规定的时间范围内。	特别需要注意传唤、拘传时间（12小时或24小时起止时间及审批手续）、拘留后送看守所时间（24小时内）；异地执行拘留逮捕的要附转押、路程说明；拘留逮捕后通知家属时间要在法律规定的时间范围内。

续表

证据类型	证据名称	证明内容	证明标准	特别注意事项
书证	6. 通话记录、短信记录	预谋、分工情况、上下家联系情况及作案时间、过程、结果等情况。	须加盖提供单位的公章；以拍照、截图形式提取的，须当事人签字确认。	可结合涉案电子设备所提取的电子勘查情况作出分析。
	7. 开户信息、银行流水、微信支付、支付宝等资金往来情况	犯罪预备、工具准备等出资、雇工工钱支付情况；犯罪嫌疑人或单位与上下家间的交易记录情况；单位银行账户的流水。	对相关资金流向进行分析统计，形成款项流转过程的侦查意见。	调取手续必须具有合法性，调取证据通知书附卷；对于违法所得在银行卡内的要冻结移送处理。
	8. 单位决策证明材料或单位负责人同意的文件材料；犯罪嫌疑单位的账本和报税单据	以单位名义实施与走私有关的具体账目和获益情况。	必要时做司法会计鉴定。	注意让记录人、犯罪嫌疑人解释、签字确认。
	9. 单位主管人员和经手人的任职证明、授权文件	单位犯罪的成立和刑事责任主体。	原件调取。	注意核对真实性，注意印章的同一性。
	10. 绕关走私的境外报关走私单据和境内伪造的相关证明文件、物流合同、买卖合同	货物的来源和走私入境、防止被查的相关单证。	原件调取。	注意证明文件的真实性；外文的需要按照法定程序进行翻译。
	11. 报关走私的报关单证、真实和虚假合同、物流单证、代理合同、提单、装箱单等	货物的来源和走私入境的方式、数量、价值、关税情况。	原件调取，必要时从海关等相关部门调取。	注意隐匿、夹带货物或以次充好、伪报、瞒报的单证与实物核对。
	12. 冒用其他单位报关的或多重代理的相关单位的证明材料和代理合同	走私入境的方式、数量、价值和其他共同犯罪嫌疑人、犯罪嫌疑单位情况。	原件调取，必要时从行业主管部门调取。	注意让当事人或相关单位、经手人解释、确认。
	13. 汇票、本票等国际贸易票据	证明货款的支付情况。	原件或存根调取，必要时从银行处调取。	注意委托代理境外银行支付情况；是否存在洗钱行为。
	14. 涉案物品处理或移交清单	货物、物品的处理或移交情况。	由相关部门出具、盖章。	已移交相关部门进行处置的需要说明处置的方式及结果；不易保存的货物、物品须尽快依法处理，并提存案款。

第二章 破坏社会主义市场经济秩序罪

续表

证据类型	证据名称	证明内容	证明标准	特别注意事项
犯罪嫌疑人的供述及辩解	1. 自书材料	犯罪起意、预谋过程，对走私行为的认知；实施走私行为的时间、地点、人物、分工、流程以及走私货物、物品的来源、去向；货物购进、卖出的交易价格、偷逃税额和获益情况；作案次数、犯罪经过、作案工具、记账情况；共同犯罪分工、配合、分赃、工钱；间接走私的地点、交易方式、走私数量或数额、货物去向。	自书材料应证明来源、提取时间；须制作3份以上综合笔录，清晰明了阐述案发经过；确定涉案数额；对讯问过程同步录音录像；注意讯问程序的合法性和笔录符合法定要求。	讯问未成年犯罪嫌疑人须有法定代理人（或合适成年人）在场；讯问女性未成年犯罪嫌疑人须有女性侦查人员在场参与讯问。
	2. 讯问笔录			
证人证言	1. 目击证人、知情者、上下家的询问笔录	走私犯罪行为的作案过程、犯罪嫌疑人的体貌体征、抓获的经过。	询问过程应符合法定程序。	证人的身份及与犯罪嫌疑人的关系；未达到追责标准的参与人对走私犯罪发生的过程的叙述等。
	2. 抓获人、报案人、现场发现人的询问笔录			
鉴定意见	1. 价格鉴定	鉴定涉案物品价格。	委托程序、鉴定程序合法；鉴定意见与委托要求相符；多次走私的，应当分别进行计税；走私时间不能确定的，以案发时计税标准计税。	检材的提取、送检应当符合法定程序，鉴定意见应在法定时限内作出；鉴定机构、人员资质必须符合法定条件；鉴定意见应有2名鉴定人签名、机构盖章。无鉴定人签名的，应对鉴定人进行询问或进行说明；鉴定意见须及时告知。
	2. 痕迹鉴定	对所提取的指纹、脚印、公司印章等进行鉴定，证实案发情况。		
	3. 货物品种、质量鉴定	走私的货物、物品的种属、性质、质量和真假。		
	4. 法庭科学DNA鉴定/物种鉴定	遗留在现场或涉案物品上的犯罪嫌疑人的生物物证或物品性质鉴定。		

续表

证据类型	证据名称	证明内容	证明标准	特别注意事项
鉴定意见	5.偷逃税款海关核定证明书	鉴定涉案货物的偷逃税额。	（同上）	（同上）
	6.司法会计鉴定	走私货物的交易情况和获利情况，特别是无现货并扣押到账本的案件。		
	7.笔迹鉴定	账本、合同、收条等笔迹的来源。		
勘查、检查、辨认笔录等	1.现场勘查笔录及照片	走私入境及货物过驳、储存、交易现场；犯罪工具来源、丢弃现场；提取物证现场。	文书应当规范，符合公安机关刑事法律文书式样，内容应当完整、真实、详细，清晰记录物品搜查、扣押、清点、核称、取样、存放、移交的过程。应当拍摄现场照片或录像、绘制现场图、制作现场勘查及提取物证笔录；制作搜查、检查、核称、取样笔录和清单。	严格执行见证人制度；注意提取案发现场和涉案物品上犯罪嫌疑人、涉案动物遗留的生物物证；注意扣押物品与案件的关联性，与案件无关及时发还物品所有人，保障相关人员的权利；严格见证人制度，对搜查、扣押、核称、取样过程进行同步录音录像；清点取样后依法封存于具有保管条件的地方储存。
	2.搜查证、搜查笔录、扣押决定书、扣押清单等搜查扣押手续、移交存放清单记录证据	依法搜查、扣押作案工具、货物、账本、车辆等物品的过程；注意核清数量或重量等计量数值。		
	3.清点、核称笔录	对依法扣押的涉案货物进行清点、核称相关数量、重量。		
	4.抽样提取送检笔录	对依法扣押的涉案货物进行抽样送检。		
	5.辨认笔录	犯罪嫌疑人、相关证人之间身份确认情况；辨认作案工具。		
	6.指认笔录	指认涉案货物、运输工具、通信工具；指认陆路、海路运输路线、入境地点、过驳地点等现场。		

续表

证据类型	证据名称	证明内容	证明标准	特别注意事项
视听资料	音频、视频	证明案发过程及案发现场情况。	应附证据来源、调取文书以及与案件关联性的说明,组织犯罪嫌疑人及相关证人对视频、音频内容进行辨认。	注意提取沿途路段的监控录像、交管部门测速装置、车辆GPS、涉案车辆及邻近车辆行车记录仪视频的相关视频、数据;提供录音录像单位、个人的盖章或签章;注意时间的核对与校正,不得剪辑、增加、删改。
电子数据	电子数据勘验、检查笔录及载体	手机、电脑、导航仪等电子设备数据存储、恢复情况;社交软件、金融平台、网络交易平台、邮箱电子邮件等资料。	案发经过;赃物处理;资金流转;组织犯罪嫌疑人及相关证人对电子数据内容进行辨认。	将部分重要电子数据打印并经犯罪嫌疑人签字确认后附卷。

五、合同诈骗罪（刑法第224条）

合同诈骗罪，是指以非法占有为目的，在签订、履行合同过程中，采取虚构事实或者隐瞒真相等欺骗手段，骗取对方当事人的财物，数额较大的行为。

（一）犯罪构成要件

1. 客体要件：本罪的客体是复杂客体，即国家对经济合同的管理秩序和公私财产所有权。本罪的对象是公私财物。

2. 客观要件：本罪在客观方面表现为在签订、履行合同过程中，以虚构事实或者隐瞒真相的方法，骗取对方当事人财物，数额较大的行为。

3. 主体要件：本罪的主体要件为一般主体，年满16周岁且具有刑事责任能力的自然人和单位均可成为本罪主体。

4. 主观要件：本罪在主观方面表现为直接故意，并且具有非法占有对方当事人财物的目的。

（二）专门性法律法规文件

1.《民法典》第三编；

2.《政府采购法》；
3. 最高人民法院、最高人民检察院《关于办理诈骗刑事案件具体应用法律若干问题的解释》；
4. 最高人民法院《关于在审理经济纠纷案件中涉及经济犯罪嫌疑若干问题的规定》。

（三）证据清单

证据类型	证据名称	证明内容	证明标准	特别注意事项
物证	1. 被骗钱款、货物、物品、货物样品原物或照片	被骗钱款、货物、物品的情况和作案工具情况。	原物提取，不便提取的以照片形式附卷；物证的特征、数量、数额、重量与扣押清单一致。	手机、电子设备须当场封存，确保电子数据不被篡改；注意不易保存的货物，须依法处置后将案款提存；印章须查明真伪。
	2. 手机、电脑、U盘、硬盘等通信工具或电子设备			
	3. 公司印章、法人印章、银行卡、营业执照等			
	4. 交通工具或照片			
书证	1. 受案材料、立案文书、破案经过	是否有管辖权；线索来源、发案经过、侦破经过。	相关文书应加盖公章，报案、控告等应形成笔录。	注意受案时间与立案时间的衔接；采用侦查技术破获案件的，应当收集相关侦查措施、锁定犯罪嫌疑人的材料书证。
	2. 犯罪嫌疑人主体证据、户籍证明；犯罪嫌疑单位营业执照、工商登记材料、法人代表及负责人身份信息	犯罪嫌疑人的基本信息；犯罪嫌疑单位的基本信息和诉讼代表人身份信息。	犯罪嫌疑人是否具备完全刑事责任年龄，是否属于人大代表、政协委员、国家工作人员、中共党员，是否精神正常；犯罪嫌疑单位是否具有单位犯罪主体资格。	未成年人刑事犯罪注意收集出生证明、户口本复印件等相关材料，必要时可以进行骨龄鉴定；企业经营者或高管要收集企业相关信息及任职证明。
	3. 刑事犯罪、违法等前科材料	前科劣迹及是否有累犯情节。	刑事判决书、刑满释放证明、治安处罚决定书、戒毒通知书等均须调取。	备注证据来源，附调取文书及调取人员签名。

续表

证据类型	证据名称	证明内容	证明标准	特别注意事项
书证	4. 到案经过、公安机关证明材料、接受投案的证明材料、检举揭发材料、立案逮捕或判决等法律文书	犯罪嫌疑人到案的真实详细过程;犯罪嫌疑人是否具有自首和立功情节。	到案经过应包括到案时间、地点、经过及是否抗拒抓捕、是否自动投案,是否有协助抓获其他同案犯的行为;到案后是否如实供述犯罪事实;由2名以上参与抓捕或者接受投案的办案人员书写、签名,并加盖单位公章。	异地抓获的,应附异地公安机关出具的抓获经过、在逃人员登记表、临时羁押证明;检举揭发的,应当收集笔录或自述材料,被检举揭发人案件相关文书如立案决定书、逮捕决定书、起诉书、判决书等;协助抓捕的,详细说明协助方式及作用。
	5. 拘传、拘留、逮捕、取保候审等强制措施文书	采取强制措施的合法性、羁押期限时长、是否按规定送所。	依法告知、加盖公章、注意法定羁押期限。	注意拘留后24小时入所、呈捕时间、执行时间以及拘留、逮捕讯问时间。
	6. 行为人使用的身份证件、名片、单位营业执照、工商登记资料、授权委托书等	行为人在签订合同时使用的身份或主体名义;是否超出经营范围。	尽可能原件提取,注意提取程序的合法性;复印件的,须备注出处,核对一致及原件存放情况。	通过查验辨别真伪,如系伪造注意让当事人签字确认。
	7. 购销合同、协议等	行为人与他人签订合同的情况。		注意行为人先履行小额合同或部分履行合同以骗取更大金额财物的情况;注意票据的真实性。
	8. 提货单、订金和货款收据、金融票据、账本、借条、欠条、担保的票据或产权证件等	行为人使用的犯罪手段和诈骗数额。		
	9. 有关部门出具的行为人经营状况、资质能力或者相关银行账户情况等材料	证明行为人是否具有实际履行合同的经济能力或者资质能力等。	从相关部门调取,程序合法、手续齐全。	行为人伪造、变造相关证明文件、资质、证件的,还须调取原真实证件的复印件以作对比和印证。
	10. 市场监督管理局等部门、被假冒的单位或个人出具的证明材料	用于签订合同的单位或个人系虚构或者假冒。		
	11. 金融机构或产权部门、出票人或产权所有人出具的证明材料	证明用于担保的票据或者产权证明系伪造、变造、作废或者虚假的。		

续表

证据类型	证据名称	证明内容	证明标准	特别注意事项
书证	12. 被骗财物的发票、价格凭证、交易凭条等	被害人对涉案财物拥有合法权利及物品价值、购买时间、物品信息。	证据来源合法性；附卷材料须与原件一致。	证据提供单位或个人签章；调取复印件的须备注出处，原件存放情况。
	13. 通话记录、短信记录	预谋、分工情况；签订、履行合同的情况；作案时间、过程、结果分赃等情况。	须加盖提供单位的公章；以拍照、截图形式提取的须当事人签字确认。	可结合涉案电子设备所提取的电子勘查情况作出分析。
	14. 银行流水、微信支付、支付宝等资金往来情况	犯罪预备、工具准备等出资、消费情况；货款、订金支付情况；赃物去向、销赃、分赃情况。	对相关资金流向进行分析统计，形成款项流转过程的侦查意见。	现金交易的注意收集钱款来源的书证。
	15. 车票、飞机票、住宿登记、高速路出入情况等凭证	犯罪嫌疑人策划犯罪、实施犯罪过程及时间段、地点。	原件提取，注意提取程序的合法性。	无法提取原件的，可调取电子票据，注明来源和提取程序。
	16. 退赃、退赔说明、收条、谅解书	退赃、赔偿情况；犯罪嫌疑人认罪、悔罪及刑事和解情况。	核实退赃、赔偿款支付情况及谅解书的真实性。	
犯罪嫌疑人的供述及辩解	1. 自书材料	作案的起因、动机、目的；犯罪预谋的过程、相关工具、证件、材料、启动资金的准备过程；犯罪的手段：是否以虚假的单位或者冒用他人的名义签订合同，或以伪造、变造、作废的票据或者其他虚假的产权证明作担保，没有实际履行能力，收受有关财产后逃匿等；犯罪的次数、时间、地点、过程、情节；骗取财物、货物的数量和销赃的过程、赃款赃物去向；共同犯罪人在具体实施犯罪过程中的分工、地位、作用、联络方式和赃款的分配。	自书材料应证明来源、提取时间；须制作3份以上综合笔录，清晰明了阐述案发经过；确定诈骗数额；对讯问过程同步录音录像；注意讯问程序的合法性和笔录符合法定要求。	讯问未成年犯罪嫌疑人须有法定代理人（或合适成年人）在场；讯问女性未成年犯罪嫌疑人须有女性侦查人员在场参与讯问。
	2. 讯问笔录			

续表

证据类型	证据名称	证明内容	证明标准	特别注意事项
被害人陈述	被害人的询问笔录	被骗金额或财物的数量、价值、特征、存放情况、来源等；签订、履行合同的过程；与行为人是否相识及关系，是否自愿交付财物；发现、报案的过程；有无对实施诈骗行为人进行抓捕；案发现场情况。	询问过程应符合法定程序。	
证人证言	1. 目击证人的询问笔录 2. 收购、销售赃物人员的询问笔录 3. 抓获人、报案人、现场发现人的询问笔录 4. 被害人家属等其他知情人的询问笔录	作案过程、犯罪嫌疑人的体貌特征、抓获的经过，是否有抗拒抓捕的情况。	询问过程应符合法定程序。	未成年人同上；注意收集抗拒抓捕的相关证据，是否存在转化型抢劫的情形。
鉴定意见	1. 价格鉴定	鉴定涉案物品价格。	委托程序、鉴定程序合法；鉴定意见与委托要求相符。	检材的提取、送检应当符合法定程序，鉴定意见应在法定时限内作出；鉴定机构、人员资质必须符合法定条件；鉴定意见应有2名鉴定人签名、机构签章。无鉴定人签名的，应对鉴定人进行询问或进行说明；鉴定意见须及时告知。
	2. 痕迹鉴定	对所提取的指纹、脚印等进行鉴定，证实案发情况。		
	3. 法庭科学DNA鉴定	是否与犯罪嫌疑人有关联；涉案物品是否为被害人所有。		
	4. 笔迹、公章鉴定	收条、欠条、合同等是否为犯罪嫌疑人或被害人笔迹、公章真伪；相关票据是否为伪造。		
	5. 司法会计鉴定	案情重大、账目繁杂的案件应作司法会计鉴定。		

续表

证据类型	证据名称	证明内容	证明标准	特别注意事项
勘查、检查、辨认笔录等	1. 现场勘查笔录及照片	作案现场；犯罪工具来源、丢弃现场；提取物证现场；分赃、销赃现场。	应当拍摄现场照片或录像、绘制现场图、制作现场勘查及提取物证笔录；制作搜查、检查笔录和扣押物品、文件清单；严格见证人制度，必要时进行同步录音录像。	注意财物、货物返还情况的程序、手续。
	2. 搜查、检查笔录、照片及扣押物品、文件清单	人身检查情况、涉案财物、文件资料情况。		
	3. 辨认笔录	犯罪嫌疑人、被害人、相关证人之间身份确认情况；辨认作案工具。		
	4. 指认笔录	指认现场、指认涉案物品。		
视听资料	音频、视频	证明案发过程及案发现场情况。	应附证据来源、调取文书以及与案件关联性的说明。	提供录音录像单位、个人的盖章或签章；注意时间的核对与校正。
电子数据	电子数据勘验、检查笔录及载体	手机、电脑、导航仪等电子设备数据存储、恢复情况；社交软件、金融平台、网络交易平台、邮箱等资料。	案发经过；赃物处理；资金流转。	可根据办案需要将部分重要电子数据如QQ记录、微信记录、网络转账等打印并经犯罪嫌疑人签字确认后附卷；远程勘验的，应当同步录音录像，并按照现场勘验要求制作笔录。

六、组织、领导传销活动罪（刑法第 224 条之一）

组织、领导传销活动罪，是指以推销商品或提供服务等经营活动为名，要求参加者以缴纳费用或者购买商品、服务等方式获得加入资格。

（一）犯罪构成要件

1. 客体要件：本罪侵犯的客体为复杂客体，既侵犯了公民的财产所有权，又侵犯了市场经济秩序和社会管理秩序。

2. 客观要件：本罪在客观方面表现为违反国家规定，组织、从事传销活动，扰乱市场秩序，情节严重的行为。
3. 主体要件：本罪主体是一般主体，凡年满16周岁具有刑事责任能力的自然人均能构成本罪。
4. 主观要件：本罪在主观方面表现为直接故意，具有非法牟利的目的。

（二）专门性法律法规文件

1. 最高人民法院、最高人民检察院、公安部《关于办理组织领导传销活动刑事案件适用法律若干问题的意见》；
2. 最高人民检察院、公安部《关于公安机关办理经济犯罪案件的若干规定》。

（三）证据清单

证据类型	证据名称	证明内容	证明标准	特别注意事项
物证	1. 被查获的组织、领导传销活动商品、传单、宣传册等	实施组织、领导传销活动的商品、作案工具、赃款或收益情况。	扣押、提取、封存等过程具有合法性；扣押、提取、封存的作案工具、物品须与案件具有关联性；扣押物品与扣押清单在物品数量、特征、重量等方面应保持一致性。	手机、电子设备须当场封存，确保电子数据不被篡改；注意不易保存的物品，须依法处置后将案款提存。
	2. 实施组织、领导传销活动的电脑、播放器、U盘等作案工具、聚集用品等			
	3. 手机、车辆等通信、运输工具			
	4. 赃款或其他财产性利益			
书证	1. 受案材料、立案文书、破案经过	是否有管辖权；线索来源、发案经过、侦破经过。	相关文书应加盖公章，报案、控告等应形成笔录。	注意受案时间与立案时间的衔接；采用侦查技术破获案件的，应当收集相关侦查措施、锁定犯罪嫌疑人的材料书证。
	2. 户籍证明	犯罪嫌疑人身份信息、刑事责任年龄。	由户籍所在地公安机关出具并加盖公章。	未成年人刑事犯罪注意收集出生证明、户口本复印件等相关材料，必要时可以进行骨龄鉴定。

续表

证据类型	证据名称	证明内容	证明标准	特别注意事项
书证	3.刑事犯罪、违法等前科材料	前科劣迹及是否有累犯或刑罚执行期间犯罪，是否为吸毒人员。	刑事判决书、刑满释放证明、治安处罚决定书、强制戒毒登记表、戒毒通知书等。	注意调取一、二审刑事判决裁定及释放证明等；注意既往同类行为行政处罚材料的调取。
	4.行为人或名义上的公司的营业执照、工商登记材料	是否合法成立以及经营范围等。	备注证据来源，调取手续齐全。	注意网络传销的网站经营主体资格材料。
	5.到案经过、公安机关证明材料、接受投案的证明材料、检举揭发材料、立案逮捕或判决等法律文书	犯罪嫌疑人到案的真实详细过程；犯罪嫌疑人是否具有自首和立功情节。	到案经过应包括到案时间、地点、经过及是否抗拒抓捕、是否自动投案、是否有协助抓获其他同案犯的行为；到案后是否如实供述犯罪事实；由2名以上参与抓捕或者接受投案的办案人员书写、签名，并加盖单位公章。	异地抓获的，应附异地公安机关出具的抓获经过、在逃人员登记表、临时羁押证明；检举揭发的，应当收集笔录或自述材料，被检举揭发人案件相关文书如立案决定书、逮捕决定书、起诉书、判决书等；协助抓捕的，详细说明协助手段及作用。
	6.拘传、拘留、逮捕、取保候审等强制措施文书	采取强制措施的合法性、羁押期限时长，是否按规定送所。	依法告知、加盖公章、注意法定羁押期限。	注意拘留后24小时入所、呈捕时间、执行时间以及拘留、逮捕后讯问时间。
	7.通话记录、短信记录	预谋、分工情况及作案时间、过程、结果、分赃等情况。	须加盖提供单位的公章；以拍照形式提取的须当事人签字确认。	可结合涉案电子设备所提取的电子勘查情况作出分析。
	8.书信、日记等	行为人实施组织、领导传销行为的时间、地点及经过。	原件调取，手续齐全，与案件具有关联性；从相关单位调取的，须单位盖章。	由当事人解释、签字确认，必要时做笔迹鉴定。
	9.合同、收据、借条、欠条、发票等	行为人组织、领导传销活动的手段、获益及其他人加入传销组织的情况。		由当事人解释、签字确认。
	10.传销组织的结构图、发展人员名单	传销组织的层级、人数等情况。		注意层级确定的合理性，经当事人解释、签字确认。

续表

证据类型	证据名称	证明内容	证明标准	特别注意事项
书证	11.相关的账册、记账凭证、支票、本票、汇票存根、银行账户资料等	组织、领导传销活动的犯罪行为手段、入会数额及收益等。	（同上）	结合供述或鉴定进行分析判断。
	12.银行流水、微信支付、支付宝等资金往来情况	涉案资金来源、去向、用途等。		结合电子数据提取情况分析认定。
	13.有关国家机关对组织、领导传销活动的处罚决定书、缴纳罚款通知单等	因组织、领导传销被行政处罚的情况。		
犯罪嫌疑人的供述及辩解	1.自书材料 2.讯问笔录	作案的动机、目的；犯罪的发起、参与人员、分工；传销的网络、层级设置、发展组织成员的手段、入门费和分红模式；组织的结构、对外经营的主体和人员职责；资金的来源、用途、去向；利用网站实施犯罪的网站的建立、维护和营销模式；传销商品的来源、价值和作用；传销组织的层级人员、发展人数和牟利数额。	自书材料应证明来源、提取时间；须制作3份以上综合笔录，清晰明了阐述案发经过；确定涉案数额；对讯问过程同步录音录像；注意讯问程序的合法性和笔录符合法定要求。	讯问未成年犯罪嫌疑人须有法定代理人（或合适成年人）在场；讯问女性未成年犯罪嫌疑人须有女性侦查人员在场参与讯问；注意有无限制人身自由。

续表

证据类型	证据名称	证明内容	证明标准	特别注意事项
证人证言	1. 参与传销活动人员的询问笔录	作案过程；传销组织的层级、人数、上下级及上下线之间的关系、发展下线报酬；编造、夸大投资项目及盈利前景；利益分配；犯罪嫌疑人的体貌体征、抓获的经过，是否有抗拒抓捕的情况。	询问过程应符合法定程序。	
	2. 单位主管、财务和经手人员的询问笔录			
	3. 抓获人、报案人、现场发现人的询问笔录			
	4. 其他知情人的询问笔录			
鉴定意见	1. 司法会计鉴定、审计鉴定意见	组织、领导传销活动的犯罪数额、牟利数额等。	委托程序、鉴定程序合法；鉴定意见与委托要求相符。	检材的提取、送检应当符合法定程序，鉴定意见应在法定时限内作出；鉴定机构、人员资质必须符合法定条件；鉴定意见应有2名鉴定人签名、机构签章。无鉴定人签名的，应对鉴定人进行询问或进行说明；鉴定意见须及时告知。
	2. 价格鉴定	传销商品、物品的价值。		
	3. 痕迹鉴定	对所提取的指纹、痕迹等进行鉴定。		
	4. 法庭科学DNA鉴定	遗留在现场或涉案物品上的犯罪嫌疑人或经手人的生物物证进行同一认定。		
	5. 文检鉴定	有关书证上的笔迹、印鉴真伪及许可证和批准文件是否伪造等。		

续表

证据类型	证据名称	证明内容	证明标准	特别注意事项
勘查、检查、辨认笔录等	1. 现场勘查笔录及照片	作案现场；犯罪工具来源、丢弃现场；提取物证现场；分赃、销赃现场。	文书应当规范，符合公安机关刑事法律文书式样，内容应当完整、真实、详细，清晰记录物品搜查、扣押、清点、核称、取样、存放、移交的过程。应当拍摄现场照片或录像，绘制现场图、制作现场勘查及提取物证笔录；制作搜查、检查、核称、取样笔录和清单；称量工具是否合格；实地称量不具备条件的，应依法封装后到有条件的地方进行称量抽样送检；见证人在场，同步录音录像。	严格执行见证人制度；注意提取案发现场和涉案物品上犯罪嫌疑人、涉案人员的生物物证；注意扣押物品与案件的关联性，与案件无关及时返还物品所有人，保障相关人员的权利；严格见证人制度，对搜查、扣押、核称、取样过程进行同步音录像；清点取样后依法封存于具有保管条件的地方储存。不得将不同包装物内的商品等进行混合，严格避免交叉污染和重复计算；及时发现、提取犯罪嫌疑人身体、衣服、随身物品以及作案工具上的痕迹和生物检材。
	2. 搜查、检查笔录、照片及扣押物品、文件清单	人身检查情况、涉案财物情况。		
	3. 辨认笔录	犯罪嫌疑人、被害人、相关证人之间身份确认情况；辨认作案工具。		
	4. 指认笔录	指认现场、指认涉案物品。		
视听资料	音频、视频	证明组织、发展、扩大传销组织的情况及案发现场情况。	应附证据来源、调取文书以及与案件关联性的说明。	提供录音录像单位、个人的盖章或签章。
电子数据	电子数据勘验、检查笔录及载体	手机、电脑、导航仪等电子设备数据存储、恢复情况；社交软件、金融平台、网络交易平台、邮箱等资料。	案发经过；赃物处理；资金流转。	可根据办案需要将部分重要电子数据如QQ记录、微信记录、网络转账等打印并经犯罪嫌疑人签字确认后附卷。

七、非法经营罪（刑法第 225 条）

非法经营罪，是指未经许可经营专营、专卖物品或其他限制买卖的物品，买卖进出口许可证、进出口原产地证明以及其他法律、行政法规规定的经营许可证或者批准文件，以及从事其他非法经营活动，扰乱市场秩序，情节严重的行为。

（一）犯罪构成要件

1. 客体要件：本罪侵犯的客体应该是市场秩序，为了保证限制买卖物品和进出口物品市场，国家实行上述物品的经营许可制度。

2.客观要件：本罪在客观方面表现为未经许可经营专营、专卖物品或者其他限制买卖的物品、买卖进出口许可证、进出口原产地证明以及其他法律、行政法规规定的经营许可证或者批准文件，以及从事其他非法经营活动，扰乱市场秩序，情节严重的行为。

3.主体要件：本罪的主体是一般主体，即年满16周岁且具有刑事责任能力的自然人均可构成。单位可以构成本罪。

4.主观要件：本罪在主观方面由故意构成，并且具有牟取非法利润的目的。

（二）专门性法律法规文件

1.全国人民代表大会常务委员会《关于惩治骗购外汇、逃汇和非法买卖外汇犯罪的决定》；

2.最高人民法院《关于审理骗购外汇、非法买卖外汇刑事案件具体应用法律若干问题的解释》；

3.最高人民法院《关于审理非法出版物刑事案件具体应用法律若干问题的解释》；

4.最高人民法院《关于审理扰乱电信市场管理秩序案件具体应用法律若干问题的解释》；

5.最高人民法院、最高人民检察院、公安部、国家烟草专卖局《关于办理假冒伪劣烟草制品等刑事案件适用法律问题座谈会纪要》；

6.最高人民法院、最高人民检察院《关于办理非法生产、销售烟草专卖品等刑事案件具体应用法律若干问题的解释》；

7.最高人民法院、最高人民检察院《关于办理妨害信用卡管理刑事案件具体应用法律若干问题的解释》；

8.最高人民法院、最高人民检察院《关于办理利用信息网络实施诽谤等刑事案件适用法律若干问题的解释》；

9.最高人民法院、最高人民检察院、公安部《关于办理利用赌博机开设赌场案件适用法律若干问题的意见》；

10.最高人民法院、最高人民检察院《关于办理扰乱无线电通讯管理秩序等刑事案件适用法律若干问题的解释》；

11.最高人民法院、最高人民检察院《关于办理非法从事资金支付结算业务、非法买卖外汇刑事案件适用法律若干问题的解释》；

12.最高人民法院《关于审理破坏森林资源刑事案件具体应用法律若干问题的解释》；

13. 最高人民法院《关于审理破坏野生动物资源刑事案件具体应用法律若干问题的解释》；

14. 最高人民法院、最高人民检察院、公安部《办理非法经营国际电信业务犯罪案件联席会议纪要》；

15. 最高人民法院、最高人民检察院《关于办理非法生产、销售、使用禁止在饲料和动物饮用水中使用的药品等刑事案件具体应用法律若干问题的解释》；

16. 最高人民检察院《关于非法经营国际或港澳台地区电信业务行为法律适用问题的批复》；

17. 最高人民法院、最高人民检察院《关于办理危害食品安全刑事案件适用法律若干问题的解释》；

18. 最高人民法院、最高人民检察院《关于办理危害药品安全刑事案件适用法律若干问题的解释》；

19. 最高人民法院、最高人民检察院《关于办理环境污染刑事案件适用法律若干问题的解释》；

20. 最高人民法院、最高人民检察院、公安部、国家安全部《关于依法办理非法生产销售使用"伪基站"设备案件的意见》；

21. 最高人民法院、最高人民检察院、公安部、司法部《关于办理非法放贷刑事案件若干问题的意见》；

22.《矿产资源法》；

23.《烟草专卖法》；

24.《食盐专营办法》。

（三）证据清单

证据类型	证据名称	证明内容	证明标准	特别注意事项
物证	1. 查获的食盐、香烟、外币等专营、专卖商品及包装物原物或照片	非法经营的商品、物品数量、数额及获利情况；作案工具、运输工具；涉案财产的情况。	扣押、提取、封存等过程具有合法性，扣押、提取、封存的作案工具、商品物品须与案件具有关联性；扣押物品与扣押清单在物品数量、特征、重量等方面应保持一致性。	手机、电子设备须当场封存，确保电子数据不被篡改；注意不易保存的商品，须依法处置后将案款提存。
	2. 包装、储存、装卸工具、运输工具等原物或照片			
	3. 手机、电脑、U盘等设备			
	4. 现金、银行卡、记账本、票据、动产实物、不动产权证等			

续表

证据类型	证据名称	证明内容	证明标准	特别注意事项
书证	1.受案材料、立案文书、破案经过	是否有管辖权；线索来源、发案经过、侦破经过。	相关文书应加盖公章，报案、控告等应形成笔录。	注意受理案件与立案时间、手续以及技侦手续的衔接。
	2.犯罪嫌疑人主体证据、户籍证明；犯罪嫌疑单位营业执照、工商登记材料、法人代表及负责人身份信息	犯罪嫌疑人户籍证明等基本信息；犯罪嫌疑单位的基本信息和诉讼代表人身份信息。	犯罪嫌疑人是否具备完全刑事责任年龄、是否属于人大代表、政协委员、国家工作人员、中共党员，是否精神正常；犯罪嫌疑单位是否具有单位犯罪主体资格。	未成年人刑事犯罪注意收集出生证明、户口本复印件等相关材料，必要时可以进行骨龄鉴定；要收集企业经营者或高管的企业相关信息及任职证明。
	3.刑事犯罪、违法等前科材料	前科劣迹及是否有累犯或刑罚执行期间犯罪，是否为吸毒人员。	刑事判决书、刑满释放证明、治安处罚决定书、强制戒毒登记表、戒毒通知书等。	注意调取一、二审刑事判决裁定及释放证明等；注意既往同类行为行政处罚材料的调取。
	4.到案经过、公安机关证明材料、接受投案的证明材料、检举揭发材料、立案逮捕或判决等法律文书	犯罪嫌疑人到案的真实详细过程；犯罪嫌疑人是否具有自首和立功情节。	到案经过应包括到案时间、地点、经过及是否抗拒抓捕、是否自动投案，是否有协助抓获其他同案犯的行为；到案后是否如实供述犯罪事实；由2名以上参与抓捕或者接受投案的办案人员书写、签名，并加盖单位公章。	异地抓获的，应附异地公安机关出具的抓获经过、在逃人员登记表、临时羁押证明；检举揭发的，应当收集笔录或自述材料，被检举揭发人案件相关文书如立案决定书、逮捕决定书、起诉书、判决书等；协助抓捕的，详细说明协助方式及作用。
	5.传唤等文书以及拘传、拘留、逮捕、取保候审、监视居住等强制措施文书	传唤时间、拘传时间、羁押期限、强制措施合法性。	文书应当规范，符合公安机关刑事法律文书式样，完整、真实、清楚记录各办案阶段的羁押时间，确保所有时间均在规定的时间范围内。	特别需要注意传唤、拘传时间（12小时或24小时起止时间及审批手续）、拘留后送看守所时间（24小时内）；异地执行拘留逮捕的要附转押、路程说明；拘留逮捕后通知家属时间要在法律规定的时间范围内。
	6.通话记录、短信记录、开户信息	预谋、分工情况、上下家联系情况及作案时间、过程、结果等情况。	须加盖提供单位的公章；以拍照、截图形式提取的须当事人签字确认。	注意调取生产、交易上下家的证据；可结合涉案电子设备所提取的电子勘查情况作出分析。

续表

证据类型	证据名称	证明内容	证明标准	特别注意事项
书证	7. 开户信息、银行流水、微信支付、支付宝等资金往来情况	商品、外币来源及经营过程；成本来源、资金流转；路费、雇工钱支付情况；犯罪嫌疑人与上下家间的交易记录情况。	对相关资金流向进行分析统计，形成款项流转过程的侦查意见；异常资金流结合交易对手账户分析。	调取手续必须具有合法性，调取证据通知书附卷；对于违法所得在银行卡内的要冻结移送处理。
	8. 机票、乘机记录、车船票、路桥费等	非法经营的方式和上下家交易的过程。	调取手续齐全；收集原件。	
	9. 营业执照、专营、专卖许可证、特种行业经营许可证	犯罪嫌疑人、犯罪嫌疑单位的经营范围、是否具备专营、专卖、外汇结算资质。	调取手续齐全；收集原件；必要时从行业主管部门调取。	注意相关证件的真伪。
	10. 非法放贷的合同、文件等、购销合同、货运单据、物流单据、记账本、记账单	非法放贷的数额，购销相关商品的过程和获益情况。	调取手续齐全；收集原件；注意电子材料提取手续。由记录人进行解释并确认。	是否存在掩饰、伪装或逃避检查的情况；是否以虚假身份作案，必要时进行笔迹鉴定。
	11. 商铺、房屋产权证明、租房合同、住宿登记记录及费用	经营、储存场所的所有人、使用人或管理人情况；外出采买、销售的路线。		使用虚假身份、号码等信息租用车辆、房屋等，注意收集相关的证人证言、监控视频、辨认笔录等证实实际租用人身份，必要时进行笔迹等鉴定。
	12. 股票、保险单、支票、本票、汇票等	非法经营的销售数量、结算方式、价格、金额等情况。	调取手续齐全；收集原件。	结合供述或鉴定进行分析判断。
	13. 租车合同、机动车登记信息、驾驶人登记信息、驾驶证、行驶证	运输商品工具的归属和使用情况；是否有专门的作案工具。		机动车登记所有人与实际使用人不一致的，应当收集登记所有人等证人的证言、转让合同、付款记录、保养维修记录等证据。
	14. 进出口许可证、进口原产地证明等	违规买卖经营许可证或批准文件情况。		

续表

证据类型	证据名称	证明内容	证明标准	特别注意事项
书证	15. 专营、专卖、特许经营种类的法律法规文件、有关国家机关出具的证明材料	行为人实施的经营活动未经其许可、批准。	（同上）	
	16. 有关国家机关对非法经营活动的处罚决定书、缴纳罚款单	行为人因非法经营被处罚的情况。		
	17. 单位讨论记录、有关负责人签署文件、单位财务账目等	是否单位犯罪、具体责任人、决策分工等。		
	18. 涉案物品处理或移交清单	涉案商品、作案工具等物品的处理或移交情况。	由相关部门出具、盖章。	已移交相关部门进行处置的需要说明处置的方式及结果。
犯罪嫌疑人的供述及辩解	1. 自书材料 2. 讯问笔录	对专营、专卖物品和特许经营种类的认知；商品、物品和启动资金的来源；非法经营的时间、地点、手段、过程、数量、价格、获益情况；是否伪造相关专营、专卖、特许经营许可证明；通信、交通等工具的来源去向；上下家在犯意提起、付款、运输、促成交易等环节所起的作用；共同犯罪案件中的预谋、分工、出资、分赃以及地位、作用；是否曾因非法经营行为被行政处罚；到案经过及是否有自首、立功等情节；犯罪嫌疑人的经济状况、涉案财产的储存和处理。	自书材料应证明来源、提取时间；须制作3份以上综合笔录，清晰明了阐述案发经过；确定涉案数额；对讯问过程同步录音录像；注意讯问程序的合法性和笔录符合法定要求；讯问外国人、少数民族应当提供翻译。	讯问未成年犯罪嫌疑人须有法定代理人（或合适成年人）在场；讯问女性未成年犯罪嫌疑人须有女性侦查人员在场参与讯问；注意超出经营许可范围的非法经营情况；以虚假身份、地址或物品办理托运、寄递商品的，注意对犯罪嫌疑人采取上述方式供述与辩解的收集。

续表

证据类型	证据名称	证明内容	证明标准	特别注意事项
证人证言	1. 目击证人、知情者、上下家的询问笔录	非法经营时间、地点、手段、数量、价格、销售渠道、销售数额、盈利数额；是否明知所经营业务需要批准或许可、擅自经营。犯罪嫌疑人的体貌体征、抓获的经过。	询问过程应符合法定程序。	证人的身份及与犯罪嫌疑人的关系，是否为员工或交易上下家；未达到追责标准的参与人对犯罪发生的过程的叙述等。
	2. 抓获人、报案人、参与员工、现场发现人的询问笔录			
	3. 行政执法人员的证言			
鉴定意见	1. 笔迹鉴定	银行凭条、记账本、合同、物流单据等笔迹鉴定。	委托程序、鉴定程序合法；鉴定意见与委托要求相符。	检材的提取、送检应当符合法定程序，鉴定意见应在法定时限内作出；鉴定机构、人员资质必须符合法定条件；鉴定意见应有2名鉴定人签名、机构签章。无鉴定人签名的，应对鉴定人进行询问或进行说明；鉴定意见须及时告知。
	2. 价格鉴定	非法经营商品、物品、非法结算货币的价值。		
	3. 痕迹鉴定	对所提取的指纹、痕迹等进行鉴定。		
	4. 法庭科学DNA鉴定	遗留在现场或涉案物品上的犯罪嫌疑人或经手人的生物物证进行同一认定。		
	5. 司法会计鉴定	非法经营交易和获利情况，特别是无现货并扣押到账本、银行资金流的案件。		
勘查、检查、辨认笔录等	1. 现场勘查笔录及照片	涉案商品销售、储存现场或其他非法经营行为的场所；犯罪工具来源、丢弃现场；提取物证现场；指纹、掌纹等痕迹；体液、毛发等生物检材。	文书应当规范，符合公安机关刑事法律文书式样，内容应当完整、真实、详细，清晰记录物品搜查、扣押、清点、核称、取样、存放、移交的过程。应当拍摄现场照片或录像，绘制现场图、制作现场勘查及提取物证笔录；制作搜查、检查、	严格执行见证人制度；注意提取案发现场和涉案物品上犯罪嫌疑人、涉案人员的生物物证；注意扣押物品与案件的关联性，与案件无关时及时发还物品所有人，保障相关人员的权利；严格见证人制度，对搜查、扣押、核称、取样过程进行同步录音
	2. 搜查证、搜查笔录、扣押决定书、扣押清单等搜查扣押手续、移交存放清单记录证据	查获的商品、包装物、记账本、现金、手机等涉案物品来源、名称、数量、特征等；运输工具的数量、特征。		

续表

证据类型	证据名称	证明内容	证明标准	特别注意事项
勘查、检查、辨认笔录等	3. 清点、核称笔录	涉案商品、外币、现金的数量、重量的清点和称量。	核称、取样笔录和清单；称量工具是否合格；实地称量不具备条件的，应依法封装后到有条件的地方进行称量抽样送检；见证人在场，同步录音录像。	录像；清点取样后依法封存于具有保管条件的地方储存。不得将不同包装物内的商品等进行混合，严格避免交叉污染和重复计算；及时发现、提取犯罪嫌疑人身体、衣服、随身物品以及作案工具上的痕迹和生物检材。
	4. 抽样提取送检笔录	对依法扣押的商品进行抽样送检。		
	5. 辨认笔录	犯罪嫌疑人、交易上下家、被害人等身份确认情况；辨认作案工具。		
	6. 人身检查笔录及照片	确定涉案人特征、受伤情况或者精神状态；提取生物检材。		
	7. 指认笔录	指认现场、指认涉案物品、作案工具。		
视听资料	非法经营、储存、结算等场所监控视频；道路监控视频、高速卡口监控视频；行车记录仪视频、执法记录仪视频；车辆GPS记录；银行监控视频；宾馆、KTV等监控视频；其他涉案相关音视频	犯罪嫌疑人非法经营作案地点、过程；运输、交易、外出推销等活动轨迹情况；到案经过、协助抓捕他人经过；抓获、搜查、扣押、称量经过。	存储于光盘等存储介质随案移送；附有调取证据通知书（回执）和调取证据清单，并由证据持有人签名或盖章；附视频资料制作说明，对视频资料的来源、真实完整性、提取保存过程和证实主要事实进行说明。	注意提取沿途路段的监控录像、收费站的通行记录、车辆GPS、涉案车辆及邻近车辆行车记录仪视频的相关视频、数据；提供录音录像单位、个人的盖章或签名；注意时间的核对与校正，不得剪辑、增加、删改；注意时间的核对；组织犯罪嫌疑人及相关证人对视频、音频内容进行辨认。
电子数据	电子数据勘验、检查笔录及载体	手机、电脑、导航仪等电子设备数据存储、恢复情况；微信、QQ等社交软件、支付宝、微信支付等网络交易平台、网页、邮箱等交易相关资料。	涉案商品、财产来源、去向及交易方式、过程；组织犯罪嫌疑人及证人对电子数据内容进行辨认。	可根据办案需要将部分重要电子数据打印并经犯罪嫌疑人签字确认后附卷；使用前后注意封存物证。

续表

证据类型	证据名称	证明内容	证明标准	特别注意事项
技侦证据	采取技术侦查措施获取的物证、视听资料、电子数据等	犯罪的预谋、分工过程；共同犯罪的各犯罪嫌疑人在共同犯罪中的地位、作用；购销商品的过程和交易数量、金额。	审批程序合法、齐全，必要时附秘卷移送；视频、音频内容应当转化为文字材料与光盘一并移送。	采取技术侦查措施收集音视频证据应同时收集证明声音主体身份的证据；必要时进行声纹鉴定、图像鉴定。

第三章 侵犯公民人身权利、民主权利罪

（刑法"分则"第四章）

一、故意杀人罪（刑法第 232 条）

故意杀人罪，是指故意非法剥夺他人生命的行为。

（一）犯罪构成要件

1. 客体要件：本罪侵犯的客体是他人的生命权。

2. 客观要件：实施了非法剥夺他人生命的行为，作为、不作为均可构成。以不作为方式实施的故意杀人罪，只有对防止他人死亡结果发生负有特定义务的人才能构成。

3. 主体要件：本罪的主体是一般主体，年满 14 周岁且具有刑事责任能力的自然人均可构成。但已满 12 周岁不满 14 周岁的人，犯故意杀人罪，经最高人民检察院核准追诉的，应当负刑事责任。

4. 主观要件：本罪在主观上须有非法剥夺他人生命的故意，包括直接故意和间接故意。即明知自己的行为会发生他人死亡的危害后果，并且希望或者放任这种结果的发生。

（二）专门性法律法规文件

1.《全国法院维护农村稳定刑事审判工作座谈会纪要》；

2. 最高人民法院、最高人民检察院《关于办理组织、利用邪教组织破坏法律实施等刑事案件适用法律若干问题的解释》；

3. 最高人民法院《关于审理交通肇事刑事案件具体应用法律若干问题的解释》；

4. 最高人民法院、最高人民检察院《关于办理妨害预防、控制突发传染病疫情等灾害的刑事案件具体应用法律若干问题的解释》；

5. 最高人民法院《关于抢劫过程中故意杀人案件如何定罪问题的批复》；

6. 最高人民法院《关于审理未成年人刑事案件具体应用法律若干问题的解释》；

7. 最高人民法院、最高人民检察院、公安部、司法部《关于依法惩治拐卖妇女儿童犯罪的意见》；

8. 最高人民法院、最高人民检察院、公安部、司法部《关于依法惩治性侵害未成年人犯罪的意见》；

9. 最高人民法院、最高人民检察院、公安部、司法部《关于办理恐怖活动和极端主义犯罪案件适用法律若干问题的意见》；

10. 最高人民法院、最高人民检察院、公安部、司法部《关于依法办理家庭暴力犯罪案件的意见》。

（三）证据清单

证据类型	证据名称	证明内容	证明标准	特别注意事项
物证	1. 刀具、枪支等作案工具原物或照片 2. 毒鼠强、安眠药等毒药的原物、残留物或照片 3. 手机等通信工具 4. 现场遗留的衣物鞋袜、记录本、烟头、纽扣、毛发等物品	作案工具和现场物品情况。	收集程序、方式要符合法律规定；物证的特征、数量、质量应当与扣押清单一致。	注意遗留在物证上的生物检材的提取和鉴定；枪支必须进行枪支性能鉴定及相关痕迹检验；毒鼠强、安眠药等药品或残留物须进行成分鉴定。
书证	1. 受案材料、立案文书、破案经过	是否有管辖权；线索来源、发案经过、侦破经过。	相关文书应加盖公章，报案、控告等应形成笔录；对于犯罪嫌疑人、被告人犯有数罪的命案，侦查机关应当写明各罪线索的来源及并案侦查的情况。	受案时间与立案时间的衔接；网上报案、控告、举报的，应对网页截图打印附卷，并注明来源；报案、控告、举报可能招致打击报复的，应及时采取保护、保密措施。

续表

证据类型	证据名称	证明内容	证明标准	特别注意事项
书证	2. 户籍证明	犯罪嫌疑人和被害人的身份信息、刑事责任年龄（14周岁以上）。	由户籍所在地公安机关出具并加盖公章。	未成年人刑事犯罪注意收集出生证明、户口本复印件等相关材料，必要时可以进行骨龄鉴定。
	3. 刑事犯罪、违法等前科材料	前科劣迹及是否有累犯情节。	刑事判决书、刑满释放证明、治安处罚决定书、戒毒通知书等均须调取。	
	4. 到案经过、公安机关证明材料、接受投案的证明材料、检举揭发材料、立案逮捕或判决等法律文书	犯罪嫌疑人到案的真实详细过程；犯罪嫌疑人是否具有自首和立功情节。	到案经过应包括到案时间、地点、经过及是否抗拒抓捕、是否自动投案，是否有协助抓获其他同案犯的行为；到案后是否如实供述犯罪事实；由2名以上参与抓获或者接受投案的办案人员书写、签名，并加盖单位公章。	异地抓获的，应附异地公安机关出具的抓获经过、在逃人员登记表、临时羁押证明；检举揭发的，应当收集笔录或自述材料，被检举揭发人案件相关文书如立案决定书、逮捕决定书、起诉书、判决书等；协助抓捕的，详细说明协助方式及作用，使用警犬嗅源手段协助侦查确定犯罪嫌疑人、被告人或查获凶器等相关物品的，应将相关情况写成书面材料，并加盖单位公章，有条件的可以附录像。
	5. 拘传、拘留、逮捕、取保候审等强制措施文书	采取强制措施的合法性、羁押期限时长，是否按规定送所。	依法告知、加盖公章、注意法定羁押期限。	注意拘留后24小时入所、呈捕时间、执行时间以及拘留、逮捕后讯问时间。
	6. 书信、日记、记账本等材料	真实犯罪动机和起因、作案时间、地点、经过等。	原件提取，手续齐全，标注来源或持有人与双方当事人的关系。	注意内容的真实性和持有人。
	7. 通话记录、短信记录	犯罪动机、目标选择，共同犯罪预谋、分工情况及踩点、作案时间、过程、结果等情况。	犯罪嫌疑人和被害人通信使用的手机、手机卡及机主信息、通话记录、信息等材料，须加盖提供单位的公章；以拍照、截图形式提取的须当事人签字确认。	可结合涉案电子设备所提取的电子勘查情况作出分析。

第三章 侵犯公民人身权利、民主权利罪

续表

证据类型	证据名称	证明内容	证明标准	特别注意事项
书证	8.银行流水、微信支付、支付宝等资金往来情况和凭证	当事人之间是否存在经济来往或纠纷。	对相关资金流向进行分析统计,形成款项流转过程的侦查意见。	从单位调取的应加盖公章,附调取手续,截图提取的应让当事人签字确认。
书证	9.病历、诊断书、抢救记录、住院治疗记录	给被害人身体、精神造成损害的情况。	满足一般证据的证明标准。	注意被害人是否存在其他相关疾病的诊断以及是否因疾病引发死亡。
书证	10.住宿登记资料、车船机票	犯罪嫌疑人的活动轨迹。	尽可能原物提取,若原物不能提取的须注明来源,与原件是否一致,票证遗失可以使用网络电子凭证。	
书证	11.赔偿情况、收条、谅解书	赔偿情况;犯罪嫌疑人认罪、悔罪及刑事和解情况。	核实赔偿款支付情况及谅解书的真实性。	
犯罪嫌疑人的供述及辩解	1.自书材料 2.讯问笔录	作案的动机、目的,犯罪的起因、犯意的提起;准备工具和确定作案方式、地点的情况;实施杀人行为的时间、地点、人物、方法手段;犯罪经过和结果;作案工具及赃物去向;共同犯罪预谋的过程、商定的分工、具体的分工、联络方式;作案后的思想和逃跑或投案情况。	自书材料应证明来源、提取时间;须制作3份以上综合笔录,清晰明了阐述案发经过;确定抢劫数额;对讯问过程同步录音录像;注意讯问程序的合法性和笔录符合法定要求。	犯罪嫌疑人对死亡结果的心理状态,是直接故意还是间接故意,注意与故意伤害致人死亡相区分;讯问未成年犯罪嫌疑人时,应当依法首先通知未成年犯罪嫌疑人的法定代理人在场,法定代理人因故不能或者不宜到场的,要保证有合适成年人到场,并将有关情况记录在案;讯问女性未成年犯罪嫌疑人,应当有女工作人员在场;注意是否存在正当防卫、防卫挑拨、防卫过当或被害人过错的情况;每次讯问应同步录音录像。
被害人陈述	被害人的询问笔录	与犯罪嫌疑人之间的关系,是否有过节或经济纠纷;案发的时间、地点、起因、犯罪嫌疑人的体貌特征、案发过程、被害人反抗情况、各共同犯罪行为人在实施犯罪中的具体行为以及犯罪嫌疑人和被害人的受伤情况等内容。	询问过程应符合法定程序。	未成年人同上;注意收集被害人性别、年龄、身体等状况特征的相关证据。

续表

证据类型	证据名称	证明内容	证明标准	特别注意事项
证人证言	1. 目击证人的询问笔录 2. 犯罪嫌疑人、被害人亲属的询问笔录 3. 抓获人、报案人、现场发现人的询问笔录 4. 其他知情人的询问笔录	案件的起因，作案过程和后果，犯罪嫌疑人的体貌体征、抓获的经过。	询问过程应符合法定程序。	未成年人同上。
鉴定意见	1. 痕迹鉴定	提取的指纹、足迹、鞋印等痕迹进行鉴定。	满足一般证据的证明标准。	检材的提取、送检应当符合法定程序，鉴定意见应在法定时限内作出；鉴定机构、人员资质必须符合法定条件；鉴定意见应有2名鉴定人签名、机构签章。无鉴定人签名的，应对鉴定人进行询问或进行说明；鉴定意见须及时告知；注意是否有导致他人残疾、精神失常等严重后果。 犯罪嫌疑人作案时行为反常或者归案后言行举止失常，曾有精神病史或其近亲属有精神病史，可能患有精神病的，存在智力障碍或聋哑、盲人等生理功能缺失情况的，应当进行司法精神鉴定。 对怀孕的女性犯罪嫌疑人、被告人，应当委托县级以上医院进行检查后作出妊娠情况证明。
	2. 死因鉴定	鉴定被害人死亡的原因、是否存在影响死亡的其他因素或疾病介入。	多因一果情况下注意分析各因素对死亡的参与度和致使作用程度。	
	3. 伤情鉴定	幸存被害人、犯罪嫌疑人等涉案人受伤情况、程度或残疾等级。	注意核实伤情形成时间与原因、行为与结果之间的因果关系，排除意外因素介入。	
	4. 法庭科学DNA鉴定	1. 犯罪嫌疑人、被害人是否遗留血迹等生物物证在涉案物品上或犯罪现场。 2. 对被害人与其亲属作亲子鉴定，以明确被害人身份。 3. 犯罪嫌疑人衣物、身体、车辆是否遗留有被害人的生物物证。 4. 被害人的血迹是否遗留在犯罪嫌疑人身上或所持物品处。	尸源不明或高度腐败的尸体注意DNA鉴定检材的来源、与亲属的比对；女性被害人注意是否存在怀孕、被性侵的情况。	

续表

证据类型	证据名称	证明内容	证明标准	特别注意事项
鉴定意见	5. 司法精神鉴定	犯罪嫌疑人的刑事责任能力或被害人的精神状态。	证明犯罪嫌疑人有无刑事责任能力、是完全刑事责任能力还是限制刑事责任能力；被害人是否为精神病人、智力残障人员等。	（同上）
	6. 药物成分鉴定	毒药、麻醉药物、胃存物、排泄物及药物存放器皿残留物的分析鉴定。	注意检材的提取时间、程序及送检程序。	
	7. 枪支、爆炸物性能和成分鉴定	作案工具和手段的确认。	使用枪击或爆炸手段杀人的要确认作案工具的性能和爆炸物的残留、爆炸性能。	
勘查、检查、辨认笔录、侦查实验等	1. 现场勘查笔录及照片	案发现场、抛尸现场情况；犯罪工具来源、丢弃现场；提取物证现场。	应当拍摄现场照片或录像、绘制现场图、制作现场勘查及提取物证笔录；制作搜查、检查笔录和扣押物品、文件清单；严格见证人制度，必要时进行同步录音像。	注意提取现场的指纹、血迹、脚印、鞋印、压痕、弹痕等痕迹；注意提取被害人和犯罪嫌疑人指甲提取物、女性被害人阴道、乳头等部位的痕迹或生物物证；注意组织犯罪嫌疑人对被害人的辨认；尸源不明或高度腐败的，要组织被害人亲属或知情人对被害人的尸体及其衣物进行辨认。
	2. 搜查、检查笔录、照片及扣押物品、文件清单	人身检查情况、涉案物品、作案工具情况。		
	3. 辨认笔录	犯罪嫌疑人、被害人、相关证人之间身份确认情况；辨认作案工具。		
	4. 指认笔录	指认现场、指认涉案物品。		
	5. 侦查实验	还原案发过程。	满足一般证据的证明标准。	
视听资料	音频、视频	证明案发过程及案发现场情况。	应注意监控收集的全面性，如踩点、作案来去路线、中途停留、逃跑藏身情况；附与案件关联性的说明。	提供录音录像单位、个人的盖章或签章；注意时间的核对与校正；组织犯罪嫌疑人及相关证人、被害人对视频、音频内容进行辨认。
电子数据	电子数据勘验、检查笔录及载体	手机、电脑、导航仪等电子设备数据存储、恢复情况；社交软件、金融平台、网络交易平台、邮箱等资料。	案发经过；资金流转；组织犯罪嫌疑人、被害人及相关证人对电子数据内容进行辨认。	可根据办案需要将电子数据打印出来，经犯罪嫌疑人签字确认后附卷；若是雇凶杀人，核实雇凶杀人的费用来源及支出情况，并固定相关证据。

二、故意伤害罪（刑法第 234 条）

故意伤害罪，是指故意伤害他人身体达一定严重程度（轻伤一级以上）的行为。

（一）犯罪构成要件

1. 客体要件：本罪侵犯的客体是他人的身体权。所谓身体权，是指自然人以保持其肢体、器官和其他组织的完整性为内容的人格权。

2. 客观要件：本罪在客观方面表现为实施了非法损害他人身体的行为。

3. 主体要件：本罪的主体为一般主体。凡年满 16 周岁且具备刑事责任能力的自然人均能构成本罪。其中，已满 14 周岁未满 16 周岁的自然人有故意伤害致人重伤或死亡行为的，应当负刑事责任。但已满 12 周岁不满 14 周岁的人，犯故意伤害罪，致人死亡或者以特别残忍手段致人重伤造成严重残疾，情节恶劣，经最高人民检察院核准追诉的，应当负刑事责任。

4. 主观要件：本罪在主观方面表现为故意。即行为人明知自己的行为会造成损害他人身体健康的结果，而希望或放任这种结果的发生。

（二）专门性法律法规文件

1. 最高人民法院《全国法院维护农村稳定刑事审判工作座谈会纪要》；

2. 最高人民法院、最高人民检察院《关于办理组织、利用邪教组织破坏法律实施等刑事案件适用法律若干问题的解释》；

3. 最高人民法院、最高人民检察院、公安部、司法部《关于办理黑恶势力犯罪案件若干问题的指导意见》；

4. 最高人民法院、最高人民检察院《关于办理妨害预防、控制突发传染病疫情等灾害的刑事案件具体应用法律若干问题的解释》；

5. 最高人民法院、最高人民检察院、公安部、司法部、国家卫生和计划生育委员会《关于依法惩处涉医违法犯罪维护正常医疗秩序的意见》；

6. 最高人民法院《关于审理未成年人刑事案件具体应用法律若干问题的解释》；

7. 最高人民法院、最高人民检察院、公安部、司法部《关于依法惩治拐卖妇女儿童犯罪的意见》；

8. 最高人民法院、最高人民检察院、公安部、司法部《关于依法惩治性侵害未成年人犯罪的意见》；

9. 最高人民法院、最高人民检察院、公安部、司法部《关于办理恐怖活动和极端主义犯罪案件适用法律若干问题的意见》；

10. 最高人民法院、最高人民检察院、公安部、司法部《关于依法办理家庭暴力犯罪案件的意见》；

11. 最高人民法院、最高人民检察院、公安部、司法部《关于办理恶势力刑事案件若干问题的意见》；

12. 《公安机关办理伤害案件规定》。

（三）证据清单

证据类型	证据名称	证明内容	证明标准	特别注意事项
物证	1. 刀具、枪支等作案工具原物或照片	作案工具和现场物品情况。	实物的名称、特征、数量、质量应当与扣押清单一致；枪支必须进行枪支性能鉴定及相关痕迹检验。	注意现场物证上生物检材的提取和鉴定；枪支必须进行枪支性能鉴定及相关痕迹检验。
	2. 毒鼠强、安眠药等毒药的原物、残留物或照片			
	3. 手机等通信工具			
	4. 现场遗留的衣物鞋袜、记录本、烟头、纽扣、毛发等物品			
书证	1. 受案材料、立案文书、破案经过	是否有管辖权；线索来源、发案经过、侦破经过。	相关文书应加盖公章，报案、控告等应形成笔录；对于犯罪嫌疑人、被告人犯有余罪的命案，侦查机关应当写明各罪线索的来源及并案侦查的情况。	受案时间与立案时间的衔接；网上报案、控告、举报的，应对网页截图打印附卷，并注明来源；报案、控告、举报可能招致打击报复的，应及时采取保护、保密措施。
	2. 户籍证明	犯罪嫌疑人和被害人的身份信息、刑事责任年龄。	由户籍所在地公安机关出具并加盖公章。	未成年人刑事犯罪注意收集出生证明、户口本复印件等相关材料，必要时可以进行骨龄鉴定。
	3. 刑事犯罪、违法等前科材料	前科劣迹及是否有累犯情节。	刑事判决书、刑满释放证明、治安处罚决定书、戒毒通知书等均须调取。	

续表

证据类型	证据名称	证明内容	证明标准	特别注意事项
书证	4. 到案经过、公安机关证明材料、接受投案的证明材料、检举揭发材料、立案逮捕或判决等法律文书	犯罪嫌疑人到案的真实详细过程；犯罪嫌疑人是否具有自首和立功情节。	到案经过应包括到案时间、地点、经过及是否抗拒抓捕、是否自动投案，是否有协助抓获其他同案犯的行为；到案后是否如实供述犯罪事实；由2名以上参与抓捕或者接受投案的办案人员书写、签名，并加盖单位公章。	异地抓获的应附异地公安机关出具的抓获经过、在逃人员登记表、临时羁押证明；检举揭发的应当收集笔录或自述材料，被检举揭发人案件相关文书如立案决定书、逮捕决定书、起诉书、判决书等；协助抓捕的详细说明协助方式及作用；使用警犬嗅源手段协助侦查确定犯罪嫌疑人、被告人或查获凶器等相关物品的，应将相关情况写成书面材料，并加盖单位公章，有条件的可以附录像。
	5. 拘传、拘留、逮捕、取保候审等强制措施文书	采取强制措施的合法性、羁押期限时长，是否按规定送所。	依法告知、加盖公章、注意法定羁押期限。	注意拘留后24小时入所、呈捕时间、执行时间以及拘留、逮捕后讯问时间。
	6. 通话记录、短信记录	犯罪动机、目标选择，共同犯罪预谋、分工情况及踩点、作案时间、过程、结果等情况。	犯罪嫌疑人和被害人通信使用的手机、手机卡及机主信息、通话记录、信息等材料，须加盖提供单位的公章；以拍照、截图形式提取的须当事人签字确认。	可结合涉案电子设备所提取的电子勘查情况作出分析。
	7. 书信、日记、记账本等材料	真实犯罪动机和起因、作案时间、地点、经过等。	原件提取，手续齐全，标注来源或持有人与双方当事人的关系。	注意内容的真实性和持有人。
	8. 银行流水、微信支付、支付宝等资金往来情况和凭证	当事人之间是否存在经济来往或纠纷。	对相关资金流向进行分析统计，形成款项流转过程的侦查意见。	从单位调取的应加盖公章，附调取手续，截图提取的应让当事人签字确认。
	9. 病历、诊断书、抢救记录、住院治疗记录	给被害人身体、精神造成损害的情况。	满足一般证据的证明标准。	注意被害人是否存在其他相关疾病的诊断以及是否因疾病引发死亡。
	10. 住宿登记资料、车船机票	犯罪嫌疑人的活动轨迹。	尽可能原物提取，若原物不能提取的须注明来源，与原件是否一致，票证遗失可以使用网络电子凭证。	

续表

证据类型	证据名称	证明内容	证明标准	特别注意事项
书证	11. 赔偿情况、收条、谅解书	赔偿情况；犯罪嫌疑人认罪、悔罪及刑事和解情况。	核实赔偿款支付情况及谅解书的真实性。	
犯罪嫌疑人的供述及辩解	1. 自书材料	作案的动机、目的，犯罪的起因、犯意的提起；准备工具和确定作案方式、地点的情况；实施伤害行为的时间、地点、人物、方法手段；犯罪经过和结果；作案工具及赃物去向；共同犯罪预谋的过程、商定的分工、具体的分工、联络方式；作案后的思想和逃跑或投案情况。	自书材料应证明来源、提取时间；须制作3份以上综合笔录，清晰阐明了阐述案发经过；确定抢劫数额；对讯问过程同步录音录像；注意讯问程序的合法性和笔录符合法定要求。	犯罪嫌疑人对死亡结果的心理状态，是直接故意还是间接故意，注意与故意杀人（未遂）相区分；讯问未成年犯罪嫌疑人须有法定代理人（或合适成年人）在场；讯问女性未成年犯罪嫌疑人要求有女性侦查人员在场参与讯问；注意是否存在正当防卫、防卫挑拨、防卫过当或被害人过错的情况；每次讯问应同步录音录像。
	2. 讯问笔录			
被害人陈述	被害人的询问笔录	与犯罪嫌疑人之间的关系，是否有过节或经济纠纷；案发的时间、地点、起因、犯罪嫌疑人的体貌特征、案发过程、被害人反抗情况、各共同犯罪行为人在实施犯罪中的具体行为以及犯罪嫌疑人和被害人的受伤情况等内容。	询问过程应符合法定程序。	未成年人同上；注意收集被害人性别、年龄、身体等状况特征的相关证据。
证人证言	1. 目击证人的询问笔录	案件的起因，作案过程和后果、犯罪嫌疑人的体貌体征、抓获的经过。	询问过程应符合法定程序。	未成年人同上。
	2. 犯罪嫌疑人、被害人亲属的询问笔录			
	3. 抓获人、报案人、现场发现人的询问笔录			
	4. 其他知情人的询问笔录			

续表

证据类型	证据名称	证明内容	证明标准	特别注意事项
鉴定意见	1. 痕迹鉴定	提取的指纹、足迹、鞋印等痕迹进行鉴定。	满足一般证据的证明标准。	检材的提取、送检应当符合法定程序，鉴定意见应在法定时限内作出；鉴定机构、人员资质必须符合法定条件；鉴定意见应有2名鉴定人签名、机构签章。无鉴定人签名的，应对鉴定人进行询问或进行说明；鉴定意见须及时告知；注意是否有导致他人残疾或精神失常等严重后果。 犯罪嫌疑人作案时行为反常或者归案后言行举止失常，曾有精神病史或其近亲属有精神病史，可能患有精神病的，存在智力障碍或聋哑、盲人等生理功能缺失情况的，应当进行司法精神鉴定。 对怀孕的女性犯罪嫌疑人、被告人，应当委托县级以上医院进行检查后作出妊娠情况证明。
	2. 死因鉴定	鉴定被害人死亡的原因、是否存在影响死亡的其他因素或疾病介入。	多因一果情况下注意分析各因素对死亡的参与度和致使作用程度。	
	3. 伤情鉴定	被害人、犯罪嫌疑人等涉案人受伤情况、程度或残疾等级。	注意核实伤情形成时间与原因、行为与结果之间的因果关系，排除意外因素介入。	
	4. 法庭科学DNA鉴定	1. 犯罪嫌疑人、被害人是否遗留血迹等生物物证在涉案物品上或犯罪现场。 2. 对死亡被害人与其亲属作亲子鉴定，以明确被害人身份。 3. 犯罪嫌疑人衣物、身体、车辆是否遗留有被害人的生物物证。 4. 被害人的血迹是否遗留在犯罪嫌疑人身上或所持物品处。	女性被害人注意是否存在怀孕、被性侵的情况。	
	5. 司法精神鉴定	犯罪嫌疑人的刑事责任能力或被害人的精神状态。	满足一般证据的证明标准。	
	6. 药物成分鉴定	毒品、麻醉药物、胃存物、排泄物分析鉴定。	注意检材的提取时间、程序及送检程序。	

续表

证据类型	证据名称	证明内容	证明标准	特别注意事项
勘查、检查、辨认笔录、侦查实验等	1. 现场勘查笔录及照片	案发现场、抛尸现场情况；犯罪工具来源、丢弃现场；提取物证现场。	应当拍摄现场照片或录像、绘制现场图；制作现场勘查及提取物证笔录；制作搜查、检查笔录和扣押物品、文件清单；严格见证人制度，必要时进行同步录音录像。	注意组织犯罪嫌疑人对被害人的辨认；注意"以特别残忍手段致人重伤造成严重残疾"的证据收集：犯罪嫌疑人是否使用以下手段，致被害人身体器官缺损、器官明显畸形、身体器官有中等功能障碍、造成严重并发症等：挖人眼睛、割人耳、鼻，挑人脚筋，砍人手足，剔人髌骨；以刀划或硫酸等腐蚀性溶液严重毁人容貌；电击、烧烫他人要害部位；其他特别残忍手段。
	2. 搜查、检查笔录、照片及扣押物品、文件清单	人身检查情况、涉案物品、作案工具情况。		
	3. 辨认笔录	犯罪嫌疑人、被害人、相关证人之间身份确认情况；辨认作案工具。		
	4. 指认笔录	指认现场、指认涉案物品。		
	5. 侦查实验	还原案发过程。	满足一般证据的证明标准。	
视听资料	音频、视频	证明案发过程及案发现场情况。	应注意监控收集的全面性，如踩点、作案来去路线、中途停留、逃跑藏身情况；附与案件关联性的说明。	提供录音录像单位、个人的盖章或签章；注意时间的核对与校正；组织犯罪嫌疑人及相关证人、被害人对视频、音频内容进行辨认。
电子数据	电子数据勘验、检查笔录及载体	手机、电脑、导航仪等电子设备数据存储、恢复情况；社交软件、金融平台、网络交易平台、邮箱等资料。	案发经过；资金流转；组织犯罪嫌疑人、被害人及相关证人对电子数据内容进行辨认。	可根据办案需要将部分重要电子数据打印并经犯罪嫌疑人签字确认后附卷；核实雇凶伤人的费用支付。

三、强奸罪（刑法第 236 条）

强奸罪，是指违背妇女意志，使用暴力、胁迫或者其他手段，强行与妇女发生性交的行为，或者与不满 14 周岁的幼女发生性关系的行为。

（一）犯罪构成要件

1. 客体要件：本罪侵犯的客体是妇女性的不可侵犯的权利（又称贞操权），即妇女按照自己的意志决定正当性行为的权利。

2. 客观要件：违背妇女意志，以暴力、胁迫或其他手段强行与其性交，或者明知为不满 14 周岁的幼女而与之发生性关系的行为。

3. 主体要件：本罪的主体是特殊主体，即年满 14 周岁具有刑事责任能力的男子，但在共同犯罪情况下，妇女教唆或者帮助男子强奸其他妇女的，以强奸罪的共犯论处。

4. 主观要件：本罪在主观方面表现为故意，并且具有奸淫的目的，是指犯罪分子意图与被害妇女发生性交的行为。

（二）专门性法律法规文件

1. 最高人民法院、最高人民检察院、公安部《关于当前办理强奸案件中具体应用法律的若干问题的解答》；

2. 最高人民法院、最高人民检察院《关于办理组织、利用邪教组织破坏法律实施等刑事案件适用法律若干问题的解释》；

3. 最高人民法院《关于审理未成年人刑事案件具体应用法律若干问题的解释》；

4. 最高人民法院、最高人民检察院、公安部、司法部《关于依法惩治拐卖妇女儿童犯罪的意见》；

5. 最高人民法院、最高人民检察院、公安部、司法部《关于依法惩治性侵害未成年人犯罪的意见》。

（三）证据清单

证据类型	证据名称	证明内容	证明标准	特别注意事项
物证	1. 绳索、刀具、毒品、麻醉品、酒等作案工具原物或照片	作案工具和现场物品情况。	原物提取，不便提取的以照片形式附卷，与原件要核对一致；物证的特征、数量、数额、重量与扣押清单一致。	使用毒品、麻醉品、酒等物品的注意提取相关包装、容器、吸食工具。
	2. 手机等通信工具和书信、日记、记录本等			
	3. 现场遗留的内衣内裤鞋袜等衣物以及避孕套、擦拭纸、性用品等物品			

续表

证据类型	证据名称	证明内容	证明标准	特别注意事项
书证	1.受案材料、立案文书、破案经过	是否有管辖权;线索来源、发案经过、侦破经过。	相关文书应加盖公章,报案、控告等应形成笔录;注意案发时间与报案时间的核对,以及报案人员与被害人的关系。	受案时间与立案时间的衔接;网上报案、控告、举报的,应对网页截图打印附卷,并注明来源;报案、控告、举报可能招致打击报复的,应及时采取保护、保密措施。
	2.户籍证明	犯罪嫌疑人和被害人的身份信息、刑事责任年龄。	由户籍所在地公安机关出具并加盖公章;注意收集被害人性别、年龄、身体等状况特征的相关证据。	未成年人刑事犯罪注意收集出生证明、户口本复印件等相关材料,必要时可以进行骨龄鉴定;注意被害人不满10周岁的情形。
	3.刑事犯罪、违法等前科材料	前科劣迹及是否有累犯情节。	刑事判决书、刑满释放证明、治安处罚决定书、戒毒通知书等均须调取。	对于可能构成累犯的,必须收集刑满释放证明材料。
	4.到案经过、公安机关证明材料、接受投案的证明材料、检举揭发材料、立案逮捕或判决等法律文书	犯罪嫌疑人到案的真实详细过程;犯罪嫌疑人是否具有自首和立功情节。	到案经过应包括到案时间、地点、经过及是否抗拒抓捕、是否自动投案,是否有协助抓获其他同案犯的行为;到案后是否如实供述犯罪事实;由2名以上参与抓捕或者接受投案的办案人员书写、签名,并加盖单位公章。	异地抓获的,应附异地公安机关出具的抓获经过、在逃人员登记表、临时羁押证明;检举揭发的,应当收集笔录或自述材料,被检举揭发人案件相关文书如立案决定书、逮捕决定书、起诉书、判决书等;协助抓捕的,详细说明协助方式及作用;使用警犬嗅源手段协助侦查确定犯罪嫌疑人、被告人或查获凶器等相关物品的,应将相关情况写成书面材料,并加盖单位公章,有条件的可以附录像。
	5.拘传、拘留、逮捕、取保候审等强制措施文书	采取强制措施的合法性、羁押期限时长,是否按规定送所。	依法告知、加盖公章、注意法定羁押期限。	注意拘留后24小时入所、呈捕时间、执行时间以及拘留、逮捕后讯问时间。

续表

证据类型	证据名称	证明内容	证明标准	特别注意事项
书证	6. 通话记录、短信记录	犯罪动机、目标选择、共同犯罪预谋、分工情况及踩点、作案时间、过程、结果等情况；轮奸情况下犯罪嫌疑人之间在案发前后的联系。	犯罪嫌疑人和被害人通信使用的手机、手机卡及机主信息、通话记录、信息等材料，须加盖提供单位的公章；以拍照、截图形式提取的，须当事人签字确认。	可结合涉案电子设备所提取的电子勘查情况作出分析；注意审查案发前犯罪嫌疑人与被害人之间的聊天记录以确定是否为情侣、婚外情等关系。
	7. 银行流水、微信支付、支付宝等资金往来情况和凭证	当事人之间是否存在经济来往或纠纷；是否存在性交易；是否存在组织卖淫或有偿中介诱骗被害人。	对相关资金流向进行分析统计，形成款项流转过程的侦查意见。	从单位调取的应加盖公章，附调取手续，截图提取的应让当事人签字确认。
	8. 病历、诊断书、抢救记录、住院治疗记录	犯罪嫌疑人身体健康情况，是否患有性病；给被害人身体、精神造成损害的情况。	被害人可能因智力障碍等系无性防卫能力人的，应走访调查、调取病历等。	注意被害人为未成年人特别是幼女的情况下给被害人造成的身心伤害；是否造成被害人怀孕、流产、感染性病等严重后果的；怀孕应当委托县级以上医院进行检查后作出妊娠情况证明；致被害人感染性病的，应由县级以上医院检验后出具相关检查材料。
	9. 住宿登记资料、车船机票	犯罪嫌疑人的活动轨迹、作案现场的选择。	尽可能原物提取，若原物不能提取的须注明来源，与原件是否一致，票证遗失可以使用网络电子凭证。	
	10. 赔偿情况、收条、谅解书	赔偿情况；犯罪嫌疑人认罪悔罪及刑事和解情况。	赔偿款支付情况及谅解书的真实性。	

续表

证据类型	证据名称	证明内容	证明标准	特别注意事项
犯罪嫌疑人的供述及辩解	1. 自书材料	目标的选择和联络，与被害人之间的关系，是否有通奸、同居、恋爱、性交易等关系；实施强奸行为的时间、地点、人物、方法手段和经过以及结果；作案工具的来源和去向；共同犯罪预谋的过程、商定的分工、具体的分工、联络方式、轮奸的经过；作案后的思想和逃跑或投案情况；作案后与被害人联系的情况；作案后被害人态度。	自书材料应证明来源、提取时间；须制作3份以上综合笔录，清晰明了阐述案发经过；确定抢劫数额；对讯问过程同步录音录像；注意讯问程序的合法性和笔录符合法定要求。	犯罪嫌疑人与被害人的关系；对不满12周岁或不满14周岁幼女的认知；被害人对犯罪嫌疑人的态度及对是否为情侣关系的认知；双方接触的经过以及案发后被害人的态度；讯问未成年犯罪嫌疑人须有法定代理人（或合适成年人）在场；讯问女性未成年犯罪嫌疑人要求有女性侦查人员在场参与讯问；注意核实是否存在性交易后反悔的情况；注意同步录音录像。
	2. 讯问笔录			
被害人陈述	被害人的询问笔录	与犯罪嫌疑人之间的关系，是否有通奸、同居、恋爱、性交易等关系；是否有过节或经济纠纷；案发的时间、地点；犯罪嫌疑人的体貌特征、案发过程、被害人反抗情况；轮奸的经过；双方接触的经过以及案发后被害人的态度；被害人的受伤情况；案发后是否协商赔偿；协商的具体过程要问清楚。	询问过程应符合法定程序。	未成年人同上；是否属于在公共场所当众强奸；是否进入未成年人住所、常住集体宿舍及当时是否有在场人员等；是否采取暴力、威胁、麻醉等强制手段实施奸淫犯罪；犯罪嫌疑人的性器官与被害人性器官是否接触，是否插入，犯罪嫌疑人是否射精；被害人能否反抗和呼救；是否抓、咬伤犯罪嫌疑人及留存残留物等，如未反抗，要问清楚为什么不反抗；是否致使被害人或亲属自伤、自残、自杀。
证人证言	1. 目击证人的询问笔录	犯罪嫌疑人与被害人之间的关系；被害人案发后的态度；作案过程和后果；犯罪嫌疑人的体貌体征、抓获的经过。	询问过程应符合法定程序。	未成年人同上。
	2. 犯罪嫌疑人、被害人亲属的询问笔录			
	3. 抓获人、报案人、现场发现人的询问笔录			
	4. 其他知情人的询问笔录			

续表

证据类型	证据名称	证明内容	证明标准	特别注意事项
鉴定意见	1. 痕迹鉴定	提取的指纹、足迹、鞋印等痕迹进行鉴定。	满足一般证据的证明标准。	检材的提取、送检应当符合法定程序，鉴定意见应在法定时限内作出；鉴定机构、人员资质必须符合法定条件；鉴定意见应有2名鉴定人签名、机构签章。无鉴定人签名的，应对鉴定人进行询问或进行说明；鉴定意见须及时告知；注意是否有导致他人轻伤、精神失常等严重后果；幼女或初次性行为女性性器官的受伤情况；被害人存在行为反常、智力障碍或者性防卫意识欠缺的，应当进行司法精神鉴定；造成怀孕的提取相关检材与犯罪嫌疑人DNA进行比对；在被害人麻醉或醉酒状态下实施犯罪的，提取麻醉药物、被害人血液、胃内容物、排泄物，进行毒化鉴定。
	2. 死因鉴定	造成死亡的，鉴定被害人死亡的原因、是否存在影响死亡的其他因素或疾病介入。	多因一果情况下，注意分析各因素对死亡的参与度和致使作用程度。	
	3. 伤情鉴定	被害人、犯罪嫌疑人等涉案人受伤情况、程度或残疾等级。	注意核实伤情形成时间与原因、行为与结果之间的因果关系，排除意外因素介入。	
	4. 法庭科学DNA鉴定	1. 犯罪嫌疑人、被害人是否遗留血迹等生物物证在涉案物品上或犯罪现场；2. 对死亡被害人与其亲属作亲子鉴定，以明确被害人身份；3. 犯罪嫌疑人衣物、身体、车辆是否遗留有被害人的生物物证；4. 被害人的血迹是否遗留在犯罪嫌疑人身上或所持物品处；5. 被害人的阴道或身体是否存留犯罪嫌疑人的精液。	满足一般证据的证明标准。	
	5. 司法精神鉴定	犯罪嫌疑人的刑事责任能力或被害人的精神状态。	满足一般证据的证明标准。	
	6. 药物成分鉴定	毒品、麻醉药物、胃存物、排泄物分析鉴定。	注意检材的提取时间、程序及送检程序。	

续表

证据类型	证据名称	证明内容	证明标准	特别注意事项
勘查、检查、辨认笔录、侦查实验等	1. 现场勘查笔录及照片	案发现场、抛尸现场情况；犯罪工具来源、丢弃现场；提取物证现场。	应当拍摄现场照片或录像、绘制现场图、制作现场勘查及提取物证笔录；制作搜查、检查笔录和扣押物品、文件清单；严格见证人制度，必要时进行同步录音录像。	注意案发位置、周边环境、交通状况的细节勘查，注意公共场所当众实施的认定；多次性侵的，注意对不同案发现场的勘查；注意收集犯罪嫌疑人、被害人换下的衣物是否遗留生物物证或是有损坏的情况；采集被害人阴道、肛门、口腔、乳房拭子，犯罪嫌疑人龟头拭子，采集血样、尿液等。强奸致人死亡的，须按照命案标准进行勘查；注意组织犯罪嫌疑人对被害人的辨认。
	2. 搜查、检查笔录、照片及扣押物品、文件清单	人身检查情况、涉案财物和随身携带作案工具情况。		
	3. 辨认笔录	犯罪嫌疑人、被害人、相关证人之间身份确认情况；辨认作案工具。		
	4. 指认笔录	指认现场、指认涉案物品。		
	5. 侦查实验	还原案发过程。	满足一般证据的证明标准。	
视听资料	音频、视频	证明案发过程及案发现场情况。	应注意监控收集的全面性，如踩点、作案来去路线、中途停留、逃跑藏身情况；附与案件关联性的说明。	提供录音录像单位、个人的盖章或签章；注意时间的核对与校正；组织犯罪嫌疑人及相关证人、被害人对视频、音频内容进行辨认。
电子数据	电子数据勘验、检查笔录及载体	手机、电脑、导航仪等电子设备数据存储、恢复情况；社交软件、金融平台、网络交易平台、邮箱等资料。	案发经过；案发前后双方当事人的关系和态度；组织犯罪嫌疑人、被害人及相关证人对电子数据内容进行辨认。	可根据办案需要将部分重要电子数据打印并经犯罪嫌疑人签字确认后附卷。
其他要求	1. 被害人系精神病人的，应当特别注意收集以下证据，证实犯罪嫌疑人是否明知被害人系精神病人： （1）犯罪嫌疑人与被害人的熟悉程度，是否存在邻居、朋友、亲属、恋爱、同事、同学等关系； （2）被害人的学习经历、生活环境、言谈举止、衣着特征、生活作息规律、自理能力，以及犯罪嫌疑人的知悉情况； （3）被害人在案发时是否系精神病发病状态。 2. 被害人是未成年人，特别是未满14周岁幼女的隐私保护： （1）在办案中注意保护未成年被害人，特别是未满14周岁的未成年被害人的个人隐私，若非必须，一般以犯罪嫌疑人姓名＋罪名标记案由，如：张某某强奸李某某，建议标记为"犯罪嫌疑人张某某涉嫌强奸案"，不建议标记为"李某某被强奸案"； （2）在对外文书如起诉意见书中，尽量避免使用未成年被害人的真实姓名或能识别出其真实姓名的其他称谓进行相关表述，可以使用化名，或使用被害人的姓氏＋某某表示，不要将其真实有效的身份证号码、出生时间、详细住址、所在学校列于文书当中，如家住防城区中间垌村的被害人李小花，被性侵时11岁，表述为防城区某村被害人李某某（11岁）或华华（11岁）即可。			

续表

证据类型	证据名称	证明内容	证明标准	特别注意事项
其他要求	3.其他方式实施犯罪的证据收集： （1）犯罪嫌疑人以帮助治病为由，与女性发生性关系的，应收集被害人病情、认知水平，犯罪嫌疑人是否具有医疗资质和水平，有无伪造病例报告、化验单等； （2）以发裸照或揭露隐私等方式要挟与妇女发生性关系的，应注意收集双方交往情况、裸照、视频、短信等证据； （3）犯罪嫌疑人对未成年被害人负有监护、教育、训练、救助、看护、医疗等特殊职责关系的，或共同生活的，应当收集犯罪嫌疑人与被害人之间的关系证明，被害人的年龄、心智成熟程度和意志、人身自由情况等证据； （4）犯罪嫌疑人与被害人具有工作、学习等管理关系的，应收集犯罪嫌疑人的任职文件，被害人对犯罪嫌疑人所负职责的认知情况等证据，包括双方的地位、利益关系，被害人的年龄、心智成熟程度、人身自由情况，必要时还应注意收集、审查证明犯罪嫌疑人、被害人平时表现的证据； （5）犯罪嫌疑人利用封建迷信、邪教奸淫妇女的，应当收集宣扬封建迷信、邪教、歪理邪说的书籍、刊物、传单等，被害人的宗教信仰、认知水平等证据。			

四、非法拘禁罪（刑法第238条）

非法拘禁罪，是指以拘押、禁闭或者其他强制方法，非法剥夺他人人身自由的犯罪行为。

（一）犯罪构成要件

1.客体要件：本罪侵犯的客体是他人的身体自由权。

2.客观要件：本罪客观上表现为非法剥夺他人身体自由的行为。

3.主体要件：本罪的主体为年满16周岁且具有刑事责任能力的自然人，既可以是一般公民，也可以是国家工作人员，即包括无权行使拘禁权的人和有权行使拘禁权的人滥用职权的两种非法拘禁行为。

4.主观要件：本罪在主观方面表现为故意，并以剥夺他人人身自由为目的。

（二）专门性法律法规文件

1.最高人民法院《关于对为索取法律不予保护的债务非法拘禁他人行为如何定罪问题的解释》；

2. 最高人民法院、最高人民检察院、公安部《关于办理组织领导传销活动刑事案件适用法律若干问题的意见》；

3. 最高人民法院、最高人民检察院、公安部、司法部《关于办理黑恶势力犯罪案件若干问题的指导意见》；

4. 最高人民法院、最高人民检察院、公安部、司法部、国家卫生和计划生育委员会《关于依法惩处涉医违法犯罪维护正常医疗秩序的意见》；

5. 最高人民法院、最高人民检察院、公安部、司法部《关于依法惩治拐卖妇女儿童犯罪的意见》；

6. 最高人民法院、最高人民检察院、公安部、司法部《关于依法办理家庭暴力犯罪案件的意见》；

7. 最高人民法院、最高人民检察院、公安部、司法部《关于办理恶势力刑事案件若干问题的意见》；

8. 最高人民法院、最高人民检察院、公安部、司法部《关于办理"套路贷"刑事案件若干问题的意见》。

（三）证据清单

证据类型	证据名称	证明内容	证明标准	特别注意事项
物证	1. 涉案钱款、赌博工具等实物材料或照片	涉案钱款、物品的情况和作案工具情况。	照片、复制件须与原物、原件核对一致；物证的特征、数量、质量应与扣押清单一致。	存在捆绑、殴打、虐待等行为的，注意收集相关作案工具。
	2. 手机等通信工具			
	3. 刀具、绳索等作案工具			
	4. 交通工具或照片			
书证	1. 受案材料、立案文书、破案经过	是否有管辖权；线索来源、发案经过、侦破经过。	相关文书应加盖公章，报案、控告等应形成笔录。	注意受案时间与立案时间的衔接。
	2. 户籍证明（国家工作人员的工作证等）	犯罪嫌疑人身份信息、刑事责任年龄。	由户籍所在地公安机关出具并加盖公章。	未成年人刑事犯罪注意收集出生证明、户口本复印件等相关材料，必要时可以进行骨龄鉴定；是否是国家机关工作人员利用职权或冒充军警人员、司法人员非法扣押、拘禁；是否参与传销拘禁。

续表

证据类型	证据名称	证明内容	证明标准	特别注意事项
书证	3. 刑事犯罪、违法等前科材料	前科劣迹及是否有累犯情节。	刑事判决书、刑满释放证明、治安处罚决定书、戒毒通知书等均须调取。	
	4. 到案经过、公安机关证明材料、接受投案的证明材料、检举揭发材料、立案逮捕或判决等法律文书	犯罪嫌疑人到案的真实详细过程；犯罪嫌疑人是否具有自首和立功情节。	到案经过应包括到案时间、地点、经过及是否抗拒抓捕、是否自动投案，是否有协助抓获其他同案犯的行为；到案后是否如实供述犯罪事实；由2名以上参与抓捕或者接受投案的办案人员书写、签名，并加盖单位公章。	异地抓获的，应附异地公安机关出具的抓获经过、在逃人员登记表、临时羁押证明；检举揭发的，应当收集笔录或自述材料，被检举揭发案件相关文书，如立案决定书、逮捕决定书、起诉书、判决书等；协助抓捕的，详细说明协助方式及作用。
	5. 拘传、拘留、逮捕、取保候审等强制措施文书	采取强制措施的合法性、羁押期限时长，是否按规定送所。	依法告知、加盖公章、注意法定羁押期限。	注意拘留后24小时入所、呈捕时间、执行时间以及拘留、逮捕后讯问时间。
	6. 通话记录、短信记录	预谋、分工情况及作案时间、过程、结果等情况。	犯罪嫌疑人和被害人通信使用的手机、手机卡及机主信息、通话记录、信息等材料，须加盖提供单位的公章；以拍照、截图形式提取的，须当事人签字确认。	可结合涉案电子设备所提取的电子勘查情况作出分析。
	7. 病历、诊断书、抢救记录、住院治疗记录	给被害人身体、精神造成损害的情况。	满足一般证据的证明标准。	注意造成重伤、死亡的罪名转化的情况。
	8. 银行流水、微信支付、支付宝等资金往来情况	犯罪预备、工具准备等出资、消费情况。	对相关资金流向进行分析统计，形成款项流转过程的侦查意见。	
	9. 书信、字条、欠条、借条、收据、日记、票据、病历、医疗诊断结论等凭证	双方是否存在债务、纠纷以及被强迫还债的情况。	结合笔迹鉴定。	

续表

证据类型	证据名称	证明内容	证明标准	特别注意事项
书证	10. 房产证、租房合同、酒店宾馆或娱乐场所开房记录等	非法拘禁场所的权属或来源。	调取原件，原件不便调取的须核对复印件。	
	11. 合同、产权交易凭证等	实物交付、财产性利益交付等被迫还债的书证材料。	满足一般证据的证明标准。	
	12. 赔偿说明、收条、谅解书	赔偿情况；犯罪嫌疑人认罪、悔罪及刑事和解情况。	核实赔偿款支付情况及谅解书的真实性。	
犯罪嫌疑人的供述及辩解	1. 自书材料	作案的动机、目的，犯罪的起意；双方是否存在合法债务或赌债、高息贷款等非法债务的情况，是否存在感情纠纷；实施非法拘禁行为的时间、地点、人物、方法手段，是否存在殴打、捆绑、虐待、侮辱行为及后果；作案次数、犯罪经过、作案工具来源及去向；共同犯罪预谋的过程、商定的分工、具体的分工、联络方式、雇工劳务报酬情况。	自书材料应证明来源、提取时间；须制作3份以上综合笔录，清晰明了阐述案发经过；确定犯罪数额；对讯问过程同步录音录像；注意讯问程序的合法性和笔录符合法定要求。	讯问未成年犯罪嫌疑人须有法定代理人（或合适成年人）在场；讯问女性未成年犯罪嫌疑人须有女性侦查人员在场参与讯问；注意核实犯罪嫌疑人与被害人之间是否相识、关系如何、是否存在债权债务等；是否以非法占有为目的、暴力行为、胁迫行为表现。
	2. 讯问笔录			
被害人陈述	被害人的询问笔录	双方的关系或债务、经济纠纷；涉案物品的价值、特征、存放情况、来源等；被拘禁的过程，是否存在殴打、捆绑、虐待、侮辱行为及后果；发现、报案的过程；案发现场情况。	询问过程应符合法定程序。	未成年人同上；注意核实双方是否存在债权债务关系。
证人证言	1. 目击证人的询问笔录	双方当事人之间的关系；是否存在债务纠纷；拘禁的过程及后果；犯罪嫌疑人的体貌体征、抓获的经过，是否有抗拒抓捕的情况。	询问过程应符合法定程序。	未成年人同上。
	2. 双方亲属、朋友或知情人的询问笔录			
	3. 抓获人、报案人、现场发现人的询问笔录			

续表

证据类型	证据名称	证明内容	证明标准	特别注意事项
鉴定意见	1. 价格鉴定	鉴定涉案物品价格。	委托程序、鉴定程序合法；鉴定意见与委托要求相符。	检材的提取、送检应当符合法定程序，鉴定意见应在法定时限内作出；鉴定机构、人员资质必须符合法定条件；鉴定意见应有2名鉴定人签名、机构签章。无鉴定人签名的，应对鉴定人进行询问或进行说明；鉴定意见须及时告知。
	2. 痕迹鉴定	对所提取的指纹、脚印等进行鉴定，证实案发情况。		
	3. 法庭科学DNA鉴定	是否与犯罪嫌疑人有关联；涉案物品是否为被害人所有。		
	4. 伤情或死因鉴定	涉案人受伤情况或死亡原因。		
	5. 笔迹鉴定	收条、欠条、合同等笔迹是否为被害人、犯罪嫌疑人书写。		
	6. 司法会计鉴定	高息放贷等案情重大、账目繁杂的案件应作司法会计鉴定。		
勘查、检查、辨认笔录等	1. 现场勘查笔录及照片	控制、拘禁、伤害被害人犯罪现场的情况；犯罪工具来源、丢弃现场；提取物证现场。	应当拍摄现场照片或录像、绘制现场图、制作现场勘查及提取物证笔录；制作搜查、检查笔录和扣押物品、文件清单；严格见证人制度，必要时进行同步录音录像。	
	2. 搜查、检查笔录、照片及扣押物品、文件清单	人身检查情况、涉案财物情况。		
	3. 辨认笔录	犯罪嫌疑人、被害人、相关证人之间身份确认情况；辨认作案工具。		
	4. 指认笔录	指认现场、指认涉案物品。		
视听资料	音频、视频	证明案发过程及案发现场情况。	应附证据来源、调取文书以及与案件关联性的说明。	提供录音录像单位、个人的盖章或签章；注意时间的核对与校正。
电子数据	电子数据勘验、检查笔录及载体	手机、电脑、导航仪等电子设备数据存储、恢复情况；社交软件、金融平台、网络交易平台、邮箱等资料。	案发经过；经济纠纷账目往来情况；资金流转、债务清偿情况。	可根据办案需要将部分重要电子数据如微信记录、网络金融平台转账等打印并经犯罪嫌疑人签字确认后附卷。

五、拐卖妇女、儿童罪（刑法第240条）

拐卖妇女、儿童罪，是指以出卖为目的，拐骗、绑架、收买、贩卖、接送、中转妇女、儿童的行为。

（一）犯罪构成要件

1. 客体要件：本罪侵犯的客体是被害妇女、儿童的身体自由权和人格尊严权。
2. 客观要件：本罪在客观上表现为非法拐骗、绑架、收买、贩卖、接送或者中转妇女、儿童的行为。
3. 主体要件：本罪的主体为一般主体，即年满16周岁且具有刑事责任能力的自然人均能构成本罪。
4. 主观要件：本罪在主观方面表现为直接故意，而且行为人主观上具有出卖的目的。

（二）专门性法律法规文件

1. 最高人民法院《关于审理拐卖妇女案件适用法律有关问题的解释》；
2. 最高人民法院《关于审理拐卖妇女儿童犯罪案件具体应用法律若干问题的解释》；
3. 最高人民法院、最高人民检察院、公安部、司法部《关于依法惩治拐卖妇女儿童犯罪的意见》；
4. 最高人民检察院法律政策研究室《关于以出卖为目的的倒卖外国妇女的行为是否构成拐卖妇女罪的答复》；
5. 最高人民法院《全国法院维护农村稳定刑事审判工作座谈会纪要》；
6. 最高人民法院、最高人民检察院、公安部、民政部、司法部、全国妇联《关于打击拐卖妇女儿童犯罪有关问题的通知》；
7. 公安部《关于打击拐卖妇女儿童犯罪适用法律和政策有关问题的意见》；
8. 《妇女权益保障法》；
9. 《未成年人保护法》。

（三）证据清单

证据类型	证据名称	证明内容	证明标准	特别注意事项
物证	1.绳索、刀具、毒品、麻醉品、酒等作案工具原物或照片	作案工具和现场物品情况。	照片、复制件须与原物、原件核对一致；物证的特征、数量、质量应与扣押清单一致。	存在强奸被拐妇女或幼女的情况的，注意提取相关作案工具、衣物等物品及所附生物检材；使用毒品、麻醉品、酒等物品的还须提取上述物品的包装、容器、吸食工具。
	2.手机、赃款及被拐人员所携带的首饰等物品			
	3.现场遗留的内衣内裤鞋袜等衣物、婴幼儿用品以及避孕套、擦拭纸等物品			
	4.车辆等控制或运送人员的交通工具			
书证	1.受案材料、立案文书、破案经过	是否有管辖权；线索来源、发案经过、侦破经过。	相关文书应加盖公章，报案、控告等应形成笔录；注意案发时间与报案时间的核对，以及报案人员与被害人的关系。	受案时间与立案时间的衔接；网上报案、控告、举报的，应对网页截图打印附卷，并注明来源；报案、控告、举报可能招致打击报复的，应及时采取保护、保密措施。
	2.户籍证明	犯罪嫌疑人和被害人的身份信息、刑事责任年龄。	由户籍所在地公安机关出具并加盖公章；注意收集被害人性别、年龄、身体等状况特征的相关证据。	未成年犯罪嫌疑人或被害人注意收集出生证明、户口本复印件等相关材料，必要时可以进行骨龄鉴定。
	3.刑事犯罪、违法等前科材料	前科劣迹及是否有累犯情节	刑事判决书、刑满释放证明、治安处罚决定书、戒毒通知书等均须调取。	
	4.到案经过、公安机关证明材料、接受投案的证明材料、检举揭发材料、立案逮捕或判决等法律文书	犯罪嫌疑人到案的真实详细过程；犯罪嫌疑人是否具有自首和立功情节。	到案经过应包括到案时间、地点、经过及是否抗拒抓捕、是否自动投案、是否有协助抓获其他同案犯的行为；到案后是否如实供述犯罪事实；由2名以上参与抓捕或者接受投案的办案人员书写、签名，并加盖单位公章。	异地抓获的，应附异地公安机关出具的抓获经过、在逃人员登记表、临时羁押证明；检举揭发的，应当收集笔录或自述材料，被检举揭发人案件相关文书如立案决定书、逮捕决定书、起诉书、判决书；协助抓捕的，详细说明协助方式及作用。

续表

证据类型	证据名称	证明内容	证明标准	特别注意事项
书证	5. 拘传、拘留、逮捕、取保候审等强制措施文书	采取强制措施的合法性、羁押期限时长，是否按规定送所。	依法告知、加盖公章、注意法定羁押期限。	注意拘留后24小时入所、呈捕时间、执行时间以及拘留、逮捕后讯问时间。
	6. 通话记录、短信记录	犯罪动机、目标选择、共同犯罪预谋、分工情况及踩点、作案时间、过程、结果等情况；诱骗被拐妇女、儿童的过程。	犯罪嫌疑人和被害人通信使用的手机、手机卡及机主信息、通话记录、信息等材料，须加盖提供单位的公章；以拍照、截图形式提取的，须当事人签字确认。	可结合涉案电子设备所提取的电子勘查情况作出分析；注意审查案发前犯罪嫌疑人与被害人之间的聊天记录以确定是否情侣、婚外情等关系。
	7. 银行流水、微信支付、支付宝等资金往来情况和凭证	出卖被拐妇女、儿童的获益情况和交通、中介等费用支出情况。	对相关资金流向进行分析统计，形成款项流转过程的侦查意见。	从单位调取的应加盖公章，附调取手续，截图提取的应让当事人签字确认。
	8. 病历、诊断书、抢救记录、住院治疗记录	给被害人身体、精神造成损害的情况及被拐婴幼儿健康状况；存在性侵行为的犯罪嫌疑人身体健康情况，是否患有性病。	被害人可能因智力障碍等情况，应走访调查、调取病历等。	注意被害人为未成年人特别是婴幼儿的情况下给被害人造成的身心伤害；是否造成被害人怀孕、流产、感染性病等严重后果；怀孕应当委托县级以上医院进行检查后作出妊娠情况证明；致被害人感染性病的，应由县级以上医院检验后出具性病检查相关材料。
	9. 住宿登记资料、车船机票	犯罪嫌疑人的活动轨迹、携带拐卖人员行走的路线和作案现场的选择。	尽可能原物提取，若原物不能提取的须注明来源，与原件是否一致，票证遗失可以使用网络电子凭证。	
	10. 赔偿情况、收条、谅解书	赔偿情况；犯罪嫌疑人认罪、悔罪及刑事和解情况。	赔偿款支付情况及谅解书的真实性。	

续表

证据类型	证据名称	证明内容	证明标准	特别注意事项
犯罪嫌疑人的供述及辩解	1. 自书材料	目标的选择和联络，上下家的沟通情况；实施拐卖行为的时间、地点、人物、方法手段和经过和结果，有无实施殴打、虐待、侮辱、强奸的行为；作案工具的来源和去向；共同犯罪预谋的过程、商定的分工、具体的分工、联络方式、拐卖的经过；卖出被害人的经过，获利和分赃的情况。	自书材料应证明来源、提取时间；须制作3份以上综合笔录，清晰明了阐述案发经过；确定抢劫数额；对讯问过程同步录音录像；注意讯问程序的合法性和笔录符合法定要求。	犯罪嫌疑人与被害人的关系，是否熟人或亲属；是否偷盗婴幼儿以及对未成年人的认知；讯问未成年犯罪嫌疑人须有法定代理人（或合适成年人）在场；讯问女性未成年犯罪嫌疑人要求有女性侦查人员在场参与讯问；注意同步录音录像。
	2. 讯问笔录			
被害人陈述	被害人的询问笔录	与犯罪嫌疑人之间的关系，是否熟人、亲友；案发的时间、地点；犯罪嫌疑人的体貌特征、案发过程、被害人反抗情况；有无实施殴打、虐待、侮辱、强奸的行为；被害人被出卖的情况和去向，是否受到收买人的殴打、拘禁以及受伤情况。	询问过程应符合法定程序。	未成年人同上；是否采取暴力、威胁、麻醉、引诱等强制或诱骗手段控制受害人。
证人证言	1. 目击证人的询问笔录	犯罪嫌疑人与被害人之间的关系；作案过程和后果；犯罪嫌疑人的体貌体征、抓获的经过。	询问过程应符合法定程序。	未成年人同上。
	2. 犯罪嫌疑人、被害人亲属的询问笔录			
	3. 抓获人、报案人、现场发现人的询问笔录			
	4. 其他知情人的询问笔录			

续表

证据类型	证据名称	证明内容	证明标准	特别注意事项
鉴定意见	1. 痕迹鉴定	提取的指纹、足迹、鞋印等痕迹进行鉴定。	满足一般证据的证明标准。	检材的提取、送检应当符合法定程序，鉴定意见应在法定时限内作出；鉴定机构、人员资质必须符合法定条件；鉴定意见应有2名鉴定人签名、机构签章。无鉴定人签名的，应对鉴定人进行询问或进行说明；鉴定意见须及时告知；注意是否有导致他人轻伤、精神失常等后果；被害人存在行为反常、智力障碍或者性防卫意识欠缺的，应当进行司法精神鉴定；造成怀孕的，提取相关检材与犯罪嫌疑人DNA进行比对；在被害人麻醉或醉酒状态下实施犯罪的，提取麻醉药物、被害人血液、胃内容物、排泄物，进行毒化鉴定。
	2. 死因鉴定	造成死亡的，鉴定被害人死亡的原因、是否存在影响死亡的其他因素或疾病介入。	多因一果情况下注意分析各因素对死亡的参与度和致使作用程度。	
	3. 伤情鉴定	被害人、犯罪嫌疑人等涉案人受伤情况、程度或残疾等级。	注意核实伤情形成时间与原因、行为与结果之间的因果关系，排除意外因素介入。	
	4. 法庭科学DNA鉴定	1. 犯罪嫌疑人、被害人是否遗留血迹等生物物证在涉案物品上或犯罪现场； 2. 对未成年被害人与其亲属作亲子鉴定，以明确被害人身份； 3. 犯罪嫌疑人衣物、身体、车辆是否遗留有被害人的生物物证； 4. 被害人的血迹是否遗留在犯罪嫌疑人身上或所持物品处； 5. 被害人的阴道或身体是否存留犯罪嫌疑人的精液。	满足一般证据的证明标准。	
	5. 司法精神鉴定	犯罪嫌疑人的刑事责任能力或被害人的精神状态。	满足一般证据的证明标准。	
	6. 药物成分鉴定	毒品、麻醉药物、胃存物、排泄物分析鉴定。	注意检材的提取时间、程序及送检程序。	

续表

证据类型	证据名称	证明内容	证明标准	特别注意事项
勘查、检查、辨认笔录、侦查实验等	1. 现场勘查笔录及照片	拐卖、控制、拘禁被害人现场情况；犯罪工具来源、丢弃现场；提取物证现场。	应当拍摄现场照片或录像、绘制现场图、制作现场勘查及提取物证笔录；制作搜查、检查笔录和扣押物品、文件清单；严格见证人制度，必要时进行同步音录像。	注意案发位置、周边环境、交通状况的细节勘查，注意偷盗婴幼儿的现场情况；注意收集犯罪嫌疑人、被害人换下的衣物是否遗留生物证或是有损坏的情况；注意组织犯罪嫌疑人对被害人的辨认。
	2. 搜查、检查笔录、照片及扣押物品、文件清单	人身检查情况、涉案财物、作案工具情况。		
	3. 辨认笔录	犯罪嫌疑人、被害人、相关证人之间身份确认情况；辨认作案工具。		
	4. 指认笔录	指认现场、指认涉案物品。		
	5. 侦查实验	还原案发过程。	满足一般证据的证明标准。	
视听资料	音频、视频	证明案发过程及案发现场情况。	应注意监控收集的全面性，如踩点、作案来去路线、中途停留、逃跑藏身情况；附与案件关联性的说明。	提供录音录像单位、个人的盖章或签章；注意时间的核对与校正；组织犯罪嫌疑人及相关证人、被害人对视频、音频内容进行辨认。
电子数据	电子数据勘验、检查笔录及载体	手机、电脑、导航仪等电子设备数据存储、恢复情况；社交软件、金融平台、网络交易平台、邮箱等资料。	案发经过；拐卖目标的选择和诱骗经过；上下家联系的过程和款项支付情况；组织犯罪嫌疑人、被害人及相关证人对电子数据内容进行辨认。	可根据办案需要将部分重要电子数据打印并经犯罪嫌疑人签字确认后附卷。

第四章　侵犯财产罪

（刑法"分则"第五章）

一、抢劫罪（刑法第263条）

抢劫罪，是以非法占有为目的，对财物的所有人、保管人当场使用暴力、胁迫或其他方法，强行将公私财物抢走的行为。

（一）犯罪构成要件

1. 客体要件：本罪侵犯的客体是公私财物的所有权和公民的人身权利，属复杂客体。
2. 客观要件：本罪在客观方面表现为行为人对公私财物的所有者、保管者或者守护者当场使用暴力、胁迫或者其他对人身实施强制的方法，立即抢走财物或者迫使被害人立即交出财物的行为。
3. 主体要件：本罪的主体为一般主体，年满14周岁并具有刑事责任能力的自然人，均能构成该罪的主体。
4. 主观要件：本罪在主观方面表现为直接故意，并具有将公私财物非法占有的目的。

（二）专门性法律法规文件

1. 最高人民法院《关于审理抢劫、抢夺刑事案件适用法律若干问题的意见》；
2. 最高人民法院《关于审理抢劫案件具体应用法律若干问题的解释》；
3. 最高人民法院、最高人民检察院、公安部、国家工商行政管理局《关于依法查处盗窃、抢劫机动车案件的规定》；
4. 最高人民法院《关于抢劫过程中故意杀人案件如何定罪问题的批复》；

5. 最高人民法院《关于审理未成年人刑事案件具体应用法律若干问题的解释》；

6. 最高人民法院、最高人民检察院《关于办理抢夺刑事案件适用法律若干问题的解释》；

7. 最高人民法院《全国部分法院审理毒品犯罪案件工作座谈会纪要》；

8. 最高人民法院、最高人民检察院、公安部、司法部《关于办理恐怖活动和极端主义犯罪案件适用法律若干问题的意见》；

9. 最高人民法院、最高人民检察院、公安部、司法部《关于办理黑恶势力犯罪案件若干问题的指导意见》；

10. 最高人民法院、最高人民检察院、公安部、司法部《关于办理"套路贷"刑事案件若干问题的意见》；

11. 最高人民法院《关于对在绑架过程中以暴力、胁迫等手段当场劫取被害人财物的行为如何适用法律问题的答复》。

（三）证据清单

证据类型	证据名称	证明内容	证明标准	特别注意事项
物证	1. 被抢劫钱款、物品原物或照片；现场遗留的包、衣物、纽扣等物品	被抢劫钱款、物品的情况和作案工具、作案过程情况。	原物提取，不便提取的以照片形式附卷；物证的特征、数量、数额、重量与扣押清单一致。	抢劫军用物资或抢险、救灾、救济物资为加重情节；"持枪抢劫"为加重情节，枪支必须进行枪支性能鉴定及相关痕迹检验；麻醉药物、酒精类物品须进行成分鉴定。
	2. 手机等通信工具			
	3. 刀具、枪支、麻醉药、含有药物成分饮料等抢劫工具以及存放赃物的包装物品			
	4. 交通工具或照片			
书证	1. 受案材料、立案文书、破案经过	是否有管辖权；线索来源、发案经过、侦破经过。	相关文书应加盖公章，报案、控告等应形成笔录。	受案时间与立案时间的衔接；多次抢劫为加重情节，应收集相关案件的公安机关接警记录。
	2. 户籍证明	犯罪嫌疑人身份信息、刑事责任年龄（14周岁以上）。	由户籍所在地公安机关出具并加盖公章。	未成年人刑事犯罪注意收集出生证明、户口本复印件等相关材料，必要时可以进行骨龄鉴定。

第四章 侵犯财产罪

续表

证据类型	证据名称	证明内容	证明标准	特别注意事项
书证	3. 刑事犯罪、违法等前科材料	前科劣迹及是否有累犯情节。	刑事判决书、刑满释放证明、治安处罚决定书、戒毒通知书等均须调取。	
	4. 到案经过、公安机关证明材料、接受投案的证明材料、检举揭发材料、立案逮捕或判决等法律文书	犯罪嫌疑人到案的真实详细过程；犯罪嫌疑人是否具有自首和立功情节。	到案经过应包括到案时间、地点、经过及是否抗拒抓捕、是否自动投案，是否有协助抓获其他同案犯的行为；到案后是否如实供述犯罪事实；由2名以上参与抓捕或者接受投案的办案人员书写、签名，并加盖单位公章。	异地抓获的，应附异地公安机关出具的抓获经过、在逃人员登记表、临时羁押证明；检举揭发的，应当收集笔录或自述材料，被检举揭发人案件相关文书如立案决定书、逮捕决定书、起诉书、判决书等；协助抓捕的，详细说明协助方式及作用。
	5. 拘传、拘留、逮捕、取保候审等强制措施文书	采取强制措施的合法性、羁押期限时长，是否按规定送所。	依法告知、加盖公章、注意法定羁押期限。	注意拘留后24小时入所、呈捕时间、执行时间以及拘留、逮捕后讯问时间。
	6. 涉案物品发票、价格凭证、交易凭条等	被害人对所抢劫财物拥有合法权利及物品价值、购买时间、物品信息。	证据来源合法性；附卷材料须与原件一致。	证据提供单位或个人签章；调取复印件的须备注出处，原件存放情况。
	7. 股票、债券、汇票、支票、存折等有价证券	被抢有价证券的情况。	原物提取、手续合法。	注意价值的核算和鉴定。
	8. 书信、日记、合同等材料	作案的动机、起因、经过和结果等。	原物提取，标注来源及持有人与双方当事人的关系。	注意内容的真伪。
	9. 通话记录、短信记录	预谋、分工情况及作案时间、过程、结果分赃等情况。	须加盖提供单位的公章；以拍照、截图形式提取的须当事人签字确认。	可结合涉案电子设备所提取的电子勘查情况作出分析。
	10. 银行流水、微信支付、支付宝等资金往来情况	犯罪预备、工具准备等出资、消费情况以及赃物去向、销赃、分赃情况。	对相关资金流向进行分析统计，形成款项流转过程的侦查意见。	如有抢劫银行或者金融机构的加重情节的，还应收集相应机构主体材料及书证。
	11. 病历、诊断书、抢救记录、住院治疗记录	对被害人身体、精神造成损害的情况。	满足一般证据的证明标准。	

续表

证据类型	证据名称	证明内容	证明标准	特别注意事项
书证	12. 退赃、退赔说明、收条、谅解书	退赃、赔偿情况；犯罪嫌疑人认罪、悔罪及刑事和解情况。	核实退赃、赔偿款支付情况及谅解书的真实性。	
犯罪嫌疑人的供述及辩解	1. 自书材料 2. 讯问笔录	作案的动机、目的，犯罪的起意；实施抢劫行为的时间、地点、人物、方法手段和金额、财物数量价值；是否携带凶器或显露凶器实施抢劫；作案次数、犯罪经过、作案工具及赃物去向、销赃的价格；共同犯罪预谋的过程、商定的分工、具体的分工、联络方式、分赃情况。	自书材料应证明来源、提取时间；须制作3份以上综合笔录，清晰明了阐述案发经过；确定抢劫数额；对讯问过程同步录音录像；注意讯问程序的合法性和笔录符合法定要求。	讯问未成年犯罪嫌疑人须有法定代理人（或合适成年人）在场；讯问女性未成年犯罪嫌疑人要求有女性侦查人员在场参与讯问；转化型抢劫须收集固定好盗窃、诈骗等作案过程的相关证据，并核实行为人当场使用暴力的目的和动机以及被害人的反抗程度；冒充军警人员抢劫为加重情节，须注意收集相关假证件、制服等物证、书证材料；注意入室抢劫和转化型抢劫的认定和作案细节。
被害人陈述	被害人或被害单位负责人、经手人的询问笔录	被抢金额或财物的价值、特征、存放情况、来源等；被抢的过程；发现、报案的过程；案发现场情况；与犯罪嫌疑人之间的关系，是否有过节。	询问过程应符合法定程序。	未成年人同上；注意收集被害人性别、年龄、身体等状况特征的相关证据；注意转化型抢劫中对于当场使用暴力的情节。
证人证言	1. 目击证人的询问笔录 2. 收购、销售赃物人员的询问笔录 3. 抓获人、报案人、现场发现人的询问笔录 4. 其他知情人的询问笔录	作案过程、犯罪嫌疑人的体貌体征、抓获的经过，是否有抗拒抓捕的情况。	询问过程应符合法定程序。	未成年人同上；注意收集抗拒抓捕的相关证据，是否存在转化型抢劫的情形。

第四章 侵犯财产罪

续表

证据类型	证据名称	证明内容	证明标准	特别注意事项
鉴定意见	1. 价格鉴定	鉴定涉案物品价格。	满足一般证据的证明标准。	检材的提取、送检应当符合法定程序，鉴定意见应在法定时限内作出；鉴定机构、人员资质必须符合法定条件；鉴定意见应有2名鉴定人签名、机构签章。无鉴定人签名的，应对鉴定人进行询问或进行说明；鉴定意见须及时告知；注意是否有导致他人轻伤、精神失常等严重后果。
	2. 痕迹鉴定	对所提取的指纹、脚印等进行鉴定，证实案发情况。	注意被害人体表上的拉拽痕迹、被抢劫物品断裂、残留部分。	
	3. 法庭科学DNA鉴定	犯罪嫌疑人、被害人是否遗留血迹等生物物证在涉案物品上或犯罪现场；对被害人与其亲属作亲子鉴定，以明确被害人身份。	满足一般证据的证明标准。	
	4. 伤情鉴定、法医学尸体检验报告	涉案人受伤情况。	应结合全案证据核实伤情来源、形成情况说明；注意核实伤情形成时间与原因、行为与结果之间的因果关系，排除意外因素介入。	
	5. 枪支鉴定	作案枪支的真假和性能。	注意仿真枪的认定。	
	6. 药物成分鉴定	麻醉药物、胃存物、排泄物分析鉴定。	注意检材的提取时间、程序及送检程序；同时应附相关情况说明。	
勘查、检查、辨认笔录、侦查实验等	1. 现场勘查笔录及照片	抢劫现场；犯罪工具来源、丢弃现场；提取物证现场；分赃、销赃现场。	应当拍摄现场照片或录像、绘制现场图、制作现场勘查及提取物证笔录；制作搜查、检查笔录和扣押物品、文件清单；严格见证人制度，必要时进行同步录音像。	注意收集是否具有"入户抢劫""在公共交通工具上抢劫"的情节；侦查实验笔录应比照案发现场进行最大限度还原，并保证侦查实验笔录的科学性。
	2. 搜查、检查笔录、照片及扣押物品、文件清单	人身检查情况、涉案财物、作案工具情况。		
	3. 辨认笔录	犯罪嫌疑人、被害人、相关证人之间身份确认情况；辨认作案工具。		
	4. 指认笔录	指认现场、指认涉案物品。		
	5. 侦查实验	还原案发过程。	满足一般证据的证明标准。	

续表

证据类型	证据名称	证明内容	证明标准	特别注意事项
视听资料	音频、视频	证明案发过程及案发现场情况。	应注意监控收集的全面性,如来去、抢劫现场、中途停留、藏身、销赃路线;附与案件关联性的说明。	提供录音录像单位、个人的盖章或签章;注意时间的核对与校正;组织犯罪嫌疑人及相关证人、被害人对视频、音频内容进行辨认。
电子数据	电子数据勘验、检查笔录及载体	手机、电脑、导航仪等电子设备数据存储、恢复情况;社交软件、金融平台、网络交易平台、邮箱等资料。	案发经过;赃物处理;资金流转;组织犯罪嫌疑人、被害人及相关证人对电子数据内容进行辨认。	可根据办案需要将部分重要电子数据打印并经犯罪嫌疑人签字确认后附卷。

二、盗窃罪（刑法第 264 条）

盗窃罪,是指以非法占有为目的,盗窃公私财物数额较大或者多次盗窃、入户盗窃、携带凶器盗窃、扒窃公私财物的行为。

（一）犯罪构成要件

1. 客体要件：本罪侵犯的客体是公私财物的所有权。所有权包括占有、使用、收益、处分等权能。

2. 客观要件：本罪在客观方面表现为行为人具有秘密窃取数额较大的公私财物或者多次秘密窃取公私财物的行为。

3. 主体要件：本罪主体是一般主体,凡年满 16 周岁且具备刑事责任能力的人均能构成本罪。

4. 主观要件：本罪在主观方面表现为直接故意,且具有非法占有的目的。

（二）专门性法律法规文件

1. 最高人民法院、最高人民检察院《关于办理盗窃刑事案件适用法律若干问题的解释》；

2. 最高人民法院、最高人民检察院《关于办理妨害文物管理等刑事案件适用法律若干问题的解释》；

3. 最高人民法院、最高人民检察院、公安部、国家工商行政管理局《关于依法查处盗窃、抢劫机动车案件的规定》；

4. 最高人民法院《关于审理扰乱电信市场管理秩序案件具体应用法律若干问题的解释》；

5. 最高人民法院《关于审理破坏森林资源刑事案件具体应用法律若干问题的解释》；

6. 最高人民检察院《关于单位有关人员组织实施盗窃行为如何适用法律问题的批复》；

7. 最高人民法院《关于审理破坏公用电信设施刑事案件具体应用法律若干问题的解释》；

8. 最高人民法院《关于审理未成年人刑事案件具体应用法律若干问题的解释》；

9. 最高人民法院、最高人民检察院《关于办理盗窃油气、破坏油气设备等刑事案件具体应用法律若干问题的解释》；

10. 最高人民法院《关于审理破坏广播电视设施等刑事案件具体应用法律若干问题的解释》；

11. 最高人民法院、最高人民检察院、公安部、邮电局、国家工商行政管理局《关于打击盗用电话号码非法并机违法犯罪活动的通知》；

12. 公安部《关于对拨打境外色情电话定性处理的批复》。

（三）证据清单

证据类型	证据名称	证明内容	证明标准	特别注意事项
物证	1. 被盗钱款、物品原物或照片	被盗钱款、物品的情况和作案工具情况。	原物提取，不便提取的以照片形式附卷；物证的特征、数量、数额、重量与扣押清单一致。	手机、电子设备须当场封存，确保电子数据不被篡改。
	2. 手机等通信工具			
	3. 螺丝刀、夹子、万能钥匙等盗窃工具以及存放赃物的包装物品			
	4. 交通工具或照片			
书证	1. 受案材料、立案文书、破案经过	是否有管辖权；线索来源、发案经过、侦破经过。	相关文书应加盖公章，报案、控告等应形成笔录。	注意受案时间与立案时间的衔接。

续表

证据类型	证据名称	证明内容	证明标准	特别注意事项
书证	2. 户籍证明	犯罪嫌疑人身份信息、刑事责任年龄。	由户籍所在地公安机关出具并加盖公章。	未成年人刑事犯罪注意收集出生证明、户口本复印件等相关材料，必要时可以进行骨龄鉴定。
	3. 刑事犯罪、违法等前科材料	前科劣迹及是否有累犯情节。	刑事判决书、刑满释放证明、治安处罚决定书、戒毒通知书等均须调取。	注意是否曾因盗窃受过刑事处罚，一年内是否因盗窃受过行政处罚；备注证据来源，附调取文书及调取人员签名。
	4. 到案经过、公安机关证明材料、接受投案的证明材料、检举揭发材料、立案逮捕或判决等法律文书	犯罪嫌疑人到案的真实详细过程；犯罪嫌疑人是否具有自首和立功情节。	到案经过应包括到案时间、地点、经过及是否抗拒抓捕、是否自动投案、是否有协助抓获其他同案犯的行为；到案后是否如实供述犯罪事实；由2名以上参与抓捕或者接受投案的办案人员书写、签名，并加盖单位公章。	异地抓获的，应附异地公安机关出具的抓获经过、在逃人员登记表、临时羁押证明；检举揭发的，应当收集笔录或自述材料，被检举揭发人案件相关文书如立案决定书、逮捕决定书、起诉书、判决书等；协助抓捕的，详细说明协助方式及作用。
	5. 拘传、拘留、逮捕、取保候审等强制措施文书	采取强制措施的合法性、羁押期限时长，是否按规定送所。	依法告知、加盖公章、注意法定羁押期限。	注意拘留后24小时入所、呈捕时间、执行时间以及拘留、逮捕后讯问时间。
	6. 涉案物品发票、价格凭证、交易凭条等	被害人对被盗财物拥有合法权利及物品价值、购买时间、物品信息。	证据来源合法性；附卷材料须与原件一致。	证据提供单位或个人签章；调取复印件的须备注出处，原件存放情况。
	7. 股票、债券、汇票、支票、存折等有价证券	被盗有价证券的情况。	原物提取、手续合法。	注意价值的核算和鉴定。
	8. 通话记录、短信记录	预谋、分工情况及作案时间、过程、结果分赃等情况。	须加盖提供单位的公章；以拍照、截图形式提取的须当事人签字确认。	可结合涉案电子设备所提取的电子勘查情况作出分析。

续表

证据类型	证据名称	证明内容	证明标准	特别注意事项
书证	9. 银行流水、微信支付、支付宝等资金往来情况	犯罪预备、工具准备等出资、消费情况以及赃物去向、销赃、分赃情况。	对相关资金流向进行分析统计，形成款项流转过程的侦查意见。	
	10. 退赃、退赔说明、收条、谅解书	退赃、赔偿情况；犯罪嫌疑人认罪、悔罪及刑事和解情况。	核实退赃、赔偿款支付情况及谅解书的真实性。	
犯罪嫌疑人的供述及辩解	1. 自书材料	作案的动机、目的，犯罪的起意；实施盗窃行为的时间、地点、人物、方法手段、金额或财物数量、价值；作案次数、犯罪经过、作案工具及赃物去向、销赃价格；共同犯罪预谋的过程、商定的分工、具体的分工、联络方式、分赃情况。	自书材料应证明来源、提取时间；须制作3份以上综合笔录，清晰明了阐述案发经过；确定盗窃数额；对讯问过程同步录音录像；注意讯问程序的合法性和笔录符合法定要求。	讯问未成年犯罪嫌疑人须有法定代理人（或合适成年人）在场；讯问女性未成年犯罪嫌疑人须有女性侦查人员在场参与讯问；注意审查是否有入户盗窃、携带凶器的情节；注意是否有组织、控制未成年人盗窃的、在医院盗窃病人或者亲友盗窃。
	2. 讯问笔录			
被害人陈述	被害人或被害单位负责人、经手人的询问笔录	失窃金额或财物的数量、价值、特征、存放情况、来源等；被盗的过程；发现、报案的过程；案发现场情况。	询问过程应符合法定程序。	未成年人同上。
证人证言	1. 目击证人的询问笔录	作案过程、犯罪嫌疑人的体貌体征、抓获的经过，是否有抗拒抓捕的情况。	询问过程应符合法定程序。	未成年人同上；注意收集抗拒抓捕的相关证据，是否存在转化型抢劫的情形。
	2. 收购、销售赃物人员的询问笔录			
	3. 抓获人、报案人、现场发现人的询问笔录			
	4. 其他知情人的询问笔录			

续表

证据类型	证据名称	证明内容	证明标准	特别注意事项
鉴定意见	1. 价格鉴定	鉴定涉案物品价格。	委托程序、鉴定程序合法；鉴定意见与委托要求相符。	检材的提取、送检应当符合法定程序，鉴定意见应在法定时限内作出；鉴定机构、人员资质必须符合法定条件；鉴定意见应有2名鉴定人签名、机构签章。无鉴定人签名的，应对鉴定人进行询问或进行说明；鉴定意见须及时告知。
	2. 痕迹鉴定	对所提取的指纹、脚印等进行鉴定，证实案发情况。		
	3. 法庭科学DNA鉴定	是否与犯罪嫌疑人有关联；被盗物品是否为被害人所有。		
	4. 伤情鉴定	涉案人受伤情况。		
	5. 司法会计鉴定	案情重大、账目繁杂的案件应作司法会计鉴定。		
勘查、检查、辨认笔录等	1. 现场勘查笔录及照片	盗窃现场；犯罪工具来源、丢弃现场；提取物证现场；分赃、销赃现场。	应当拍摄现场照片或录像、绘制现场图、制作现场勘查及提取物证笔录；制作搜查、检查笔录和扣押物品、文件清单；严格见证人制度，必要时进行同步录音录像。	注意"数额较大"的标准按50%确定的情形。
	2. 搜查、检查笔录、照片及扣押物品、文件清单	人身检查情况、涉案财物、作案工具情况。		
	3. 辨认笔录	犯罪嫌疑人、被害人、相关证人之间身份确认情况；辨认作案工具。		
	4. 指认笔录	指认现场、指认涉案物品。		
视听资料	音频、视频	证明案发过程及案发现场情况。	应注意监控收集的全面性，如来去、盗窃现场、中途停留、藏身、销赃路线；附与案件关联性的说明。	提供录音录像单位、个人的盖章或签章；注意时间的核对与校正；组织犯罪嫌疑人及相关证人、被害人对视频、音频内容进行辨认。
电子数据	电子数据勘验、检查笔录及载体	手机、电脑、导航仪等电子设备数据存储、恢复情况；社交软件、金融平台、网络交易平台、邮箱等资料。	案发经过；赃物处理；资金流转；组织犯罪嫌疑人、被害人及相关证人对电子数据内容进行辨认。	可根据办案需要将部分重要电子数据打印后经犯罪嫌疑人签字确认后附卷。

三、诈骗罪（刑法第 266 条）

诈骗罪，是指以非法占有为目的，用虚构事实或者隐瞒真相的方法，骗取数额较大的公私财物的行为。

（一）犯罪构成要件

1. 客体要件：本罪侵犯的客体是公私财物所有权。
2. 客观要件：本罪在客观上表现为使用欺诈方法骗取数额较大的公私财物。
3. 主体要件：本罪主体是一般主体，凡年满 16 周岁且具有刑事责任能力的自然人均能构成本罪。
4. 主观要件：本罪在主观方面表现为直接故意，并且具有非法占有公私财物的目的。

（二）专门性法律法规文件

1. 全国人民代表大会常务委员会《关于〈中华人民共和国刑法〉第二百六十六条的解释》；
2. 最高人民法院、最高人民检察院《关于办理诈骗刑事案件具体应用法律若干问题的解释》；
3. 最高人民法院《关于审理扰乱电信市场管理秩序案件具体应用法律若干问题的解释》；
4. 最高人民法院、最高人民检察院《关于办理妨害预防、控制突发传染病疫情等灾害的刑事案件具体应用法律若干问题的解释》；
5. 最高人民法院、最高人民检察院《关于办理妨害武装部队制式服装、车辆号牌管理秩序等刑事案件具体应用法律若干问题的解释》；
6. 最高人民法院、最高人民检察院《关于办理虚假诉讼刑事案件适用法律若干问题的解释》；
7. 最高人民法院、最高人民检察院、公安部《关于办理电信网络诈骗等刑事案件适用法律若干问题的意见》；
8. 最高人民法院、最高人民检察院、公安部、司法部《关于办理黑恶势力犯罪案件若干问题的指导意见》；
9. 最高人民法院、最高人民检察院、公安部、司法部《关于办理"套路贷"刑事案件若干问题的意见》；
10. 公安部《关于受害人居住地公安机关可否对诈骗犯罪案件立案侦查问题的批复》。

（三）证据清单

证据类型	证据名称	证明内容	证明标准	特别注意事项
物证	1. 被骗钱款、物品原物或照片 2. 手机、电脑等通信工具或网络设备 3. 交通工具或照片	被骗钱款、物品的情况和作案工具情况。	原物提取，不便提取的以照片形式附卷；物证的特征、数量、数额、重量与扣押清单一致。	手机、电子设备须当场封存，确保电子数据不被篡改。
书证	1. 受案材料、立案文书、破案经过	是否有管辖权；线索来源、发案经过、侦破经过。	相关文书应加盖公章，报案、控告等应形成笔录。	注意受案时间与立案时间的衔接；采用侦查技术破获案件的，应当收集相关侦查措施、锁定犯罪嫌疑人的材料书证。
	2. 户籍证明	犯罪嫌疑人身份信息、刑事责任年龄。	由户籍所在地公安机关出具并加盖公章。	未成年人刑事犯罪注意收集出生证明、户口本复印件等相关材料，必要时可以进行骨龄鉴定。
	3. 刑事犯罪、违法等前科材料	前科劣迹及是否有累犯情节。	刑事判决书、刑满释放证明、治安处罚决定书、戒毒通知书等均须调取。	备注证据来源，附调取文书及调取人员签名。
	4. 到案经过、公安机关证明材料、接受投案的证明材料、检举揭发材料、立案逮捕或判决等法律文书	犯罪嫌疑人到案的真实详细过程；犯罪嫌疑人是否具有自首和立功情节。	到案经过应包括到案时间、地点、经过及是否抗拒抓捕、是否自动投案，是否有协助抓获其他同案犯的行为；到案后是否如实供述犯罪事实；由2名以上参与抓捕或者接受投案的办案人员书写、签名，并加盖单位公章。	异地抓获的，应附异地公安机关出具的抓获经过、在逃人员登记表、临时羁押证明；检举揭发的，应当收集笔录或自述材料，被检举揭发人案件相关文书如立案决定书、逮捕决定书、起诉书、判决书等；协助抓捕的，详细说明协助方式及作用。
	5. 拘传、拘留、逮捕、取保候审等强制措施文书	采取强制措施的合法性、羁押期限时长，是否按规定送所。	依法告知、加盖公章、注意法定羁押期限。	注意拘留后24小时入所、呈捕时间、执行时间以及拘留、逮捕后讯问时间。
	6. 涉案物品发票、价格凭证、交易凭条等	被害人对涉案财物拥有合法权利及物品价值、购买时间、物品信息。	证据来源合法性；附卷材料须与原件一致。	证据提供单位或个人签章；调取复印件的须备注出处，原件存放情况。

续表

证据类型	证据名称	证明内容	证明标准	特别注意事项
书证	7.通话记录、短信记录	预谋、分工情况及作案时间、过程、结果分赃等情况。	须加盖提供单位的公章；以拍照、截图形式提取的须当事人签字确认。	可结合涉案电子设备所提取的电子勘查情况作出分析。
	8.银行流水、微信支付、支付宝等资金往来情况	犯罪预备、工具准备等出资、消费情况以及赃物去向、销赃、分赃情况。	对相关资金流向进行分析统计，形成款项流转过程的侦查意见。	
	9.车票、飞机票、住宿登记、高速路出入情况等凭证	犯罪嫌疑人策划犯罪过程及时间段、地点。	满足一般证据的证明标准。	
	10.合同、收据、借条、欠条、记账本等	行为人用于欺骗被害人的书证。	提取程序的合法性。	
	11.退赃、退赔说明、收条、谅解书	退赃、赔偿情况；犯罪嫌疑人认罪、悔罪及刑事和解情况。	核实退赃、赔偿款支付情况及谅解书的真实性。	
犯罪嫌疑人的供述及辩解	1.自书材料	作案的动机、目的，犯罪的起意；实施诈骗行为前期踩点、摸排、锁定目标、准备工具的过程；实施诈骗行为的时间、地点、人物、方法手段、金额或财物数量、价值；作案次数、犯罪经过、作案工具及赃物去向、销赃价格；共同犯罪预谋的过程、商定的分工、具体的分工、联络方式、分赃情况。	自书材料应证明来源、提取时间；须制作3份以上综合笔录，清晰明了阐述案发经过；确定诈骗数额；对讯问过程同步录音录像；注意讯问程序的合法性和笔录符合法定要求。	讯问未成年犯罪嫌疑人须有法定代理人（或合适成年人）在场；讯问女性未成年犯罪嫌疑人须有女性侦查人员在场参与讯问。
	2.讯问笔录			
被害人陈述	被害人的询问笔录	被骗金额或财物的数量、价值、特征、存放情况、来源等；与行为人是否相识及关系；被骗的过程，是否自愿交付财物；发现、报案的过程；有无对实施诈骗行为人进行抓捕；案发现场情况。	询问过程应符合法定程序。	未成年人同上。

续表

证据类型	证据名称	证明内容	证明标准	特别注意事项
证人证言	1. 目击证人的询问笔录	作案过程、犯罪嫌疑人的体貌体征、抓获的经过，是否有抗拒抓捕的情况。	询问过程应符合法定程序。	未成年人同上；注意收集抗拒抓捕的相关证据，是否存在转化型抢劫的情形。
	2. 收购、销售赃物人员的询问笔录			
	3. 抓获人、报案人、现场发现人的询问笔录			
	4. 被害人家属等其他知情人的询问笔录			
鉴定意见	1. 价格鉴定	鉴定涉案物品价格。	委托程序、鉴定程序合法；鉴定意见与委托要求相符。	检材的提取、送检应当符合法定程序，鉴定意见应在法定时限内作出；鉴定机构、人员资质必须符合法定条件；鉴定意见应有2名鉴定人签名、机构签章。无鉴定人签名的，应对鉴定人进行询问或进行说明；鉴定意见须及时告知。
	2. 痕迹鉴定	对所提取的指纹、脚印等进行鉴定，证实案发情况。		
	3. 法庭科学DNA鉴定	是否与犯罪嫌疑人有关联；涉案物品是否为被害人所有。		
	4. 伤情鉴定	涉案人受伤情况。		
	5. 笔迹鉴定	收条、欠条、合同等是否为犯罪嫌疑人或被害人笔迹。		
	6. 司法会计鉴定	案情重大、账目繁杂的案件应作司法会计鉴定。		
勘查、检查、辨认笔录等	1. 现场勘查笔录及照片	作案现场；犯罪工具来源、丢弃现场；提取物证现场；分赃、销赃现场。	应当拍摄现场照片或录像、绘制现场图、制作现场勘查及提取物证笔录；制作搜查、检查笔录和扣押物品、文件清单；严格见证人制度，必要时进行同步录音录像。	
	2. 搜查、检查笔录、照片及扣押物品、文件清单	人身检查情况、涉案财物情况。		
	3. 辨认笔录	犯罪嫌疑人、被害人、相关证人之间身份确认情况；辨认作案工具。		
	4. 指认笔录	指认现场、指认涉案物品。		

证据类型	证据名称	证明内容	证明标准	特别注意事项
视听资料	音频、视频	证明案发过程及案发现场情况。	应附证据来源、调取文书以及与案件关联性的说明。	提供录音录像单位、个人的盖章或签章；注意时间的核对与校正。
电子数据	电子数据勘验、检查笔录及载体	手机、电脑、导航仪等电子设备数据存储、恢复情况；社交软件、金融平台、网络交易平台、邮箱等资料。	案发经过；赃物处理；资金流转。	可根据办案需要将部分重要电子数据如QQ记录、微信记录、网络转账等打印并经犯罪嫌疑人签字确认后附卷；远程勘验的，应当同步录音录像，并按照现场勘验要求制作笔录。

四、抢夺罪（刑法第267条）

抢夺罪，是指以非法占有为目的，乘人不备，公开夺取数额较大的公私财物的行为。

（一）犯罪构成要件

1. **客体要件**：本罪侵犯的客体是公私财物的所有权。

2. **客观要件**：本罪在客观方面表现为乘人不备，出其不意，公然对财物行使有形力，使他人不及抗拒，而取得数额较大的财物的行为。

3. **主体要件**：本罪主体为一般主体，凡年满16周岁且具备刑事责任能力的自然人均可成为本罪主体。

4. **主观要件**：本罪在主观方面表现为故意，其目的是非法占有公私财物。

（二）专门性法律法规文件

1. 最高人民法院、最高人民检察院《关于办理抢夺刑事案件适用法律若干问题的解释》；

2. 最高人民法院《关于抢劫、抢夺刑事案件适用法律若干问题的意见》；

3. 最高人民法院《关于审理抢劫案件具体应用法律若干问题的解释》；
4. 最高人民法院《全国部分法院审理毒品犯罪案件工作座谈会纪要》。

（三）证据清单

证据类型	证据名称	证明内容	证明标准	特别注意事项
物证	1. 被抢夺钱款、物品原物或照片	被抢夺钱款、物品的情况和实施抢夺的预谋过程、作案经过。	原物提取，不便提取的以照片形式附卷；物证的特征、数量、数额、重量与扣押清单一致。	手机、电子设备须当场封存，确保电子数据不被篡改。
	2. 手机等通信工具			
	3. 交通工具或照片			
书证	1. 受案材料、立案文书、破案经过	是否有管辖权；线索来源、发案经过、侦破经过。	相关文书应加盖公章，报案、控告等应形成笔录。	受案时间与立案时间的衔接；是否达到立案标准金额1500元或2年内3次抢夺，应收集相关案件的公安机关接警记录；是否驾驶机动车、非机动车"飞车抢夺"；是否携带凶器。
	2. 户籍证明	犯罪嫌疑人身份信息、刑事责任年龄。	由户籍所在地公安机关出具并加盖公章。	未成年人刑事犯罪注意收集出生证明、户口本复印件等相关材料，必要时可以进行骨龄鉴定。
	3. 刑事犯罪、违法等前科材料	前科劣迹及是否有累犯情节。	刑事判决书、刑满释放证明、治安处罚决定书、戒毒通知书等均须调取。	注意核实1年内是否有因抢夺或者哄抢受过行政处罚。
	4. 到案经过、公安机关证明材料、接受投案的证明材料、检举揭发材料、立案逮捕或判决等法律文书	犯罪嫌疑人到案的真实详细过程；犯罪嫌疑人是否具有自首和立功情节。	到案经过应包括到案时间、地点、经过及是否抗拒抓捕、是否自动投案，是否有协助抓获其他同案犯的行为；到案后是否如实供述犯罪事实；由2名以上参与抓捕或者接受投案的办案人员书写、签名，并加盖单位公章。	异地抓获的，应附异地公安机关出具的抓获经过、在逃人员登记表、临时羁押证明；检举揭发的，应当收集笔录或自述材料，被检举揭发人案件相关文书如立案决定书、逮捕决定书、起诉书、判决书等；协助抓捕的，详细说明协助方式及作用。

续表

证据类型	证据名称	证明内容	证明标准	特别注意事项
书证	5.拘传、拘留、逮捕、取保候审等强制措施文书	采取强制措施的合法性、羁押期限时长，是否按规定送所。	依法告知、加盖公章、注意法定羁押期限。	注意拘留后24小时入所、呈捕时间、执行时间以及拘留、逮捕后讯问时间。
	6.涉案物品发票、价格凭证、交易凭条等	被害人对所抢夺财物拥有合法权利及物品价值、购买时间、物品信息。	证据来源合法性；附卷材料须与原件一致。	证据提供单位或个人签章；调取复印件的须备注出处，原件存放情况。
	7.通话记录、短信记录	预谋、分工情况及作案时间、过程、结果分赃等情况。	须加盖提供单位的公章；以拍照、截图形式提取的须当事人签字确认。	可结合涉案电子设备所提取的电子勘查情况作出分析。
	8.银行流水、微信支付、支付宝等资金往来情况	犯罪预备、工具准备等出资、消费情况以及赃物去向、销赃、分赃情况。	对相关资金流向进行分析统计，形成款项流转过程的侦查意见。	
	9.病历、诊断书、抢救记录、住院治疗记录	对被害人身体、精神造成损害的情况。	满足一般证据的证明标准。	
	10.退赃、退赔说明、收条、谅解书	退赃、赔偿情况；犯罪嫌疑人认罪、悔罪及刑事和解情况。	核实退赃、赔偿款支付情况及谅解书的真实性。	
犯罪嫌疑人的供述及辩解	1.自书材料	作案的动机、目的，犯罪的起意；实施抢夺行为的时间、地点、人物、方法手段和金额、财物数量价值；作案次数、犯罪经过、作案工具及赃物去向、销赃的价格；共同犯罪预谋的过程、商定的分工、具体的分工、联络方式、分赃情况。	自书材料应证明来源、提取时间；须制作3份以上综合笔录，清晰明了阐述案发经过；确定抢夺数额；对讯问过程同步录音录像；注意讯问程序的合法性和笔录符合法定要求。	讯问未成年犯罪嫌疑人须有法定代理人（或合适成年人）在场；讯问女性未成年犯罪嫌疑人要求有女性侦查人员在场参与讯问；注意审查是否有特定手段、特定地点、特定群体（抢夺老弱病残孕）或组织未成年人抢夺等情节。
	2.讯问笔录			
被害人陈述	被害人的询问笔录	被抢金额或财物的数量、价值、特征、存放情况、来源等；被抢的过程；发现、报案的过程；案发现场情况。	询问过程应符合法定程序。	未成年人同上；注意收集被害人性别、年龄、身体等状况特征的相关证据。

续表

证据类型	证据名称	证明内容	证明标准	特别注意事项
证人证言	1. 目击证人的询问笔录	作案过程、犯罪嫌疑人的体貌体征、抓获的经过，是否有抗拒抓捕的情况。	询问过程应符合法定程序。	未成年人同上；注意收集抗拒抓捕的相关证据，是否存在转化型抢劫的情形。
	2. 收购、销售赃物人员的询问笔录			
	3. 抓获人、报案人、现场发现人的询问笔录			
	4. 其他知情人的询问笔录			
鉴定意见	1. 价格鉴定	鉴定涉案物品价格。	满足一般证据的证明标准。	检材的提取、送检应当符合法定程序，鉴定意见应在法定时限内作出；鉴定机构、人员资质必须符合法定条件；鉴定意见应有2名鉴定人签名、机构签章。无鉴定人签名的，应对鉴定人进行询问或进行说明；鉴定意见须及时告知；注意是否有导致他人轻伤、精神失常等后果。
	2. 痕迹鉴定	对所提取的指纹、脚印等进行鉴定，证实案发情况。	注意被害人体表上的拉拽痕迹、被抢夺物品断裂、残留部分。	
	3. 法庭科学DNA鉴定	犯罪嫌疑人、被害人是否遗留生物物证在涉案物品上或犯罪现场。	满足一般证据的证明标准。	
	4. 伤情鉴定	涉案人受伤情况。	应结合全案证据核实伤情来源、形成情况说明；注意核实伤情形成时间与原因、行为与结果之间的因果关系，排除意外因素介入。	
勘查、检查、辨认笔录、侦查实验等	1. 现场勘查笔录及照片	抢夺现场；犯罪工具来源、丢弃现场；提取物证现场；分赃、销赃现场。	应当拍摄现场照片或录像、绘制现场图、制作现场勘查及提取物证笔录；制作搜查、检查笔录和扣押物品、文件清单；严格见证人制度，必要时进行同步录音录像。	侦查实验笔录应比照案发现场进行最大限度还原，并保证侦查实验笔录的科学性。
	2. 搜查、检查笔录、照片及扣押物品、文件清单	人身检查情况、涉案财物、作案工具情况。		

续表

证据类型	证据名称	证明内容	证明标准	特别注意事项
勘查、检查、辨认笔录、侦查实验等	3. 辨认笔录	犯罪嫌疑人、被害人、相关证人之间身份确认情况；辨认作案工具。	（同上）	（同上）
	4. 指认笔录	指认现场及涉案物品。		
	5. 侦查实验	还原案发过程。	满足一般证据的证明标准。	
视听资料	音频、视频	证明案发过程及案发现场情况。	应注意监控收集的全面性，如来去、抢夺现场、中途停留、藏身、销赃路线；附与案件关联性的说明。	提供录音录像单位、个人的盖章或签章；注意时间的核对与校正；组织犯罪嫌疑人及相关证人、被害人对视频、音频内容进行辨认。
电子数据	电子数据勘验、检查笔录及载体	手机、电脑、导航仪等电子设备数据存储、恢复情况；社交软件、金融平台、网络交易平台、邮箱等资料。	案发经过；赃物处理；资金流转；组织犯罪嫌疑人、被害人及相关证人对电子数据内容进行辨认。	可根据办案需要将部分重要电子数据打印并经犯罪嫌疑人签字确认后附卷。

五、职务侵占罪（刑法第271条第1款）

职务侵占罪，是指公司、企业或者其他单位的人员，利用职务上的便利，将本单位财物非法占为己有，数额较大的行为。

（一）犯罪构成要件

1. **客体要件**：本罪的犯罪客体是公司、企业或者其他单位的财产所有权。
2. **客观要件**：本罪在客观方面表现为利用职务上的便利，侵占本单位财物，数额较大的行为。
3. **主体要件**：凡年满16周岁且具有刑事责任能力的公司、企业或者其他单位的自然人均能构成本罪。
4. **主观要件**：本罪在主观方面是直接故意，且具有非法占有公司、企业或其他单位财物的目的。

（二）专门性法律法规文件

1. 全国人民代表大会常务委员会法制工作委员会《对关于公司人员利用职务上的便利采取欺骗等手段非法占有股东股权的行为如何定性处理的批复的意见》；
2. 最高人民法院、最高人民检察院《关于办理贪污贿赂刑事案件适用法律若干问题的解释》；
3. 最高人民法院《关于村民小组组长利用职务便利非法占有公共财物行为如何定性问题的批复》；
4. 最高人民法院《关于审理贪污、职务侵占案件如何认定共同犯罪几个问题的解释》；
5. 最高人民法院《关于在国有资本控股、参股的股份有限公司中从事管理工作的人员利用职务便利非法占有本公司财物如何定罪问题的批复》；
6. 最高人民法院、最高人民检察院《关于办理妨害预防、控制突发传染病疫情等灾害的刑事案件具体应用法律若干问题的解释》；
7. 最高人民法院、最高人民检察院《关于办理国家出资企业中职务犯罪案件具体应用法律若干问题的意见》。

（三）证据清单

证据类型	证据名称	证明内容	证明标准	特别注意事项
物证	1. 涉案钱款、物品原物或照片 2. 电脑、硬盘、账本等存储、记录公司财务、财产的物品或照片 3. 侵占的票据、现金、物品的工具 4. 手机等通信工具	涉案钱款、物品的情况和作案工具情况。	原物提取，不便提取的以照片形式附卷；物证的特征、数量、数额、重量与扣押清单一致。	手机、电子设备须当场封存，确保电子数据不被篡改。
书证	1. 受案材料、立案文书、破案经过	是否有管辖权；线索来源、发案经过、侦破经过。	相关文书应加盖公章，报案、控告等应形成笔录。	注意受案时间与立案时间的衔接；公司报案的材料须加盖公章和负责人签章。

第四章 侵犯财产罪

续表

证据类型	证据名称	证明内容	证明标准	特别注意事项
书证	2. 户籍证明、劳动合同、任职证明等	犯罪嫌疑人身份信息、刑事责任年龄。	由户籍所在地公安机关出具并加盖公章。	犯罪嫌疑人属于公司、企业或者其他单位人员需要调取劳动合同、任职证明、工资单等材料；注意是否为国家工作人员。
	3. 刑事犯罪、违法等前科材料	前科劣迹及是否有累犯情节。	刑事判决书、刑满释放证明、治安处罚决定书、戒毒通知书等均须调取。	备注证据来源，附调取文书及调取人员签名。
	4. 到案经过、公安机关证明材料、接受投案的证明材料、检举揭发材料、立案逮捕或判决等法律文书	犯罪嫌疑人到案的真实详细过程；犯罪嫌疑人是否具有自首和立功情节。	到案经过应包括到案时间、地点、经过及是否抗拒抓捕、是否自动投案，是否有协助抓获其他同案犯的行为；到案后是否如实供述犯罪事实；由2名以上参与抓捕或者接受投案的办案人员书写、签名，并加盖单位公章。	异地抓获的，应附异地公安机关出具的抓获经过、在逃人员登记表、临时羁押证明；检举揭发的，应当收集笔录或自述材料，被检举揭发人案件相关文书如立案决定书、逮捕决定书、起诉书、判决书等；协助抓捕的，详细说明协助方式及作用。
	5. 拘传、拘留、逮捕、取保候审等强制措施文书	采取强制措施的合法性、羁押期限时长，是否按规定送所。	依法告知、加盖公章、注意法定羁押期限。	注意拘留后24小时入所、呈捕时间、执行时间以及拘留、逮捕后讯问时间。
	6. 工作规章、岗位职责、工作规范等	证明犯罪嫌疑人的职务职权。	满足一般证据的证明标准。	如没有规范性文件证明犯罪嫌疑人的职务职权，须所在单位提供职务职权内容的书面证明并加盖公章。
	7. 涉案物品发票、价格凭证、交易凭条等	被害单位对涉案财物拥有合法权利及物品价值、购买时间、物品信息。	证据来源合法性；附卷材料须与原件一致。	证据提供单位或个人签名；调取复印件的须备注出处，原件存放情况；注意职务侵占的数额标准。
	8. 合同、签批单据、报销发票、收条、入库单等	证明犯罪嫌疑人利用职务便利实施犯罪行为。	满足一般证据的证明标准。	侵吞型职务侵占案中注意收集伪造单据、虚假发票、收据、涂改账目等证据。

续表

证据类型	证据名称	证明内容	证明标准	特别注意事项
书证	9. 通话记录、短信记录	预谋、分工情况及作案时间、过程、结果分赃等情况。	须加盖提供单位的公章；以拍照、截图形式提取的须当事人签字确认。	可结合涉案电子设备所提取的电子勘查情况作出分析。
	10. 银行流水、微信支付、支付宝等资金往来情况	赃款的流向、分赃的情况。	对相关资金流向进行分析统计，形成款项流转过程的侦查意见。	包括调取证实钱款被侵吞的相关书证。
	11. 退赃、退赔说明、收条、谅解书	退赃、赔偿情况；犯罪嫌疑人认罪、悔罪及刑事和解情况。	核实退赃、赔偿款支付情况及谅解书的真实性。	
犯罪嫌疑人的供述及辩解	1. 自书材料	犯罪嫌疑人作案的动机、目的，犯罪的起意；经济状况、工作经历、职权范围；作案手段、实施过程、侵吞钱款金额或财物的价值、财物去向；作案次数、犯罪经过、作案工具；共同犯罪预谋的过程、商定的分工、具体的分工、联络方式、分赃情况。	自书材料应证明来源、提取时间，须制作3份以上综合笔录，清晰明了阐述案发经过；确定犯罪数额；对讯问过程同步录音录像；注意讯问程序的合法性和笔录符合法定要求。	查实其主观目的，是否有赌博、借高利贷等行为；注意与挪用资金的区别以及侵占财物后是否有携款潜逃、拒不归还、随意挥霍的行为。
	2. 讯问笔录			
被害单位负责人的陈述	询问笔录	犯罪嫌疑人的职务、身份情况；作案的过程；涉案物品的价值、特征、存放情况、来源等；发现、核查、报案的过程；证实犯罪金额的物证、书证情况。	询问过程应符合法定程序。	
证人证言	1. 单位财物经手人的询问笔录	作案过程、发案的经过、赃款的流向；是否有借高利贷、无节制消费、赌博或网络赌博、购买彩票等行为。	询问过程应符合法定程序。	
	2. 收购、销售赃物人员的询问笔录			
	3. 报案人、发现人的询问笔录			
	4. 其他知情人的询问笔录			

续表

证据类型	证据名称	证明内容	证明标准	特别注意事项
鉴定意见	1. 价格鉴定	鉴定涉案物品价格。	委托程序、鉴定程序合法；鉴定意见与委托要求相符。	检材的提取、送检应当符合法定程序，鉴定意见应在法定时限内作出；鉴定机构、人员资质必须符合法定条件；鉴定意见应有2名鉴定人签名、机构签章。无鉴定人签名的，应对鉴定人进行询问或进行说明；鉴定意见须及时告知。
	2. 痕迹鉴定	对所提取的指纹、脚印等进行鉴定，证实案发情况。		
	3. 法庭科学DNA鉴定	是否与犯罪嫌疑人有关联。		
	4. 笔迹鉴定	票据、合同、签批文件等是否为犯罪嫌疑人笔迹。		
	5. 司法会计鉴定	案情重大、账目繁杂的案件应作司法会计鉴定。		
勘查、检查、辨认笔录等	1. 现场勘查笔录及照片	作案现场；犯罪工具来源、丢弃现场；提取物证现场；分赃、销赃现场。	应当拍摄现场照片或录像、绘制现场图、制作现场勘查及提取物证笔录；制作搜查、检查笔录和扣押物品、文件清单；严格见证人制度，必要时进行同步录音录像。	
	2. 搜查、检查笔录、照片及扣押物品、文件清单	人身检查情况、涉案财物、账本等物品情况。		
	3. 辨认笔录	犯罪嫌疑人、相关证人之间身份确认情况；辨认作案工具。		
	4. 指认笔录	指认现场、指认涉案物品。		
视听资料	音频、视频	证明案发过程及案发现场情况。	应附证据来源、调取文书以及与案件关联性的说明。	提供录音录像单位、个人的盖章或签章；注意时间的核对与校正。
电子数据	电子数据勘验、检查笔录及载体	手机、电脑、导航仪等电子设备数据存储、恢复情况；社交软件、金融平台、网络交易平台、邮箱等资料。	案发经过；赃物处理；资金流转。	可根据办案需要将部分重要电子数据如QQ记录、微信记录、网络转账、网络赌博记录、借贷记录等打印并经犯罪嫌疑人签字确认后附卷。

六、敲诈勒索罪（刑法第 274 条）

敲诈勒索罪，是指以非法占有为目的，对被害人使用威胁或要挟的方法，强行索要公私财物数额较大的行为。

（一）犯罪构成要件

1. 客体要件：本罪侵犯的客体是复杂客体，不仅侵犯公私财物的所有权，还危及他人的人身权利或者其他权益。
2. 客观要件：本罪在客观方面表现为行为人采用威胁、要挟、恫吓等手段，迫使被害人交出财物的行为。
3. 主体要件：本罪的主体为一般主体，凡达年满 16 周岁且具有刑事责任能力的自然人均能构成本罪。
4. 主观要件：本罪在主观方面表现为直接故意，必须具有非法强索他人财物的目的。

（二）专门性法律法规文件

1. 最高人民法院、最高人民检察院《关于办理敲诈勒索刑事案件适用法律若干问题的解释》；
2. 最高人民法院、最高人民检察院《关于办理利用信息网络实施诽谤等刑事案件适用法律若干问题的解释》；
3. 最高人民法院、最高人民检察院、公安部、司法部《关于办理黑恶势力犯罪案件若干问题的指导意见》；
4. 最高人民法院、最高人民检察院、公安部《关于办理非法集资刑事案件若干问题的意见》；
5. 最高人民法院、最高人民检察院、公安部、司法部《关于办理实施"软暴力"的刑事案件若干问题的意见》。

（三）证据清单

证据类型	证据名称	证明内容	证明标准	特别注意事项
物证	1. 涉案钱款、物品原物或照片 2. 手机等通信工具 3. 作案工具 4. 交通工具或照片	涉案钱款、物品的情况和作案工具情况。	原物提取，不便提取的以照片形式附卷；物证的特征、数量、数额、重量与扣押清单一致。	手机、电子设备须当场封存，确保电子数据不被篡改。
书证	1. 受案材料、立案文书、破案经过	是否有管辖权；线索来源、发案经过、侦破经过。	相关文书应加盖公章，报案、控告等应形成笔录。	注意受案时间与立案时间的衔接。

续表

证据类型	证据名称	证明内容	证明标准	特别注意事项
书证	2. 户籍证明	犯罪嫌疑人身份信息、刑事责任年龄。	由户籍所在地公安机关出具并加盖公章。	未成年人刑事犯罪注意收集出生证明、户口本复印件等相关材料，必要时可以进行骨龄鉴定。
	3. 刑事犯罪、违法等前科材料	前科劣迹及是否有累犯情节。	刑事判决书、刑满释放证明、治安处罚决定书、戒毒通知书等均须调取。	
	4. 到案经过、公安机关证明材料、接受投案的证明材料、检举揭发材料、立案逮捕或判决等法律文书	犯罪嫌疑人到案的真实详细过程；犯罪嫌疑人是否具有自首和立功情节。	到案经过应包括到案时间、地点、经过及是否抗拒抓捕、是否自动投案，是否有协助抓获其他同案犯的行为；到案后是否如实供述犯罪事实；由2名以上参与抓获或者接受投案的办案人员书写、签名，并加盖单位公章。	异地抓获的，应附异地公安机关出具的抓获经过、在逃人员登记表、临时羁押证明；检举揭发的，应当收集笔录或自述材料，被检举揭发人案件相关文书如立案决定书、逮捕决定书、起诉书、判决书等；协助抓捕的，详细说明协助方式及作用。
	5. 拘传、拘留、逮捕、取保候审等强制措施文书	采取强制措施的合法性、羁押期限时长，是否按规定送所。	依法告知、加盖公章、注意法定羁押期限。	注意拘留后24小时入所、呈捕时间、执行时间以及拘留、逮捕后讯问时间。
	6. 涉案物品发票、价格凭证、交易凭条等	被害人对涉案财物拥有合法权利及物品价值、购买时间、物品信息。	证据来源合法性；附卷材料须与原件一致。	证据提供单位或个人签章；调取复印件的须备注出处，原件存放情况。
	7. 通话记录、短信记录	预谋、分工情况及作案时间、过程、结果分赃等情况。	犯罪嫌疑人和被害人通信使用的手机、手机卡及机主信息、通话记录、信息等材料，须加盖提供单位的公章；以拍照、截图形式提取的须当事人签字确认。	可结合涉案电子设备所提取的电子勘查情况作出分析
	8. 银行流水、微信支付、支付宝等资金往来情况	犯罪预备、工具准备等出资，消费情况以及赃物去向、销赃、分赃情况。	对相关资金流向进行分析统计，形成款项流转过程的侦查意见。	
	9. 信件、邮件、欠条、收条等凭证	通过媒介索要财物的相关书证材料。	结合笔迹鉴定。	

续表

证据类型	证据名称	证明内容	证明标准	特别注意事项
书证	10.合同、产权交易凭证等	实物交付、财产性利益交付的书证材料。	满足一般证据的证明标准。	
	11.退赃、退赔说明、收条、谅解书	退赃、赔偿情况;犯罪嫌疑人认罪、悔罪及刑事和解情况。	核实退赃、赔偿款支付情况及谅解书的真实性。	
犯罪嫌疑人的供述及辩解	1.自书材料	作案的动机、目的,犯罪的起意;实施敲诈勒索行为的时间、地点、人物、方法手段、金额或财物数量、价值;作案次数、犯罪经过、作案工具及赃物去向、销赃价格;共同犯罪预谋的过程、商定的分工、具体的分工、联络方式、分赃情况。	自书材料应证明来源、提取时间;须制作3份以上综合笔录,清晰明了阐述案发经过;确定犯罪数额;对讯问过程同步录音录像;注意讯问程序的合法性和笔录符合法定要求。	讯问未成年犯罪嫌疑人须有法定代理人(或合适成年人)在场;讯问女性未成年犯罪嫌疑人须有女性侦查人员在场参与讯问;注意核实犯罪嫌疑人与被害人之间是否相识、关系如何、是否存在债权债务等;是否以非法占有为目的、暴力行为、胁迫行为表现。
	2.讯问笔录			
被害人陈述	被害人的询问笔录	涉案金额或财物的数量、价值、特征、存放情况、来源等;被勒索的过程;发现、报案的过程;案发现场情况。	询问过程应符合法定程序。	未成年人同上;注意核实双方是否存在债权债务关系;犯罪嫌疑人如何实施威胁、索财行为是否具有当场性;被害人是否基于"恐惧心理"交付财物及如何交付财物、是否有反抗等。
证人证言	1.目击证人的询问笔录	作案过程、犯罪嫌疑人的体貌体征、抓获的经过、是否有抗拒抓捕的情况。	询问过程应符合法定程序。	未成年人同上;注意收集抗拒抓捕的相关证据,是否存在转化型抢劫的情形。
	2.收购、销售赃物人员的询问笔录			
	3.抓获人、报案人、现场发现人的询问笔录			
	4.被害人家属等其他知情人的询问笔录			

续表

证据类型	证据名称	证明内容	证明标准	特别注意事项
鉴定意见	1. 价格鉴定	鉴定涉案物品价格。	委托程序、鉴定程序合法；鉴定意见与委托要求相符。	检材的提取、送检应当符合法定程序，鉴定意见应在法定时限内作出；鉴定机构、人员资质必须符合法定条件；鉴定意见应有2名鉴定人签名、机构签章。无鉴定人签名的，应对鉴定人进行询问或进行说明；鉴定意见须及时告知。
	2. 痕迹鉴定	对所提取的指纹、脚印等进行鉴定，证实案发情况。		
	3. 法庭科学DNA鉴定	是否与犯罪嫌疑人有关联；涉案物品是否为被害人所有。		
	4. 伤情鉴定	涉案人受伤情况。		
	5. 笔迹鉴定	收条、欠条、合同等笔迹是否为被害人、犯罪嫌疑人书写。		
	6. 司法会计鉴定	案情重大、账目繁杂的案件应作司法会计鉴定。		
勘查、检查、辨认笔录等	1. 现场勘查笔录及照片	犯罪现场的情况；犯罪工具来源、丢弃现场；提取物证现场；分赃、销赃现场。	应当拍摄现场照片或录像、绘制现场图、制作现场勘查及提取物证笔录；制作搜查、检查笔录和扣押物品、文件清单；严格见证人制度，必要时进行同步录音录像。	
	2. 搜查、检查笔录、照片及扣押物品、文件清单	人身检查情况、涉案财物、作案工具情况。		
	3. 辨认笔录	犯罪嫌疑人、被害人、相关证人之间身份确认情况；辨认作案工具。		
	4. 指认笔录	指认现场、指认涉案物品。		

续表

证据类型	证据名称	证明内容	证明标准	特别注意事项
视听资料	音频、视频	证明案发过程及案发现场情况。	应注意监控收集的全面性,如踩点、作案来去路线、中途停留、逃跑藏身情况;附与案件关联性的说明。	提供录音录像单位、个人的盖章或签章;注意时间的核对与校正;组织犯罪嫌疑人及相关证人、被害人对视频、音频内容进行辨认。
电子数据	电子数据勘验、检查笔录及载体	手机、电脑、导航仪等电子设备数据存储、恢复情况;社交软件、金融平台、网络交易平台、邮箱等资料。	案发经过;赃物处理;资金流转;组织犯罪嫌疑人、被害人及相关证人对电子数据内容进行辨认。	可根据办案需要将部分重要电子数据如微信记录、网络金融平台转账等打印并经犯罪嫌疑人签字确认后附卷。

七、故意毁坏财物罪（刑法第 275 条）

故意毁坏财物罪，是指故意毁灭或者损坏公私财物，数额较大或者有其他严重情节的行为。

（一）犯罪构成要件

1. 客体要件：本罪侵犯的客体是公私财物的所有权。
2. 客观要件：本罪在客观方面表现为毁灭或者损坏公私财物数额较大或者有其他严重情节的行为。
3. 主体要件：本罪的主体是一般主体，凡年满 16 周岁且具备刑事责任能力的自然人均能构成本罪。
4. 主观要件：本罪在主观方面表现为故意。犯罪目的不是非法获取财物而是将财物毁坏。

（二）专门性法律法规文件

1. 最高人民法院《关于审理破坏公用电信设施刑事案件具体应用法律若干问题的解释》；
2. 最高人民法院《关于审理破坏广播电视设施等刑事案件具体应用法律若干问题的解释》；
3. 最高人民法院、最高人民检察院、公安部、司法部《关于办理黑恶势力犯罪案件若干问题的指导意见》；
4. 最高人民法院、最高人民检察院、公安部、司法部《关于办理恶势力刑事案件若干问题的意见》。

（三）证据清单

证据类型	证据名称	证明内容	证明标准	特别注意事项
物证	1. 被毁坏财物的原物或照片	被毁坏物品的情况和作案工具情况。	原物提取，不便提取的以照片形式附卷；物证的特征、数量、数额、重量与扣押清单一致。	手机、电子设备须当场封存，确保电子数据不被篡改。
	2. 手机等通信工具			
	3. 棍棒、刀具、砖头等作案工具或照片			
	4. 交通工具或照片			
书证	1. 受案材料、立案文书、破案经过	是否有管辖权；线索来源、发案经过、侦破经过。	相关文书应加盖公章，报案、控告等应形成笔录。	注意受案时间与立案时间的衔接。
	2. 户籍证明	犯罪嫌疑人身份信息、刑事责任年龄。	由户籍所在地公安机关出具并加盖公章。	未成年人刑事犯罪注意收集出生证明、户口本复印件等相关材料，必要时可以进行骨龄鉴定。
	3. 刑事犯罪、违法等前科材料	前科劣迹及是否有累犯情节。	刑事判决书、刑满释放证明、治安处罚决定书、戒毒通知书等均须调取。	
	4. 到案经过、公安机关证明材料、接受投案的证明材料、检举揭发材料、立案逮捕或判决等法律文书	犯罪嫌疑人到案的真实详细过程；犯罪嫌疑人是否具有自首和立功情节。	到案经过应包括到案时间、地点、经过及是否抗拒抓捕、是否自动投案，是否有协助抓获其他同案犯的行为；到案后是否如实供述犯罪事实；由2名以上参与抓捕或者接受投案的办案人员书写、签名，并加盖单位公章。	异地抓获的，应附异地公安机关出具的抓获经过、在逃人员登记表、临时羁押证明；检举揭发的，应当收集笔录或自述材料，被检举揭发人案件相关文书如立案决定书、逮捕决定书、起诉书、判决书等；协助抓捕的，详细说明协助方式及作用。
	5. 拘传、拘留、逮捕、取保候审等强制措施文书	采取强制措施的合法性、羁押期限时长，是否按规定送所。	依法告知、加盖公章、注意法定羁押期限。	注意拘留后24小时入所、呈捕时间、执行时间以及拘留、逮捕后讯问时间。
	6. 涉案物品发票、价格凭证、交易凭条等	被害人或被害单位对被毁坏财物拥有合法权利及物品价值、购买时间、物品信息。	证据来源合法性；附卷材料须与原件一致。	证据提供单位或个人签章；调取复印件的须备注出处，原件存放情况。

续表

证据类型	证据名称	证明内容	证明标准	特别注意事项
书证	7. 通话记录、短信记录	预谋、分工情况及作案时间、过程、结果等情况。	须加盖提供单位的公章；以拍照、截图形式提取的须当事人签字确认。	可结合涉案电子设备所提取的电子勘查情况作出分析。
	8. 银行流水、微信支付、支付宝等资金往来情况	犯罪预备、工具准备等出资、消费情况。	对相关资金流向进行分析统计，形成款项流转过程的侦查意见。	
	9. 退赃、退赔说明、收条、谅解书	退赃、赔偿情况；犯罪嫌疑人认罪、悔罪及刑事和解情况。	核实退赃、赔偿款支付情况及谅解书的真实性。	
犯罪嫌疑人的供述及辩解	1. 自书材料	作案的动机、目的，犯罪起意、共谋过程，对后果的认知、主动程度；实施毁灭、损坏行为的时间、地点、人物、方法手段等要素；作案次数、犯罪经过、作案工具及财物损毁程度；共同犯罪分工、配合等。	自书材料应证明来源、提取时间；须制作3份以上综合笔录，清晰阐述案发经过；确定涉案数额；对讯问过程同步录音录像；注意讯问程序的合法性和笔录符合法定要求。	讯问未成年犯罪嫌疑人须有法定代理人（或合适成年人）在场；讯问女性未成年犯罪嫌疑人须有女性侦查人员在场参与讯问；注意破坏公用电信设施的情形；行为人使用放火、决水、投放危险物质、爆炸等危险方法破坏财物的，应以危害公共安全有关犯罪论处；注意故意毁坏财物的构罪标准，如5000元以上、3次以上、3人以上。
	2. 讯问笔录			
被害人陈述	被害人的询问笔录	被毁坏物品的价值、特征、存放情况、来源等；被毁坏的过程；发现、报案的过程；案发现场情况。	询问过程应符合法定程序。	注意核实双方是否存在债权债务、过节或仇恨等关系。
证人证言	1. 目击证人的询问笔录	作案过程、犯罪嫌疑人的体貌体征、抓获的经过。	询问过程应符合法定程序。	
	2. 抓获人、报案人、现场发现人的询问笔录			
	3. 被害人家属等其他知情人的询问笔录			

续表

证据类型	证据名称	证明内容	证明标准	特别注意事项
鉴定意见	1. 价格鉴定	鉴定涉案物品价格或被损毁的物品的损失数额。	委托程序、鉴定程序合法；鉴定意见与委托要求相符。	检材的提取、送检应当符合法定程序，鉴定意见应在法定时限内作出；鉴定机构、人员资质必须符合法定条件；鉴定意见应有2名鉴定人签名、机构盖章。无鉴定人签名的，应对鉴定人进行询问或进行说明；鉴定意见须及时告知。
	2. 痕迹鉴定	对所提取的指纹、脚印等进行鉴定，证实案发情况。		
	3. 法庭科学DNA鉴定	是否与犯罪嫌疑人有关联；被毁坏物品是否为被害人所有。		
	4. 伤情鉴定	涉案人受伤情况。		
勘查、检查、辨认笔录等	1. 现场勘查笔录及照片	毁坏现场；犯罪工具来源、丢弃现场；提取物证现场。	应当拍摄现场照片或录像、绘制现场图、制作现场勘查及提取物证笔录；制作搜查、检查笔录和扣押物品、文件清单；严格见证人制度，必要时进行同步录音录像。	
	2. 搜查、检查笔录、照片及扣押物品、文件清单	人身检查情况、涉案财物、作案工具情况。		
	3. 辨认笔录	犯罪嫌疑人、被害人、相关证人之间身份确认情况；辨认作案工具。		
	4. 指认笔录	指认现场、指认涉案物品。		
视听资料	音频、视频	证明案发过程及案发现场情况。	应附证据来源、调取文书以及与案件关联性的说明。	提供录音录像单位、个人的盖章或签章；注意时间的核对与校正。
电子数据	电子数据勘验、检查笔录及载体	手机、电脑、导航仪等电子设备数据存储、恢复情况；社交软件、金融平台、网络交易平台、邮箱等资料。	案发经过；作案工具处理；资金流转。	可根据办案需要将部分重要电子数据打印并经犯罪嫌疑人签字确认后附卷。

第五章 妨害社会管理秩序罪

（刑法"分则"第六章）

一、妨害公务罪（刑法第 277 条）

妨害公务罪，是指以暴力、威胁方法阻碍国家机关工作人员、人大代表依法执行职务，或者在自然灾害中和突发事件中，使用暴力、威胁方法阻碍红十字会工作人员依法履行职责，或故意阻碍国家安全机关、公安机关依法执行国家安全工作任务，虽未使用暴力，但造成严重后果的行为。

（一）犯罪构成要件

1. 客体要件：本罪侵犯的是复杂客体，其中，国家的正常管理活动是其主要客体，国家机关工作人员、红十字会工作人员的人身权利是其随机客体。

2. 客观要件：本罪在客观方面表现为以下几种情形：以暴力或者威胁的方法阻碍国家机关工作人员依法执行职务的行为；以暴力、威胁方法阻碍各级人民代表大会代表执行代表职务；在自然灾害和突发事件中，以暴力、威胁方法阻碍红十字会工作人员依法履行职责；故意阻碍国家安全机关、公安机关依法执行国家安全工作任务，未使用暴力、威胁方法，但造成严重后果的；暴力袭击正在依法执行职务的人民警察的，使用枪支、管制刀具，或者以驾驶机动车撞击等手段，严重危及其人身安全的。

3. 主体要件：本罪的主体为一般主体，凡年满 16 周岁且具备刑事责任能力的自然人均能构成本罪。

4. 主观要件：本罪在主观方面表现为故意，即明知对方是正依法执行职务的国家机关工作人员、人大代表、红十字会工作人员,而故意对其实施暴力或者威胁,使其不能执行职务。

（二）专门性法律法规文件

1. 最高人民法院、最高人民检察院、公安部、国家工商行政管理局《关于依法查处盗窃、抢劫机动车案件的规定》；

2. 最高人民检察院《关于以暴力威胁方法阻碍事业编制人员依法执行行政执法职务是否可对侵害人以妨害公务罪论处的批复》；

3. 最高人民法院、最高人民检察院《关于办理妨害预防、控制突发传染病疫情等灾害的刑事案件具体应用法律若干问题的解释》；

4. 最高人民法院、最高人民检察院《关于办理非法生产、销售烟草专卖品等刑事案件具体应用法律若干问题的解释》；

5. 最高人民法院、最高人民检察院、公安部、国家烟草专卖局《关于办理假冒伪劣烟草制品等刑事案件适用法律问题座谈会纪要》；

6. 最高人民法院《关于审理破坏草原资源刑事案件应用法律若干问题的解释》；

7. 最高人民法院、最高人民检察院、公安部《关于依法严肃查处拒不执行判决裁定和暴力抗拒法院执行犯罪行为有关问题的通知》。

（三）证据清单

证据类型	证据名称	证明内容	证明标准	特别注意事项
物证	1. 刀具、枪支、棍棒等妨害公务的作案工具，执行公务的工具	涉案赃物、物品的情况和作案工具情况。	扣押手续合法，与扣押物品清单一致。	注意核查执行公务人员的摄像机、工作仪器、车辆等物品、工具的损坏情况。
	2. 手机等通信工具			
	3. 涉案赃物、被损坏的衣物鞋袜等			
	4. 交通工具或照片			

续表

证据类型	证据名称	证明内容	证明标准	特别注意事项
书证	1. 受案材料、立案文书、破案经过	是否有管辖权；线索来源、发案经过、侦破经过。	相关文书应加盖公章，报案、控告等应形成笔录。	注意受案时间与立案时间的衔接。
	2. 户籍证明	犯罪嫌疑人身份信息、刑事责任年龄。	由户籍所在地公安机关出具并加盖公章。	未成年人刑事犯罪注意收集出生证明、户口本复印件等相关材料，必要时可以进行骨龄鉴定。
	3. 刑事犯罪、违法等前科材料	前科劣迹及是否有累犯情节。	刑事判决书、刑满释放证明、治安处罚决定书、戒毒通知书等均须调取。	注意监外执行或缓刑期间犯罪的相关文书的收集。
	4. 到案经过、公安机关证明材料、接受投案的证明材料、检举揭发材料、立案逮捕或判决等法律文书	犯罪嫌疑人到案的真实详细过程；犯罪嫌疑人是否具有自首和立功情节。	到案经过应包括到案时间、地点、经过及是否抗拒抓捕、是否系自动投案，是否有协助抓获其他同案犯的行为；到案后是否如实供述犯罪事实；由2名以上参与抓捕或者接受投案的办案人员书写、签名，并加盖单位公章。	异地抓获的，应附异地公安机关出具的抓获经过、在逃人员登记表、临时羁押证明；检举揭发的，应当收集笔录或自述材料，被检举揭发人案件相关文书如立案决定书、逮捕决定书、起诉书、判决书等；协助抓捕的，详细说明协助方式及作用。
	5. 拘传、拘留、逮捕、取保候审等强制措施文书	采取强制措施的合法性、羁押期限时长，是否按规定送所。	依法告知、加盖公章、注意法定羁押期限。	注意拘留后24小时入所、呈捕时间、执行时间以及拘留、逮捕后讯问时间。
	6. 通话记录、短信记录	妨害公务预谋、分工情况及作案时间、过程、结果等情况；犯罪嫌疑人为执法对象时其所实施上游违法、犯罪等案件起因、经过、结果。	犯罪嫌疑人和被害人通信使用的手机、手机卡及机主信息、通话记录、信息等材料，须加盖提供单位的公章；以拍照、截图形式提取的须当事人签字确认。	可结合涉案电子设备所提取的电子勘查情况作出分析；注意犯罪嫌疑人与执行公务主体的关系，是否存在私人恩怨、过往纠纷等情况。
	7. 病历、诊断书、抢救记录、住院治疗记录	因案件造成的伤亡情况，被害人身体、精神损害的情况。	满足一般证据的证明标准。	注意造成重伤、死亡的罪名转化的情况。
	8. 银行流水、微信支付、支付宝等资金往来情况	犯罪预备、工具准备等出资、消费情况。	对相关资金流向进行分析统计，形成款项流转过程的侦查意见。	

续表

证据类型	证据名称	证明内容	证明标准	特别注意事项
书证	9. 执行职务人员证件、资质、资格和执行职务的相关文件、规定等	犯罪嫌疑人所妨害、对抗的公务行为的性质、执行主体和程序，能否认定为公务。	原件调取，调取复印件须与原件核对一致，来源合法、手续完备。	注意执行公务人员是否有越权行为或不规范行为。
	10. 犯罪嫌疑人前行为的立案文书、查处、扣押和处罚决定书等相关材料	存在暴力对抗执法情况下，执行公务的对象、依据和程序的合法性。	原件调取，调取复印件须与原件核对一致，来源合法、手续完备。	注意前行为是否为犯罪行为，与妨害公务行为是否存在牵连或吸收关系。
	11. 赔偿说明、收条、谅解书	赔偿情况；犯罪嫌疑人认罪、悔罪及刑事和解情况。	核实赔偿款支付情况及谅解书的真实性。	
犯罪嫌疑人的供述及辩解	1. 自书材料	犯罪嫌疑人与执行公务人员的关系、过往纠纷；对公务行为的认识、态度；既往是否有被处罚、扣押、强拆等经历；妨害公务的动机、目的；是否存在当场被执法的情况以及所实施违法、犯罪等前行为发生的经过；妨害公务的预谋、分工、作案经过和结果；作案工具来源及去向；共犯联络方式、雇工劳务报酬情况。	自书材料应证明来源、提取时间；须制作3份以上综合笔录，清晰明了阐述案发经过、确定犯罪数额；对讯问过程同步录音录像；注意讯问程序的合法性和笔录符合法定要求。	讯问未成年犯罪嫌疑人须有法定代理人（或合适成年人）在场；讯问女性未成年犯罪嫌疑人须有女性侦查人员在场参与讯问；注意核实犯罪嫌疑人与被害人之间是否相识、关系如何，是否存在债权债务或私人恩怨等。
	2. 讯问笔录			
被害人陈述	被害人的询问笔录	案发经过、被阻碍执法的方式、造成的后果、案发后是否接受赔礼道歉、赔偿。	询问过程应符合法定程序。	未成年人同上；注意核实双方是否存在债权债务和私人恩怨等。
证人证言	1. 目击证人的询问笔录	双方当事人之间的关系；妨害公务的起因、经过及后果；存在妨害执法情况下，前违法、犯罪行为的过程。	询问过程应符合法定程序。	未成年人同上。
	2. 执行公务人员的询问笔录			
	3. 亲属、报案人等知情人的询问笔录			

续表

证据类型	证据名称	证明内容	证明标准	特别注意事项
鉴定意见	1. 价格鉴定	鉴定涉案物品价格或损失。	委托程序、鉴定程序合法；鉴定意见与委托要求相符。	检材的提取、送检应当符合法定程序，鉴定意见应在法定时限内作出；鉴定机构、人员资质必须符合法定条件；鉴定意见应有2名鉴定人签名、机构签章。无鉴定人签名的，应对鉴定人进行询问或进行说明；鉴定意见须及时告知。
	2. 痕迹鉴定	对所提取的指纹、脚印、痕迹等进行鉴定，证实案发情况。		
	3. 法庭科学DNA鉴定	1. 犯罪嫌疑人、被害人是否遗留血迹等生物物证在涉案物品上或犯罪现场；2. 犯罪嫌疑人衣物、身体、车辆是否遗留有被害人的生物物证；3. 被害人的血迹是否遗留在犯罪嫌疑人身上或所持物品处。		
	4. 伤情或死因鉴定	涉案人受伤情况或死亡原因。		
	5. 笔迹鉴定	文件材料、文书签名笔迹鉴定。		
勘查、检查、辨认笔录等	1. 现场勘查笔录及照片	案发现场的情况；犯罪工具来源、丢弃现场；提取物证现场。	应当拍摄现场照片或录像、绘制现场图、制作现场勘查及提取物证笔录；制作搜查、检查笔录和扣押物品、文件清单；严格见证人制度，必要时进行同步录音录像。	
	2. 搜查、检查笔录、照片及扣押物品、文件清单	人身检查情况、涉案财物情况。		
	3. 辨认笔录	犯罪嫌疑人、被害人、相关证人之间身份确认情况；辨认作案工具。		
	4. 指认笔录	指认现场、指认涉案物品。		
视听资料	音频、视频	证明案发过程及案发现场情况。	应附证据来源、调取文书以及与案件关联性的说明。	提供录音录像单位、个人的盖章或签章；注意时间的核对与校正。
电子数据	电子数据勘验、检查笔录及载体	手机、电脑、导航仪等电子设备数据存储、恢复情况；社交软件、金融平台、网络交易平台、邮箱等资料。	案发经过；经济纠纷账目往来情况；资金流转情况。	可根据办案需要将部分重要电子数据如微信记录、网络金融平台转账等打印后经犯罪嫌疑人签字确认后附卷。

二、聚众斗殴罪（刑法第292条第1款）

聚众斗殴罪，是指为了报复他人、争霸一方或者其他不正当目的，纠集众人成帮结伙地互相进行殴斗，破坏公共秩序的行为。

（一）犯罪构成要件

1. 客体要件：本罪侵犯的客体是公共秩序。所谓公共秩序，不应简单地理解为公共场所的秩序，而是指在社会公共生活中应当遵守的各项共同生活的规则、秩序。

2. 客观要件：本罪的客观方面表现为纠集众人结伙殴斗的行为。

3. 主体要件：本罪的主体是一般主体，凡年满16周岁且具备刑事责任能力的自然人均能构成本罪。但并非所有参加聚众斗殴者均构成本罪。只有聚众斗殴的首要分子和其他积极参加者，才能构成本罪主体。

4. 主观要件：本罪的主观方面是故意犯罪。犯罪的动机，一般不是完全为了某种个人的利害冲突，也不是单纯为了取得某种物质利益，而是公然藐视国家的法纪和社会公德，企图通过实施聚众斗殴活动来寻求刺激或者追求某种卑鄙欲念的满足。

（二）专门性法律法规文件

1. 最高人民法院《全国法院维护农村稳定刑事审判工作座谈会纪要》；
2. 最高人民法院、最高人民检察院、公安部、司法部《关于办理黑恶势力犯罪案件若干问题的指导意见》；
3. 最高人民法院、最高人民检察院、公安部、司法部《关于办理恶势力刑事案件若干问题的意见》。

（三）证据清单

证据类型	证据名称	证明内容	证明标准	特别注意事项
物证	1. 刀具、枪支、棍棒等作案工具原物或照片 2. 手机等通信工具 3. 记录本等物品	作案工具和现场物品情况。	提取程序合法，实物的特征、数量与扣押清单一致，制作同步录音录像。	注意工具的来源，是现场临时拿的还是提前准备的；枪支必须进行枪支性能鉴定及相关痕迹检验。

续表

证据类型	证据名称	证明内容	证明标准	特别注意事项
书证	1. 受案材料、立案文书、破案经过	是否有管辖权；线索来源、发案经过、侦破经过。	相关文书应加盖公章，报案、控告等应形成笔录；对于犯罪嫌疑人、被告人犯有数罪的命案，侦查机关应当写明各罪线索的来源及并案侦查的情况。	受案时间与立案时间的衔接；网上报案、控告、举报的，应对网页截图打印附卷，并注明来源；报案、控告、举报可能招致打击报复的，应及时采取保护、保密措施。
	2. 户籍证明	犯罪嫌疑人和被害人的身份信息、刑事责任年龄。	由户籍所在地公安机关出具并加盖公章。	未成年人刑事犯罪注意收集出生证明、户口本复印件等相关材料，必要时可以进行骨龄鉴定。
	3. 刑事犯罪、违法等前科材料	前科劣迹及是否有累犯情节。	刑事判决书、刑满释放证明、治安处罚决定书、戒毒通知书等均须调取。	
	4. 到案经过、公安机关证明材料、接受投案的证明材料、检举揭发材料、立案逮捕或判决等法律文书	犯罪嫌疑人到案的真实详细过程；犯罪嫌疑人是否具有自首和立功情节。	到案经过应包括到案时间、地点、经过及是否抗拒抓捕、是否自动投案，是否有协助抓获其他同案犯的行为；到案后是否如实供述犯罪事实；由2名以上参与抓捕或者接受投案的办案人员书写、签名，并加盖单位公章。	异地抓获的，应附异地公安机关出具的抓获经过、在逃人员登记表、临时羁押证明；检举揭发的，应当收集笔录或自述材料，被检举揭发人案件相关文书如立案决定书、逮捕决定书、起诉书、判决书等；协助抓捕的，详细说明协助方式及作用。
	5. 拘传、拘留、逮捕、取保候审等强制措施文书	采取强制措施的合法性、羁押期限时长，是否按规定送所。	依法告知、加盖公章、注意法定羁押期限。	注意拘留后24小时入所、呈捕时间、执行时间以及拘留、逮捕后讯问时间。
	6. 通话记录、短信记录	犯罪动机、目标选择，共同犯罪预谋、分工情况及踩点、作案时间、过程、结果等情况。	犯罪嫌疑人和被害人通信使用的手机、手机卡及机主信息、通话记录、信息等材料，须加盖提供单位的公章；以拍照、截图形式提取的须当事人签字确认。	可结合涉案电子设备所提取的电子勘查情况作出分析。
	7. 银行流水、微信支付、支付宝等资金往来情况和凭证	当事人之间是否存在经济来往或纠纷。	对相关资金流向进行分析统计，形成款项流转过程的侦查意见。	从单位调取的应加盖公章，附调取手续，截图提取的应让当事人签字确认。

续表

证据类型	证据名称	证明内容	证明标准	特别注意事项
书证	8. 病历、诊断书、抢救记录、住院治疗记录	给被害人身体、精神造成损害的情况。	满足一般证据的证明标准。	注意被害人是否存在其他相关疾病的诊断以及是否因疾病引发死亡；聚众斗殴致人重伤、死亡的案件，须按照故意伤害、故意杀人案件收集相关责任人涉嫌犯罪的证据。
	9. 住宿登记资料、车船机票	犯罪嫌疑人的活动轨迹和逃跑藏匿情况。	尽可能提取原物，若原物不能提取的须注明来源，与原件是否一致，票证遗失可以使用网络电子凭证。	
	10. 赔偿情况、收条、谅解书	赔偿情况；犯罪嫌疑人认罪、悔罪及刑事和解情况。	核实赔偿款支付情况及谅解书的真实性。	
犯罪嫌疑人的供述及辩解	1. 自书材料	犯罪的起因、犯意的提起；约斗的经过；持械聚众斗殴的关于械具的商量、准备和去向；商量作案方式、地点的情况；实施斗殴行为的时间、地点、人物、方法、手段；犯罪经过和结果；共同犯罪预谋的过程、商定的分工、具体的分工、联络方式；作案后的思想和逃跑或投案情况。	自书材料应证明来源、提取时间；须制作3份以上综合笔录，清晰明了阐述案发经过；确定抢劫数额；对讯问过程同步录音录像；注意讯问程序的合法性和笔录符合法定要求。	犯罪嫌疑人对被害目标或斗殴对方的选择，是否存在选择特定对象实施伤害的情况以区别故意伤害罪；注意区分首要分子、积极参与者、持械者；讯问未成年犯罪嫌疑人须有法定代理人（或合适成年人）在场；讯问女性未成年犯罪嫌疑人要求有女性侦查人员在场参与讯问；注意是否存在正当防卫、防卫挑拨、防卫过当或被害人过错的情况；每次讯问应同步录音录像。
	2. 讯问笔录			
被害人陈述	被害人的询问笔录	与犯罪嫌疑人之间的关系，是否有过节或经济纠纷；案发的时间、地点、起因、犯罪嫌疑人的体貌特征、案发过程、被害人反抗情况、各共同犯罪行为人在实施犯罪中的具体行为以及犯罪嫌疑人和被害人的受伤情况等内容。	询问过程应符合法定程序。	未成年人同上；注意收集被害人性别、年龄、身体等状况特征的相关证据；注意对首要分子、积极参与者、持械者等地位、作用、具体行为的描述和指认。

续表

证据类型	证据名称	证明内容	证明标准	特别注意事项
证人证言	1. 目击证人的询问笔录 2. 犯罪嫌疑人、被害人亲属的询问笔录 3. 抓获人、报案人、现场发现人的询问笔录 4. 其他知情人的询问笔录	案件的起因,作案过程和后果、犯罪嫌疑人的体貌体征、抓获的经过。	询问过程应符合法定程序。	未成年人同上;注意对首要分子、积极参加者、持械者等地位、作用、具体行为的描述和指认。
鉴定意见	1. 痕迹鉴定	提取的指纹、足迹、鞋印等痕迹进行鉴定。	满足一般证据的证明标准。	检材的提取、送检应当符合法定程序,鉴定意见应在法定时限内作出;鉴定机构、人员资质必须符合法定条件;鉴定意见应有2名鉴定人签名、机构签章。无鉴定人签名的,应对鉴定人进行询问或进行说明;鉴定意见须及时告知;注意是否有导致他人轻伤、精神失常等严重后果。对怀孕的女性犯罪嫌疑人、被告人,应当委托县级以上医院进行检查后作出妊娠情况证明。
	2. 死因鉴定	鉴定被害人死亡的原因、是否存在影响死亡的其他因素或疾病介入。	多因一果情况下注意分析各因素对死亡的参与度和致使作用程度。	
	3. 伤情鉴定	被害人、犯罪嫌疑人等涉案人受伤情况、程度或残疾等级。	注意核实伤情形成时间与原因、行为与结果之间的因果关系,排除意外因素介入。	
	4. 法庭科学 DNA 鉴定	1. 犯罪嫌疑人、被害人是否遗留血迹等生物物证在涉案物品上或犯罪现场; 2. 对死亡被害人与其亲属作亲子鉴定,以明确被害人身份; 3. 犯罪嫌疑人衣物、身体、车辆是否遗留有被害人的生物物证; 4. 被害人的血迹是否遗留在犯罪嫌疑人身上或所持物品处。	女性被害人注意是否存在怀孕、被性侵的情况。	
	5. 司法精神鉴定	犯罪嫌疑人的刑事责任能力或被害人的精神状态。	满足一般证据的证明标准。	

续表

证据类型	证据名称	证明内容	证明标准	特别注意事项
勘查、检查、辨认笔录、侦查实验等	1.现场勘查笔录及照片	案发现场、抛尸现场情况；犯罪工具来源、丢弃现场；提取物证现场。	应当拍摄现场照片或录像、绘制现场图、制作现场勘查及提取物证笔录；制作搜查、检查笔录和扣押物品、文件清单；严格见证人制度，必要时进行同步录音录像。	注意组织犯罪嫌疑人对被害人的辨认。
	2.搜查、检查笔录、照片及扣押物品、文件清单	人身检查情况、涉案物品、作案工具情况。		
	3.辨认笔录	犯罪嫌疑人、被害人、相关证人之间身份确认情况；辨认作案工具。		
	4.指认笔录	指认现场、指认涉案物品。		
	5.侦查实验	还原案发过程。	满足一般证据的证明标准。	
视听资料	音频、视频	证明案发过程及案发现场情况。	应注意监控收集的全面性，如踩点、作案来去路线、中途停留、逃跑藏身情况；附与案件关联性的说明。	提供录音录像单位、个人的盖章或签章；注意时间的核对与校正；组织犯罪嫌疑人及相关证人、被害人对视频、音频内容进行辨认。
电子数据	电子数据勘验、检查笔录及载体	手机、电脑、导航仪等电子设备数据存储、恢复情况；社交软件、金融平台、网络交易平台、邮箱等资料。	案发经过；资金流转；组织犯罪嫌疑人、被害人及相关证人对电子数据内容进行辨认。	可根据办案需要将部分重要电子数据打印并经犯罪嫌疑人签字确认后附卷；核实买凶打人的费用支付。

三、寻衅滋事罪（刑法第293条）

寻衅滋事罪，是指肆意挑衅，随意殴打、骚扰他人或任意损毁、占用公私财物，或者在公共场所起哄闹事，严重破坏社会秩序的行为。

（一）犯罪构成要件

1. 客体要件：本罪侵犯的客体是公共秩序。所谓公共秩序包括公共场所秩序和生活中人们应当遵守的共同准则。

2. 客观要件：本罪在客观方面表现为无事生非、起哄捣乱、无理取闹、殴打伤害无辜、肆意挑衅、横行霸道、破坏公共秩序的行为。

3. 主体要件：本罪的主体为一般主体，凡年满16周岁且具备刑事责任能力的自然人均能构成本罪。

4. 主观要件：本罪在主观上只能由故意构成。即公然藐视国家法纪和社会公德。其动机是通过寻衅滋事活动，追求精神刺激，填补精神上的空虚。

（二）专门性法律法规文件

1. 最高人民法院、最高人民检察院《关于办理寻衅滋事刑事案件适用法律若干问题的解释》；

2. 最高人民法院、最高人民检察院《关于办理妨害预防、控制突发传染病疫情等灾害的刑事案件具体应用法律若干问题的解释》；

3. 最高人民法院《关于审理未成年人刑事案件具体应用法律若干问题的解释》；

4. 最高人民法院、最高人民检察院《关于办理利用信息网络实施诽谤等刑事案件适用法律若干问题的解释》；

5. 最高人民法院、最高人民检察院、公安部、司法部、国家卫生和计划生育委员会《关于依法惩处涉医违法犯罪维护正常医疗秩序的意见》；

6. 最高人民法院、最高人民检察院、公安部、司法部《关于办理恐怖活动和极端主义犯罪案件适用法律若干问题的意见》；

7. 最高人民法院、最高人民检察院、公安部、司法部《关于办理黑恶势力犯罪案件若干问题的指导意见》；

8. 最高人民法院、最高人民检察院、公安部《关于依法惩治妨害公共交通工具安全驾驶违法犯罪行为的指导意见》；

9. 最高人民法院、最高人民检察院、公安部、司法部《关于办理恶势力刑事案件若干问题的意见》；

10. 最高人民法院、最高人民检察院、公安部、司法部《关于办理"套路贷"刑事案件若干问题的意见》；

11. 最高人民法院、最高人民检察院、公安部、司法部《关于办理实施"软暴力"的刑事案件若干问题的意见》。

（三）证据清单

证据类型	证据名称	证明内容	证明标准	特别注意事项
物证	1. 刀具、棍棒等作案工具原物或照片	作案工具、涉案金额和现场物品情况。	作案工具收集程序、方式要符合法律规定，笔录、清单要经侦查人员、物品持有人、见证人签名，无物品持有人签名的，要注明原因；作案工具的名称、特征、数量、质量应当与实物一致，制作同步录音录像。	
	2. 手机等通信工具			
	3. 现场遗留的衣物鞋袜等物品			
书证	1. 受案材料、立案文书、破案经过	是否有管辖权；线索来源、发案经过、侦破经过。	相关文书应加盖公章，报案、控告等应形成笔录；对于犯罪嫌疑人、被告人犯有数罪的命案，侦查机关应当写明各罪线索的来源及并案侦查的情况。	受案时间与立案时间的衔接；网上报案、控告、举报的，应对网页截图打印附卷，并注明来源；报案、控告、举报可能招致打击报复的，应及时采取保护、保密措施。
	2. 户籍证明	犯罪嫌疑人和被害人的身份信息、刑事责任年龄。	由户籍所在地公安机关出具并加盖公章。	未成年人刑事犯罪注意收集出生证明、户口本复印件等相关材料，必要时可以进行骨龄鉴定；被害人是否为精神病人、残疾人、流浪乞讨人员、老年人、孕妇、未成年人等。
	3. 刑事犯罪、违法等前科材料	前科劣迹及是否有累犯情节。	刑事判决书、刑满释放证明、治安处罚决定书、戒毒通知书等均须调取。	
	4. 到案经过、公安机关证明材料、接受投案的证明材料、检举揭发材料、立案逮捕或判决等法律文书	犯罪嫌疑人到案的真实详细过程；犯罪嫌疑人是否具有自首和立功情节。	到案经过应包括到案时间、地点、经过及是否抗拒抓捕、是否自动投案，是否有协助抓获其他同案犯的行为；到案后是否如实供述犯罪事实；由2名以上参与抓捕或者接受投案的办案人员书写、签名，并加盖单位公章。	异地抓获的，应附异地公安机关出具的抓获经过、在逃人员登记表、临时羁押证明；检举揭发的，应当收集笔录或自述材料，被检举揭发的案件相关文书如立案决定书、逮捕决定书、起诉书、判决书等；协助抓捕的，详细说明协助方式及作用。

续表

证据类型	证据名称	证明内容	证明标准	特别注意事项
书证	5. 拘传、拘留、逮捕、取保候审等强制措施文书	采取强制措施的合法性、羁押期限时长,是否按规定送所。	依法告知、加盖公章、注意法定羁押期限。	注意拘留后24小时入所、呈捕时间、执行时间以及拘留、逮捕后讯问时间。
	6. 通话记录、短信记录	犯罪动机、目标选择,共同犯罪预谋、分工情况及踩点、作案时间、过程、结果等情况。	犯罪嫌疑人和被害人通信使用的手机、手机卡及机主信息,通话记录、信息等材料,须加盖提供单位的公章;以拍照、截图形式提取的须当事人签字确认。	可结合涉案电子设备所提取的电子勘查情况作出分析。
	7. 高利贷记账本、借条、合同等,银行流水、微信支付、支付宝等资金往来情况和凭证	当事人之间是否存在经济来往或纠纷,是否存在高利贷往来。	对相关资金流向进行分析统计,形成款项流转过程的侦查意见,注意计算高息支付情况。	从单位调取的应加盖公章,附调取手续,截图提取的应让当事人签字确认。
	8. 病历、诊断书、抢救记录、住院治疗记录	给被害人身体、精神造成损害的情况。	满足一般证据的证明标准。	
	9. 住宿登记资料、车船机票	犯罪嫌疑人的活动轨迹和逃跑藏匿情况。	尽可能原物提取,若原物不能提取的须注明来源,与原件是否一致,票证遗失可以使用网络电子凭证。	
	10. 赔偿情况、收条、谅解书	赔偿情况;犯罪嫌疑人认罪、悔罪及刑事和解情况。	核实赔偿款支付情况及谅解书的真实性。	
	11. 物品发票、权属证明等或场所性质等书面文件	被损毁物品的价格、权属,或实施犯罪地点场所的性质。	满足一般证据的证明标准。	
犯罪嫌疑人的供述及辩解	1. 自书材料	犯罪的起因、犯意的提起;商量作案方式、地点的情况;实施追逐、拦截、辱骂、恐吓、骚扰、强拿硬要、损毁财物、不法催债行为的时间、地点、人物、方法手段;犯罪经过和结果;共同犯罪预谋的过程、商定的分工、具体的分工、联络方式;作案后的思想和逃跑或投案情况。	自书材料应证明来源、提取时间;须制作3份以上综合笔录,清晰明了阐述案发经过;确定涉案数额或高利贷借款、还款、利息;对讯问过程同步录音录像;注意讯问程序的合法性和笔录符合法定要求。	犯罪嫌疑人对被害目标或财物的选择,是否存在选择特定对象实施伤害的情况以区别故意伤害罪;讯问未成年犯罪嫌疑人须有法定代理人（或合适成年人）在场;讯问女性未成年犯罪嫌疑人要求有女性侦查人员在场参与讯问;注意讯问应同步录音录像。
	2. 讯问笔录			

续表

证据类型	证据名称	证明内容	证明标准	特别注意事项
被害人陈述	被害人的询问笔录	与犯罪嫌疑人之间的关系，是否有过节或经济纠纷；案发的时间、地点、起因、犯罪嫌疑人的体貌特征、案发过程、被害人反抗情况；各共同犯罪行为人在实施犯罪中的具体行为以及犯罪嫌疑人和被害人的受伤情况等内容；财物损毁的情况；强拿硬要的方式和物品的价值；借高利贷的数额、利息和还款情况；辱骂、恐吓、骚扰、非法侵入住宅的内容和方式；利用网络实施诋毁、侮辱、恐吓的内容和方式。	询问过程应符合法定程序。	未成年人同上；注意收集被害人性别、年龄、身体等状况特征的相关证据；注意利用网络实施寻衅滋事犯罪的证据收集。
证人证言	1. 目击证人的询问笔录	案件的起因，作案过程和后果、犯罪嫌疑人的体貌体征、抓获的经过。	询问过程应符合法定程序。	未成年人同上；注意对首要分子、积极参加者、持械者等地位、作用、具体行为的描述和指认。
	2. 犯罪嫌疑人、被害人亲属的询问笔录			
	3. 抓获人、报案人、现场发现人的询问笔录			
	4. 其他知情人的询问笔录			
鉴定意见	1. 痕迹鉴定	提取的指纹、足迹、鞋印等痕迹进行鉴定。	满足一般证据的证明标准。	检材的提取、送检应当符合法定程序，鉴定意见应在法定时限内作出；鉴定机构、人员资质必须符合法定条件；鉴定意见应有2名鉴定人签
	2. 价格认定	被强拿硬要、损坏、占有的财物价值。	满足一般证据的证明标准。	

续表

证据类型	证据名称	证明内容	证明标准	特别注意事项
鉴定意见	3.伤情鉴定	被害人、犯罪嫌疑人等涉案人受伤情况、程度或残疾等级。	注意核实伤情形成时间与原因、行为与结果之间的因果关系，排除意外因素介入。	名、机构签章。无鉴定人签名的，应对鉴定人进行询问或进行说明；鉴定意见须及时告知；注意是否有导致他人轻伤、精神失常等严重后果。
	4.法庭科学DNA鉴定	1.犯罪嫌疑人、被害人是否遗留血迹等生物物证在涉案物品上或犯罪现场；2.犯罪嫌疑人衣物、身体、车辆是否遗留有被害人的生物物证；3.被害人的血迹是否遗留在犯罪嫌疑人身上或所持物品处。		
	5.司法精神鉴定	犯罪嫌疑人的刑事责任能力或被害人的精神状态。	满足一般证据的证明标准。	
	6.司法会计鉴定	涉及高利贷的资金流转情况。	注意区别本金和利息。	
勘查、检查、辨认笔录、侦查实验等	1.现场勘查笔录及照片	案发现场情况；犯罪工具来源、丢弃现场；提取物证现场。	应当拍摄现场照片或录像、绘制现场图；制作现场勘查及提取物证笔录；制作搜查、检查笔录和扣押物品、文件清单；严格见证人制度，必要时进行同步录音录像。	注意公共场所、生产经营场所的认定；注意组织犯罪嫌疑人对被害人的辨认。
	2.搜查、检查笔录、照片及扣押物品、文件清单	人身检查情况、涉案物品、作案工具情况。		
	3.辨认笔录	犯罪嫌疑人、被害人、相关证人之间身份确认情况；辨认作案工具。		
	4.指认笔录	指认现场、指认涉案物品、指认账本。		
	5.侦查实验	还原案发过程。		

续表

证据类型	证据名称	证明内容	证明标准	特别注意事项
视听资料	音频、视频	证明案发过程及案发现场情况。	应注意监控收集的全面性,如踩点、作案来去路线、中途停留、逃跑藏身情况;附与案件关联性的说明。	提供录音录像单位、个人的盖章或签章;注意时间的核对与校正。
电子数据	电子数据勘验、检查笔录及载体	手机、电脑、导航仪等电子设备数据存储、恢复情况;社交软件、金融平台、网络交易平台、邮箱等资料。	案发经过;资金流转。	注意完整网络平台、社交软件上发布或转载的攻击、侮辱、恐吓内容的图片、文字、视频等,点击、阅读、点赞、评论、转载的次数和内容;可根据办案需要将部分重要电子数据打印并经犯罪嫌疑人签字确认后附卷;强迫交易的费用支付情况。

四、开设赌场罪（刑法第303条第2款）

开设赌场罪,是指客观上具有聚众赌博、在网络或在境内外开设赌场的行为。

（一）犯罪构成要件

1. 客体要件：本罪侵犯的客体是正常的社会管理秩序。
2. 客观要件：本罪在客观方面表现为聚众赌博和开设、经营赌场的行为。
3. 主体要件：本罪主体为一般主体,凡年满16周岁且具备刑事责任能力的自然人均能构成本罪。
4. 主观要件：本罪在主观方面表现为故意,并且以营利为目的。即行为人聚众赌博、开设赌场。

（二）专门性法律法规文件

1. 最高人民法院、最高人民检察院《关于办理赌博刑事案件具体应用法律若干问题的解释》；
2. 最高人民法院、最高人民检察院、公安部《关于办理网络赌博犯罪案件适用法律若干问题的意见》；

3. 最高人民法院、最高人民检察院、公安部《关于办理利用赌博机开设赌场案件适用法律若干问题的意见》；
4. 最高人民法院、最高人民检察院、公安部《关于开展集中打击赌博违法犯罪活动专项行动有关工作的通知》。

（三）证据清单

证据类型	证据名称	证明内容	证明标准	特别注意事项
物证	1. 涉案钱款、赌桌赌具、POS机等结算工具原物或照片	开设赌场的工具、赌博人员情况及招揽赌客方式。	注意与扣押物品清单一致；原件扣押，如不能随案移送，拍照经犯罪嫌疑人、被告人确认，对证件内容进行翻译。	有组织人员到境外赌博的注意收集出入境及境外人员身份证明、护照等证据。
	2. 护照、身份证、边境通行证			
	3. 手机、车辆等交通、通信工具原物或照片			
	4. 电脑、游戏机、记账本等			
书证	1. 受案材料、立案文书、破案经过	是否有管辖权；线索来源、发案经过、侦破经过。	相关文书应加盖公章，报案、控告等应形成笔录。	注意受案时间与立案时间的衔接。
	2. 户籍证明、护照、身份证、边境通行证	犯罪嫌疑人身份信息、刑事责任年龄、国籍。	由户籍所在地公安机关出具加盖公章；外国人需要通过使领馆核实身份。	调取原始户籍；外籍未成年人刑事责任年龄认定以其有效出入境证件为准。
	3. 赌博人员身份证、户籍证明、护照、出入境记录等	赌博人员的身份信息及出入境记录。	由户籍所在地公安机关出具加盖公章；外国人需要通过使领馆核实身份。	注意赌博是否有公职人员和外国人。
	4. 刑事犯罪、违法等前科材料	前科劣迹及是否有累犯情节。	刑事判决书、刑满释放证明、曾因赌博或开设赌场相关行为、吸毒被行政处罚的决定书等均须调取。	备注证据来源，附调取文书及调取人员签名；外国人要注意收集证明照片、指纹、自述材料等证明同一人的材料。

续表

证据类型	证据名称	证明内容	证明标准	特别注意事项
书证	5. 到案经过、公安机关证明材料、接受投案的证明材料、检举揭发材料、立案逮捕或判决等法律文书	犯罪嫌疑人到案的真实详细过程；犯罪嫌疑人是否具有自首和立功情节。	到案经过应包括到案时间、地点、经过及是否抗拒抓捕、是否自动投案，是否有协助抓获其他同案犯的行为；到案后是否如实供述犯罪事实；由2名以上参与抓捕或者接受投案的办案人员书写、签名，并加盖单位公章。	异地抓获的，应附异地公安机关出具的抓获经过、在逃人员登记表、临时羁押证明；检举揭发的，应当收集笔录或自述材料，被检举揭发人案件相关文书如立案决定书、逮捕决定书、起诉书、判决书等；协助抓捕的，详细说明协助方式及作用；多人以上结伙作案的情形，要注意表述清楚一起被抓获的涉案人员；被抓获人员自称姓名、身份、来源、对同伴的称呼。
	6. 拘传、拘留、逮捕、取保候审等强制措施文书	采取强制措施的合法性、羁押期限时长，是否按规定送所。	依法告知、加盖公章、注意法定羁押期限。	注意拘留后24小时入所、呈捕时间、执行时间以及拘留、逮捕后讯问时间。
	7. 房屋产权证明、租房合同、酒店或宾馆的营业执照、承包合同	赌博场所的所有者、使用者、经营者。	原件提取或到主管行政部门调取。	房屋所有人、酒店或宾馆经营者对赌博行为是否明知，是否构成共犯。
	8. 赌桌、赌具购物发票、清单	赌具的来源。	原件调取，网购的可以调取网购记录，注意手续齐全。	
	9. 车辆登记信息、行驶证、租车合同	接送赌博人员交通工具的情况。	原件提取或到主管行政部门调取。	
	10. 记账本、收据、劳务合同、工资表等	赌博的数额、过程及工作人员的分工、赌场抽头和分赃。	原件提取。	让犯罪嫌疑人、工作人员和赌博人员指认、解释、签字确认与赌博相关的内容。
	11. 通话记录、短信记录	预谋、分工情况及招揽赌客方式；赌博时间、过程、结果、收费、分赃等情况。	须加盖提供单位的公章；以拍照、截图形式提取的须当事人签字确认。	可结合涉案电子设备所提取的电子勘查情况作出分析。

续表

证据类型	证据名称	证明内容	证明标准	特别注意事项
书证	12. 银行流水、微信支付、支付宝等资金往来情况	赌资流转；赌场的收入、赌款的流向、分赃的情况。	对相关资金流向进行分析统计，形成款项流转过程的侦查意见。	
	13. 网页截图、网络记账、结算单据	利用网站开设赌场的赌博情况、赌客来源和赌资流转、获益情况。	注意网页、社交软件内容完整，与案件具有关联性。	由犯罪嫌疑人、工作人员、赌客解释并签字确认。
	14. 服务器租用合同、委托代理合同			
	15. 社交软件账号、群账号情况和聊天记录截图			
犯罪嫌疑人的供述及辩解	1. 自书材料	犯罪的起意、预谋过程、分工情况；赌场资金、赌具来源；赌场地点的确定、承包费或租金的支付；赌客和工作人员的来源、联络和工作安排；网络赌博的网址或软件；赌场经营方式、抽水或利润来源、获利情况和赃款分配；出入境方式、费用及支付方式。	自书材料应证明来源、提取时间；须制作3份以上综合笔录，清晰明了阐述案发经过；确定犯罪数额；对讯问过程同步录音像；注意讯问程序的合法性和笔录符合法定要求。	犯罪嫌疑人有权选择诉讼时使用的语言；应依法提供翻译。
	2. 讯问笔录			
证人证言	1. 赌客的证言	赌客的来源、赌博的方式、费用的收取、赌资的流转。	询问过程应符合法定程序。	询问未成年人须有法定代理人（或合适成年人）在场；询问女性未成年要求有女性侦查人员在场；注意区分赌博罪。
	2. 保洁员、收银员、保安员、赌桌工作人员等员工的证言	犯罪嫌疑人实施犯罪的具体过程和分工、收益、分赃。		
	3. 屋主、酒店或宾馆经营者等目击者、知情者的证言	房屋租赁、酒店或宾馆承包的情况、费用、出入人员；开设赌场赌博的过程；涉案人员的情况。		
	4. 警察证言	执法过程中查获犯罪嫌疑人及场所的经过。		

续表

证据类型	证据名称	证明内容	证明标准	特别注意事项
鉴定意见	1. 外币价值认定	跨境赌博行为的收费和分赃。	委托程序、鉴定程序合法；鉴定意见与委托要求相符。	检材的提取、送检应当符合法定程序，鉴定意见应在法定时限内作出；鉴定机构、人员资质必须符合法定条件；鉴定意见应有2名鉴定人签名、机构签章。无鉴定人签名的，应对鉴定人进行询问或进行说明；鉴定意见须及时告知。
	2. 痕迹鉴定	对所提取的指纹、脚印等进行鉴定，确定犯罪参与人。		
	3. 法庭科学DNA鉴定	赌博现场、物品、作案工具上的生物物证。		
	4. 笔迹鉴定	虚假通关单证、身份证明文件签名来源；收条、合同的笔迹。		
勘查、检查、辨认笔录等	1. 现场勘查笔录及照片	赌博场所、工作人员招揽赌客、提供结算、休息、支付等服务场所；出入境地点、路线、被抓获地点等现场位置、环境；涉案物证、痕迹、生物检材、作案工具的提取。	应当拍摄现场照片或录像、绘制现场图、制作现场勘查及提取物证笔录；制作搜查、检查笔录和扣押物品、文件清单；严格见证人制度，必要时进行同步录音录像；注明送检提取、封存程序；严格执行见证人制度。	注意收集证明赌场持续性、稳定性痕迹以及电子数据载体；注意查看扣押通信工具内置通联卡的号码；是否携带可以证实身份的证件、证件号、外国钱币、写有外文的书证；注意记录原始放置位置、外包装、内包装特征、细目照；搜查女性和提取女性生物检材由女性侦查人员提取。
	2. 搜查、检查笔录、照片及扣押物品、文件清单	涉案物品情况、提取的物证、检材的情况；网上开设赌场犯罪中的移动通信终端设备、用于赌资流入、流出的银行卡、扣押人身检查情况、涉案财物情况、运送工具、联络工具。		
	3. 远程勘查笔录	提取、复制、固定与网上赌场有关的电子数据。		
	4. 辨认笔录	犯罪嫌疑人、工作人员、赌客之间身份确认情况；辨认交通、联络工具。		
	5. 指认笔录	指认现场、指认涉案物品。	确认赌博场所、招揽赌客场所和出入境地点、被抓获地点等。	

证据类型	证据名称	证明内容	证明标准	特别注意事项
勘查、检查、辨认笔录等	6.犯罪嫌疑人生物检材提取笔录（如血痕卡等）	用于鉴定，比对DNA。	犯罪嫌疑人确认、封存检材的照片附卷。	（同上）
	7.侦查实验	游戏机等赌具、赌博网站、账号可以进行赌博。	严格履行审批手续，同步录音像。	
视听资料	天网监控、执法视频等音频、视频	犯罪嫌疑人开设赌场、招揽赌客的场所、交通工具、招揽赌客方式；犯罪嫌疑人、证人被抓获经过及现场盘问情况。	应附证据来源、调取文书以及与案件关联性的说明。	提供录音录像单位、个人的盖章或签章；注意时间的核对与校正。
电子数据	电子数据勘验、检查笔录及载体	手机、电脑、游戏机使用者的通联、位置、资金流转；与赌场账户有关的电子支付账户、赌博网站的上下级账号等电子数据信息；证明赌博犯罪案件真实情况的网站页面、上网记录、电子邮件、电子合同、电子交易记录、电子账册等电子数据。	手机、电脑、导航仪等电子设备数据存储、恢复情况。	可根据办案需要将部分重要电子数据如QQ记录、微信记录、赌博网页、赌博群信息、网络转账等打印并经犯罪嫌疑人签字确认后附卷。
技侦证据	犯罪嫌疑人关于开设赌场、招揽赌客、地下钱庄流转、支付以及实施跨境犯罪的相关音频、视频等证据		满足一般证据的证明标准。	立案后严格按照程序，由公安机关收集。

五、掩饰、隐瞒犯罪所得、犯罪所得收益罪（刑法第312条）

掩饰、隐瞒犯罪所得、犯罪所得收益罪，是指明知为犯罪所得及其产生的收益而予以窝藏、转移、收购、代为销售或者以其他方法掩饰、隐瞒的行为。

（一）犯罪构成要件

1. 客体要件：本罪的客体是司法机关的正常活动，即司法机关正常查明犯罪、追缴犯罪所得及收益的活动。
2. 客观要件：本罪客观方面包括"窝藏、转移、收购、代为销售或者以其他方法掩饰、隐瞒"的行为。
3. 主体要件：本罪的主体是一般主体，即年满16周岁且具有刑事责任能力的自然人，单位也能成为本罪的主体。
4. 主观要件：要求明知该物品可能是犯罪所得和犯罪所得收益。

（二）专门性法律法规文件

1. 最高人民法院、最高人民检察院《关于办理与盗窃、抢劫、诈骗、抢夺机动车相关刑事案件具体应用法律若干问题的解释》；
2. 最高人民法院、最高人民检察院《关于办理危害计算机信息系统安全刑事案件应用法律若干问题的解释》；
3. 最高人民法院《关于审理掩饰、隐瞒犯罪所得、犯罪所得收益刑事案件适用法律若干问题的解释》；
4. 最高人民法院、最高人民检察院、公安部、国家工商行政管理局《关于依法查处盗窃、抢劫机动车案件的规定》；
5. 最高人民法院、最高人民检察院《关于办理盗窃油气、破坏油气设备等刑事案件具体应用法律若干问题的解释》；
6. 最高人民法院《关于审理洗钱等刑事案件具体应用法律若干问题的解释》；
7. 最高人民法院、最高人民检察院、公安部《关于办理电信网络诈骗等刑事案件适用法律若干问题的意见》；
8. 国家林业局、公安部《关于森林和陆生野生动物刑事案件管辖及立案标准》。

（三）证据清单

证据类型	证据名称	证明内容	证明标准	特别注意事项
物证	1. 赃款、赃物原物或照片	赃款、赃物的情况和作案工具情况。	物证的特征、数量、质量与扣押清单一致。	
	2. 手机等通信工具			
	3. 运输、隐匿、销赃的工具或照片			

续表

证据类型	证据名称	证明内容	证明标准	特别注意事项
书证	1. 受案材料、立案文书、破案经过	是否有管辖权；线索来源、发案经过、侦破经过。	相关文书应加盖公章，报案、控告等应形成笔录。	注意受案时间与立案时间的衔接。
	2. 户籍证明	犯罪嫌疑人身份信息、刑事责任年龄。	由户籍所在地公安机关出具并加盖公章。	
	3. 刑事犯罪、违法等前科材料	前科劣迹及是否有累犯情节。	刑事判决书、刑满释放证明、治安处罚决定书、戒毒通知书等均须调取。	注意审查1年内是否有因掩饰隐瞒行为受过行政处罚。
	4. 到案经过、公安机关证明材料、接受投案的证明材料、检举揭发材料、立案逮捕或判决等法律文书	犯罪嫌疑人到案的真实详细过程；犯罪嫌疑人是否具有自首和立功情节。	到案经过应包括到案时间、地点、经过及是否抗拒抓捕、是否自动投案、是否有协助抓获其他同案犯的行为；到案后是否如实供述犯罪事实；由2名以上参与抓捕或者接受投案的办案人员书写、签名，并加盖单位公章。	异地抓获的，应附异地公安机关出具的抓获经过、在逃人员登记表、临时羁押证明；检举揭发的，应当收集笔录或自述材料，被检举揭发人案件相关文书如立案决定书、逮捕决定书、起诉书、判决书等；协助抓捕的，详细说明协助方式及作用。
	5. 拘传、拘留、逮捕、取保候审等强制措施文书	采取强制措施的合法性、羁押期限时长，是否按规定送所。	依法告知、加盖公章、注意法定羁押期限。	注意拘留后24小时入所、呈捕时间、执行时间以及拘留、逮捕后讯问时间。
	6. 涉案物品发票、价格凭证、交易凭条等	被害人对涉案财物拥有合法权利及物品价值、购买时间、物品信息。	证据来源合法性；附卷材料须与原件一致。	证据提供单位或个人签章；调取复印件的须备注出处，原件存放情况。
	7. 通话记录、短信记录	预谋、分工情况及作案时间、过程、结果分赃等情况。	须加盖提供单位的公章；以拍照、截图形式提取的须当事人签字确认。	可结合涉案电子设备所提取的电子勘查情况作出分析。
	8. 银行流水、微信支付、支付宝等资金往来情况	犯罪预备、工具准备等出资、消费情况以及赃物去向、销赃、分赃情况。	对相关资金流向进行分析统计，形成款项流转过程的侦查意见。	
	9. 收条、收据等	收购、代为销售、转移的款项情况。	满足一般证据的证明标准。	

续表

证据类型	证据名称	证明内容	证明标准	特别注意事项
书证	10.退赃、退赔说明、收条、谅解书	退赃、赔偿情况；犯罪嫌疑人认罪、悔罪及刑事和解情况。	核实退赃、赔偿款支付情况及谅解书的真实性。	
犯罪嫌疑人的供述及辩解	1.自书材料 2.讯问笔录	作案的动机、目的，犯罪的起意；犯罪时间、地点、手段、经过等；是否明知是他人犯罪所得及收益；共同犯罪的犯意联络、具体分工等。	自书材料应证明来源、提取时间；须制作3份以上综合笔录，清晰明了阐述案发经过；确定盗窃数额；对讯问过程同步录音录像；注意讯问程序的合法性和笔录符合法定要求。	讯问未成年犯罪嫌疑人须有法定代理人（或合适成年人）在场；讯问女性未成年犯罪嫌疑人须有女性侦查人员在场参与讯问；是否明知是他人犯罪所得赃物及收益。
被害人陈述	被害人的询问笔录	失窃物品的价值、特征、存放情况、来源等；被盗的过程；发现、报案的过程；案发现场情况。	询问过程应符合法定程序。	未成年人同上。
证人证言	1.目击证人的询问笔录 2.上游犯罪嫌疑人的笔录 3.抓获人、报案人、现场发现人的询问笔录 4.其他知情人的询问笔录	犯罪嫌疑人的主观明知；与上游犯罪嫌疑人的关系、联络过程；作案过程、犯罪嫌疑人的体貌特征、抓获的经过。	询问过程应符合法定程序。	
鉴定意见	1.价格鉴定 2.痕迹鉴定 3.法庭科学DNA鉴定 4.笔迹鉴定 5.司法会计鉴定	鉴定涉案物品价格。 对所提取的指纹、脚印等进行鉴定，证实案发情况。 是否与犯罪嫌疑人有关联；涉案物品是否被害人所有。 与上游犯罪嫌疑人交易票据的笔迹。 案情重大、账目繁杂的案件应作司法会计鉴定。	委托程序、鉴定程序合法；鉴定意见与委托要求相符。	检材的提取、送检应当符合法定程序，鉴定意见应在法定时限内作出；鉴定机构、人员资质必须符合法定条件；鉴定意见应有2名鉴定人签名、机构盖章。无鉴定人签名的，应对鉴定人进行询问或进行说明；鉴定意见须及时告知。

续表

证据类型	证据名称	证明内容	证明标准	特别注意事项
勘查、检查、辨认笔录等	1. 现场勘查笔录及照片	窝藏、转移、收购或销售的现场情况。	应当拍摄现场照片或录像、绘制现场图、制作现场勘查及提取物证笔录;制作搜查、检查笔录和扣押物品、文件清单;严格见证人制度,必要时进行同步录音录像。	
	2. 搜查、检查笔录、照片及扣押物品、文件清单	人身检查情况、涉案财物、作案工具情况。		
	3. 辨认笔录	犯罪嫌疑人、上游犯罪嫌疑人、相关证人之间身份确认情况辨认现场、辨认工具。		
	4. 指认笔录	指认现场、指认涉案物品。		
视听资料	音频、视频	证明案发过程及案发现场情况。	应附证据来源、调取文书以及与案件关联性的说明。	提供录音录像单位、个人的盖章或签章;注意时间的核对与校正。
电子数据	电子数据勘验、检查笔录及载体	手机、电脑、导航仪等电子设备数据存储、恢复情况;社交软件、金融平台、网络交易平台、邮箱等资料。	案发经过;赃物处理;资金流转。	可根据办案需要将部分重要电子数据打印并经犯罪嫌疑人签字确认后附卷。

六、组织他人偷越国(边)境罪(刑法第318条)

组织他人偷越国(边)境罪,是指非法组织他人偷越国(边)境的行为。

(一)犯罪构成要件

1. **客体要件**:本罪侵犯的客体是国家对出入国(边)境的管理制度。

2. **客观要件**:本罪在客观方面表现为非法组织他人偷越国(边)境的行为。所谓组织,是指采取煽动、串连、拉拢、引诱、欺骗、强迫等手段,策划联络安排他人偷越国(边)境。

3. **主体要件**:本罪的主体是一般主体,凡年满16周岁且具有刑事责任能力,实施了组织他人偷越国(边)境行为的自然人。单位不能成为组织他人偷越国(边)境罪的主体。

4. 主观要件：本罪在主观方面是直接故意，其主观目的是要将他人非法送出或引进国(边)境。

（二）专门性法律法规文件

1. 最高人民法院、最高人民检察院《关于办理妨害国（边）境管理刑事案件应用法律若干问题的解释》；
2. 公安部《关于妨害国（边）境管理犯罪案件立案标准及有关问题的通知》；
3. 最高人民法院《关于审理发生在我国管辖海域相关案件若干问题的规定(二)》。

（三）证据清单

证据类型	证据名称	证明内容	证明标准	特别注意事项
物证	1. 涉案钱款、外币、注有外文的物品等	涉案钱款、物品的情况、犯罪嫌疑人身份和随身携带物品情况、交通工具情况。	原物提取，不便提取的以照片形式附卷；物证的特征、数量、数额、重量与扣押清单一致。	如不能随案移送，拍照经犯罪嫌疑人、被告人确认，对证件内容进行翻译。
	2. 护照、身份证、边境通行证			
	3. 交通、通信工具			
	4. 随身行李			
书证	1. 受案材料、立案文书、破案经过	是否有管辖权；线索来源、发案经过、侦破经过。	相关文书应加盖公章，报案、控告等应形成笔录。	注意受案时间与立案时间的衔接。
	2. 户籍证明、护照、身份证、边境通行证	犯罪嫌疑人身份信息、刑事责任年龄、国籍。	由户籍所在地公安机关出具并加盖公章；外国人需要通过使领馆核实身份。	一般为跨行政区域作案，应调取原始户籍；外籍未成年人刑事责任年龄认定以其有效出入境证件为准。
	3. 出入境信息查询单	证明出入境证件的真实、有效、出入境时间、口岸、使用情况。	调取出入境记录，非单一口岸出入境记录。	从公安内部信息网络打印的，列明查询时间、计算机、查询人员、办案部门。
	4. 刑事犯罪、违法等前科材料	前科劣迹及是否有累犯情节。	刑事判决书、刑满释放证明、曾经偷越国（边）境被行政处罚决定书等均须调取。	备注证据来源，附调取文书及调取人员签名；外国人要注意收集证明照片、指纹、自述材料等证明同一人的材料。

续表

证据类型	证据名称	证明内容	证明标准	特别注意事项
书证	5. 到案经过、公安机关证明材料、接受投案的证明材料、检举揭发材料、立案逮捕或判决等法律文书	犯罪嫌疑人到案的真实详细过程；犯罪嫌疑人是否具有自首和立功情节。	到案经过应包括到案时间、地点、经过及是否抗拒抓捕、是否自动投案，是否有协助抓获其他同案犯的行为；到案后是否如实供述犯罪事实；由2名以上参与抓捕或者接受投案的办案人员书写、签名，并加盖单位公章。	异地抓获的，应附异地公安机关出具的抓获经过、在逃人员登记表、临时羁押证明；检举揭发的，应当收集笔录或自述材料，被检举揭发人案件相关文书如立案决定书、逮捕决定书、起诉书、判决书等；协助抓捕的，详细说明协助方式及作用；多人以上结伙作案的情形，要注意表述清楚一起被抓获的涉案人员；被抓获人员自称姓名、身份、来源、对同伴的称呼。
	6. 拘传、拘留、逮捕、取保候审等强制措施文书	采取强制措施的合法性、羁押期限时长，是否按规定送所。	依法告知、加盖公章、注意法定羁押期限。	注意拘留后24小时入所、呈捕时间、执行时间以及拘留、逮捕后讯问时间。
	7. 通话记录、短信记录	预谋、分工、接应情况及作案时间、过程、结果、收费、分赃等情况。	须加盖提供单位的公章；以拍照、截图形式提取的，须当事人签字确认。	可结合涉案电子设备所提取的电子勘查情况作出分析。
	8. 银行流水、微信支付、支付宝资金往来情况等资金往来情况	偷渡的费用、赃款的流向、分赃的情况。	对相关资金流向进行分析统计，形成款项流转过程的侦查意见。	
犯罪嫌疑人的供述及辩解	1. 自书材料	犯罪动机、经过、上下线之间合作情况、出境费用及支付方式、到案经过；组织出境的人数、共同犯罪的分工与联络；注重收集组织者以拉拢、串联、引诱、煽动等方式，有组织、有计划的安排他人偷越国（边）境的行为。	自书材料应证明来源、提取时间；须制作3份以上综合笔录，清晰明了阐述案发经过；确定犯罪数额；对讯问过程同步录音录像；注意讯问程序的合法性和笔录符合法定要求。	犯罪嫌疑人有权选择诉讼时使用的语言；应依法提供翻译。
	2. 讯问笔录			

续表

证据类型	证据名称	证明内容	证明标准	特别注意事项
证人证言	1. 非法出入境人员证言	联络方式、会合地点、运送路线、路费及支付方式；组织、运送者的行为、语言、通联情况。	询问过程应符合法定程序。	依法提供翻译。
	2. 目击者、知情者证言	犯罪嫌疑人组织他人非法出入境经过。		
	3. 警察证言	执法过程中查获犯罪嫌疑人及非法出入境人员的经过。		
鉴定意见	1. 外币价值认定	认定收费标准。	委托程序、鉴定程序合法；鉴定意见与委托要求相符。	检材的提取、送检应当符合法定程序，鉴定意见应在法定时限内作出；鉴定机构、人员资质必须符合法定条件；鉴定意见应有2名鉴定人签名、机构签章。无鉴定人签名的，应对鉴定人进行询问或进行说明；鉴定意见须及时告知。
	2. 痕迹鉴定	对所提取的指纹、脚印等进行鉴定，证实案发情况。		
	3. 法庭科学DNA鉴定	是否与犯罪嫌疑人、证人有关联。		
	4. 笔迹鉴定	虚假通关单证、身份证明文件签名来源。		
勘查、检查、辨认笔录等	1. 现场勘查笔录及照片	出入境地点、路线、被抓获地点等现场位置、环境。	应当拍摄现场照片或录像、绘制现场图、制作现场勘查及提取物证笔录；制作搜查、检查笔录和扣押物品、文件清单；严格见证人制度，必要时进行同步录音录像。	注意查看扣押通信工具内置通联卡的号码；是否携带可以证实身份的证件、证件号、外国钱币、写有外文的书证；注意记录原始放置位置、外包装、内包装特征、细目照。
	2. 搜查、检查笔录、照片及扣押物品、文件清单	人身检查情况、涉案财物情况、运送工具情况。		
	3. 辨认笔录	犯罪嫌疑人、相关证人之间身份确认情况；辨认运送工具。		
	4. 指认笔录	指认现场、指认涉案物品。	确认出入境地点、路线、被抓获地点等。	
	5. 犯罪嫌疑人生物检材提取笔录（如血痕卡等）	用于鉴定，比对DNA。	犯罪嫌疑人确认、封存检材的照片附卷。	严格执行见证人制度，女性犯罪嫌疑人由女性侦查人员提取；注明送检提取、封存程序。
视听资料	天网监控、执法视频等音频、视频	犯罪嫌疑人组织他人出入境经过、路线；犯罪嫌疑人、证人被抓获经过及现场盘问情况。	应附证据来源、调取文书以及与案件关联性的说明。	提供录音录像单位、个人的盖章或签章；注意时间的核对与校正。

续表

证据类型	证据名称	证明内容	证明标准	特别注意事项
电子数据	电子数据勘验、检查笔录及载体	案发经过；资金流转、费用收取和分赃。	手机、电脑、导航仪等电子设备数据存储、恢复情况。	可根据办案需要将部分重要电子数据如QQ记录、微信记录、网络转账等打印并经犯罪嫌疑人签字确认后附卷
技侦证据	犯罪嫌疑人关于组织他人非法出入国（边）境的相关音频、视频等证据		满足一般证据的证明标准。	立案后严格按照程序，由公安机关收集。

七、运送他人偷越国（边）境罪（刑法第321条）

运送他人偷越国（边）境罪，是指违反出入国（边）境管理法规，非法运送他人偷越国（边）境的行为。

（一）犯罪构成要件

1. 客体要件：本罪侵犯的客体是国家对出入国（边）境的管理制度。
2. 客观要件：本罪在客观方面表现为非法运送他人偷越国（边）境的行为。
3. 主体要件：本罪的主体为一般主体，即为年满16周岁且具有刑事责任能力的自然人。既可以是中国人，亦可以是外国人。
4. 主观要件：本罪在主观方面必须出于故意，即明知他人企图偷越国（边）境而仍决意予以运送。过失不能构成本罪。

（二）专门性法律法规文件

1. 最高人民法院、最高人民检察院《关于办理妨害国（边）境管理刑事案件应用法律若干问题的解释》；
2. 公安部《关于妨害国（边）境管理犯罪案件立案标准及有关问题的通知》；
3. 最高人民法院《关于审理发生在我国管辖海域相关案件若干问题的规定（二）》。

（三）证据清单

证据类型	证据名称	证明内容	证明标准	特别注意事项
物证	1.涉案钱款、外币、注有外文的物品等 2.护照、身份证、边境通行证 3.交通、通信工具 4.随身行李	涉案钱款、物品的情况、犯罪嫌疑人身份和随身携带物品情况、运送工具。	物证的特征、数量、数额、重量与扣押清单一致。	原件扣押，如不能随案移送，拍照经犯罪嫌疑人、被告人确认，对证件内容进行翻译。
书证	1.受案材料、立案文书、破案经过	是否有管辖权；线索来源、发案经过、侦破经过。	相关文书应加盖公章，报案、控告等应形成笔录。	注意受案时间与立案时间的衔接。
	2.户籍证明、护照、身份证、边境通行证	犯罪嫌疑人身份信息、刑事责任年龄、国籍。	由户籍所在地公安机关出具并加盖公章；外国人需要通过使领馆核实身份。	一般为跨行政区域作案，应调取原始户籍；外籍未成年人刑事责任年龄认定以其有效出入境证件为准。
	3.出入境信息查询单	证明出入境证件的真实、有效、出入境时间、口岸、使用情况。	调取出入境记录，非单一口岸出入境记录。	部分从公安内部信息网络打印的，列明查询时间、计算机、查询人员、办案部门。
	4.刑事犯罪、违法等前科材料	前科劣迹及是否有累犯情节。	刑事判决书、刑满释放证明、曾经偷越国（边）境被行政处罚决定书等均须调取。	备注证据来源，附调取文书及调取人员签名；外国人要注意收集证明照片、指纹、自述材料等证明同一人的材料。
	5.到案经过、公安机关证明材料、接受投案的证明材料、检举揭发材料、立案逮捕或判决等法律文书	犯罪嫌疑人到案的真实详细过程；犯罪嫌疑人是否具有自首和立功情节。	到案经过应包括到案时间、地点、经过及是否抗拒抓捕、是否自动投案，是否有协助抓获其他同案犯的行为；到案后是否如实供述犯罪事实；由2名以上参与抓捕或者接受投案的办案人员书写、签名，并加盖单位公章。	异地抓获的，应附异地公安机关出具的抓获经过、在逃人员登记表、临时羁押证明；检举揭发的，应当收集笔录或自述材料，被检举揭发人案件相关文书如立案决定书、逮捕决定书、起诉书、判决书等；协助抓捕的，详细说明协助方式及作用；多人以上结伙作案的情形，要注意表述清楚一起被抓获的涉案人员；被抓获人员自称姓名、身份、来源、对同伴的称呼。

续表

证据类型	证据名称	证明内容	证明标准	特别注意事项
书证	6.拘传、拘留、逮捕、取保候审等强制措施文书	采取强制措施的合法性、羁押期限时长,是否按规定送所。	依法告知、加盖公章、注意法定羁押期限。	注意拘留后24小时入所、呈捕时间、执行时间以及拘留、逮捕后讯问时间。
	7.通话记录、短信记录	预谋、分工、接应情况及作案时间、过程、结果、收费、分赃等情况。	须加盖提供单位的公章;以拍照、截图形式提取的,须当事人签字确认。	可结合涉案电子设备所提取的电子勘查情况作出分析。
	8.银行流水、微信支付、支付宝资金往来情况等资金往来情况	运送的报酬、赃款的流向、分赃的情况。	对相关资金流向进行分析统计,形成款项流转过程的侦查意见。	
犯罪嫌疑人的供述及辩解	1.自书材料	犯罪动机、经过、上下线之间合作情况、运送费用及支付方式、到案经过;组织出境的人数、共同犯罪的分工与联络;注重收集境内运送者的主观明知、上下线之间的通联。	自书材料应证明来源、提取时间;须制作3份以上综合笔录,清晰明了阐述案发经过;确定犯罪数额;对讯问过程同步录音录像;注意讯问程序的合法性和笔录符合法定要求。	犯罪嫌疑人有权选择诉讼时使用的语言;应依法提供翻译。
	2.讯问笔录			
证人证言	1.非法出入境人员证言	联络方式、会合地点、运送路线、路费及支付方式;运送者的行为、语言、通联情况。	询问过程应符合法定程序。	依法提供翻译。
	2.目击者、知情者证言	犯罪嫌疑人运送他人非法出入境经过。		
	3.警察证言	执法过程中查获犯罪嫌疑人及非法出入境人员的经过。		

续表

证据类型	证据名称	证明内容	证明标准	特别注意事项
鉴定意见	1. 外币价值认定	认定收费标准。	委托程序、鉴定程序合法；鉴定意见与委托要求相符。	检材的提取、送检应当符合法定程序，鉴定意见应在法定时限内作出；鉴定机构、人员资质必须符合法定条件；鉴定意见应有2名鉴定人签名、机构签章。无鉴定人签名的，应对鉴定人进行询问或进行说明；鉴定意见须及时告知。
	2. 痕迹鉴定	对所提取的指纹、脚印等进行鉴定，证实案发情况。		
	3. 法庭科学DNA鉴定	是否与犯罪嫌疑人、证人有关联。		
	4. 笔迹鉴定	虚假通关单证、身份证明文件签名来源。		
勘查、检查、辨认笔录等	1. 现场勘查笔录及照片	出入境地点、路线、被抓获地点等现场位置、环境。	应当拍摄现场照片或录像、绘制现场图、制作现场勘查及提取物证笔录；制作搜查、检查笔录和扣押物品、文件清单；严格见证人制度，必要时进行同步录音录像。	注意查看扣押通信工具内置通联卡的号码；是否携带可以证实身份的证件、证件号、外国钱币、写有外文的书证；注意记录原始放置位置、外包装、内包装特征、细目照。
	2. 搜查、检查笔录、照片及扣押物品、文件清单	人身检查情况、涉案物品情况、运送工具情况。		
	3. 辨认笔录	犯罪嫌疑人、相关证人之间身份确认情况；辨认运送工具。		
	4. 指认笔录	指认现场、指认涉案物品。	确认出入境地点、路线、被抓获地点等。	
	5. 犯罪嫌疑人生物检材提取笔录（如血痕卡等）	用于鉴定，比对DNA。	犯罪嫌疑人确认、封存检材的照片附卷。	严格执行见证人制度、女性犯罪嫌疑人由女性侦查人员提取；注明送检提取、封存程序。
视听资料	天网监控、执法视频等音频、视频	犯罪嫌疑人运送他人出入境经过、路线；犯罪嫌疑人、证人被抓获经过及现场盘问情况。	应附证据来源、调取文书以及与案件关联性的说明。	提供录音录像单位、个人的盖章或签章；注意时间的核对与校正；组织犯罪嫌疑人及相关证人对视频、音频内容进行辨认。

续表

证据类型	证据名称	证明内容	证明标准	特别注意事项
电子数据	电子数据勘验、检查笔录及载体	案发经过；资金流转、费用收取和分赃。	手机、电脑、导航仪等电子设备数据存储、恢复情况。	可根据办案需要将部分重要电子数据如QQ记录、微信记录、网络转账等打印并经犯罪嫌疑人签字确认后附卷。
技侦证据	犯罪嫌疑人关于运送他人非法出入国（边）境的相关音频、视频等证据	案发经过。	满足一般证据的证明标准。	立案后严格按照程序，由公安机关收集。

八、偷越国（边）境罪（刑法第322条）

偷越国（边）境罪，是指违反出入国（边）境管理法规，偷越国（边）境，情节严重的行为。

（一）犯罪构成要件

1. 客体要件：本罪侵犯的客体是国家对出入国（边）境的管理制度。
2. 客观要件：本罪在客观方面表现为偷越国（边）境，情节严重的行为。
3. 主体要件：本罪主体是一般主体，即年满16周岁的中国公民和外国人均可构成本罪。
4. 主观要件：本罪在主观方面是故意。过失不能构成本罪。即明知是国（边）境线却仍决意偷越的。

（二）专门性法律法规文件

1. 最高人民法院、最高人民检察院《关于办理妨害国（边）境管理刑事案件应用法律若干问题的解释》；
2. 公安部《关于妨害国（边）境管理犯罪案件立案标准及有关问题的通知》；
3. 最高人民法院《关于审理发生在我国管辖海域相关案件若干问题的规定（二）》。

（三）证据清单

证据类型	证据名称	证明内容	证明标准	特别注意事项
物证	1. 涉案钱款、外币、注有外文的物品等	涉案钱款、物品的情况、犯罪嫌疑人身份和随身携带物品情况、出入国（边）境的交通工具。	物证的特征、数量、数额、重量与扣押清单一致。	原件扣押，如不能随案移送，拍照经犯罪嫌疑人、被告人确认，对证件内容进行翻译。
	2. 护照、身份证、边境通行证			
	3. 交通、通信工具			
	4. 随身行李			
书证	1. 受案材料、立案文书、破案经过	是否有管辖权；线索来源、发案经过、侦破经过。	相关文书应加盖公章，报案、控告等应形成笔录。	注意受案时间与立案时间的衔接。
	2. 户籍证明、护照、身份证、边境通行证	犯罪嫌疑人身份信息、刑事责任年龄、国籍。	由户籍所在地公安机关出具并加盖公章；外国人需要通过使领馆核实身份。	一般为跨行政区域作案，应调取原始户籍；外籍未成年人刑事责任年龄认定以其有效出入境证件为准。
	3. 出入境信息查询单	证明出入境证件的真实、有效、出入境时间、口岸、使用情况。	调取出入境记录，非单一口岸出入境记录。	部分从公安内部信息网络打印的，列明查询时间、计算机、查询人员、办案部门。
	4. 刑事犯罪、违法等前科材料	前科劣迹及是否有累犯情节。	刑事判决书、刑满释放证明、曾经偷越国（边）境被行政处罚决定书等均须调取。	备注证据来源，附调取文书及调取人员签名；外国人要注意收集证明照片、指纹、自述材料等证明同一人的材料。
	5. 到案经过、公安机关证明材料、接受投案的证明材料、检举揭发材料、立案逮捕或判决等法律文书	犯罪嫌疑人到案的真实详细过程；犯罪嫌疑人是否具有自首和立功情节。	到案经过应包括到案时间、地点、经过及是否抗拒抓捕、是否自动投案，是否有协助抓获其他同案犯的行为；到案后是否如实供述犯罪事实；由2名以上参与抓捕或者接受投案的办案人员书写、签名，并加盖单位公章。	异地抓获的，应附异地公安机关出具的抓获经过、在逃人员登记表、临时羁押证明；检举揭发的，应当收集笔录或自述材料，被检举揭发人案件相关文书如立案决定书、逮捕决定书、起诉书、判决书等；协助抓捕的，详细说明协助方式及作用；多人以上结伙作案的情形，要注意表述清楚一起被抓获的涉案人员；被抓获人员自称姓名、身份、来源、对同伴的称呼。

续表

证据类型	证据名称	证明内容	证明标准	特别注意事项
书证	6. 拘传、拘留、逮捕、取保候审等强制措施文书	采取强制措施的合法性、羁押期限时长、是否按规定送所。	依法告知、加盖公章、注意法定羁押期限。	注意拘留后24小时入所、呈捕时间、执行时间以及拘留、逮捕后讯问时间。
	7. 通话记录、短信记录	预谋、接应情况及作案时间、过程、结果、交费等情况。	须加盖提供单位的公章；以拍照、截图形式提取的，须当事人签字确认。	可结合涉案电子设备所提取的电子勘查情况作出分析。
	8. 银行流水、微信支付、支付宝等资金往来情况	偷渡交费、赃款的流向。	对相关资金流向进行分析统计，形成款项流转过程的侦查意见。	
犯罪嫌疑人的供述及辩解	1. 自书材料	犯罪动机、出入境目的和经过、上下线之间合作情况、到案经过；注重收集与组织者、运送者的关系、联络方式、花费、共同偷渡、结伙偷渡情况等。	自书材料应证明来源、提取时间；须制作3份以上综合笔录，清晰明了阐述案发经过；确定犯罪数额；对讯问过程同步录音录像；注意讯问程序的合法性和笔录符合法定要求。	犯罪嫌疑人有权选择诉讼时使用的语言；应依法提供翻译；注意核查偷越国(边)境是否为参加恐怖活动组织、接受恐怖活动培训或者实施恐怖活动的情形。
	2. 讯问笔录			
证人证言	1. 组织、运送者的证言	与偷越国(边)境人员的行为、语言、通联情况。	询问、讯问过程应符合法定程序。	依法提供翻译。
	2. 目击者、知情者证言	犯罪嫌疑人非法出入境经过。		
	3. 警察证言	执法过程中查获犯罪嫌疑人及非法出入境人员的经过。		
鉴定意见	1. 外币价值认定	认定收费标准。	委托程序、鉴定程序合法；鉴定意见与委托要求相符。	检材的提取、送检应当符合法定程序，鉴定意见应在法定时限内作出；鉴定机构、人员资质必须符合法定条件；鉴定意见应有2名鉴定人签名、机构签章。无鉴定人签名的，应对鉴定人进行询问或进行说明；鉴定意见须及时告知。
	2. 痕迹鉴定	对所提取的指纹、脚印等进行鉴定，证实案发情况。		
	3. 法庭科学DNA鉴定	是否与犯罪嫌疑人、证人有关联。		
	4. 笔迹鉴定	虚假通关单证、身份证明文件签名来源。		

续表

证据类型	证据名称	证明内容	证明标准	特别注意事项
勘查、检查、辨认笔录等	1. 现场勘查笔录及照片	出入境地点、路线、被抓获地点等现场位置、环境。	应当拍摄现场照片或录像、绘制现场图、制作现场勘查及提取物证笔录；制作搜查、检查笔录和扣押物品、文件清单；严格见证人制度，必要时进行同步录音录像。	注意查看扣押通信工具内置通联卡的号码；是否携带可以证实身份的证件、证件号、外国钱币、写有外文的书证；注意记录原始放置位置、外包装、内包装特征、细目照。
	2. 搜查、检查笔录、照片及扣押物品、文件清单	人身检查情况、涉案财物情况、运送工具情况。		
	3. 辨认笔录	犯罪嫌疑人、相关证人之间身份确认情况；辨认运送工具。		
	4. 指认笔录	指认现场、指认涉案物品。	确认出入境地点、路线、被抓获地点等。	
	5. 犯罪嫌疑人生物检材提取笔录（如血痕卡等）	用于鉴定，比对DNA。	犯罪嫌疑人确认、封存检材的照片附卷。	严格执行见证人制度、女性犯罪嫌疑人由女性侦查人员提取；注明送检提取、封存程序。
视听资料	天网监控、执法视频等音频、视频	犯罪嫌疑人出入境经过、路线；犯罪嫌疑人、证人被抓获经过及现场盘问情况。	应附证据来源、调取文书以及与案件关联性的说明。	提供录音录像单位、个人的盖章或签章；注意时间的核对与校正；组织犯罪嫌疑人及相关证人对视频、音频内容进行辨认。
电子数据	电子数据勘验、检查笔录及载体	案发经过；资金流转、费用收取。	手机、电脑、导航仪等电子设备数据存储、恢复情况。	可根据办案需要将部分重要电子数据如QQ记录、微信记录、网络转账等打印并经犯罪嫌疑人签字确认后附卷。
技侦证据	犯罪嫌疑人非法出入国（边）境的通话情况	案发经过。	满足一般证据的证明标准。	立案后严格按照程序，由公安机关收集。

九、非法捕捞水产品罪（刑法第340条）

非法捕捞水产品罪，是指违反保护水产资源法规，在禁渔区、禁渔期或者使用禁用的工具、方法捕捞水产品，情节严重的行为。

（一）犯罪构成要件

1. 客体要件：本罪侵犯的客体是国家保护水产资源的管理制度。
2. 客观要件：本罪在客观方面表现为违反保护水产资源法规，在禁渔区、禁渔期或者使用禁用的工具、方法捕捞水产品的行为。
3. 主体要件：本罪的主体为一般主体，凡年满16周岁且具有刑事责任能力的人，均可构成本罪。单位也可成为本罪的主体。
4. 主观要件：本罪在主观方面表现为故意，至于是为了营利或者其他目的，均不影响本罪的成立。过失不构成本罪。

（二）专门性法律法规文件

1. 最高人民检察院、公安部《关于公安机关管辖的刑事案件立案追诉标准的规定（一）》；
2. 最高人民法院《关于审理发生在我国管辖海域相关案件若干问题的规定（一）》；
3. 最高人民法院《关于审理发生在我国管辖海域相关案件若干问题的规定（二）》。

（三）证据清单

证据类型	证据名称	证明内容	证明标准	特别注意事项
物证	1. 涉案的鱼类等水产品、海产品原物或照片 2. 电网、船舶等捕捞工具或照片 3. 对讲机、手机等通信工具	非法捕捞的产品、包装及作案工具、运输工具、通信工具。	程序合法；实物或照片与扣押物品清单一致；扣押、提取、封存的作案工具、货物物品须与案件具有关联性。	注意捕捞工具的详细特征；详细记录捕捞收获的物品数量、重量。
书证	1. 受案材料、立案文书、破案经过	是否有管辖权；线索来源、发案经过、侦破经过。	相关文书应加盖公章，报案、控告等应形成笔录。	注意受理案件与立案时间、手续的衔接；多次实施违法犯罪行为的数额犯，未经刑事、行政处理的，一般可以累积计算。

续表

证据类型	证据名称	证明内容	证明标准	特别注意事项
书证	2. 犯罪嫌疑人主体证据、户籍证明；单位工商登记资料、营业执照	犯罪嫌疑人或嫌疑单位的基本信息；是否构成单位犯罪。	犯罪嫌疑人是否具备完全刑事责任年龄，是否属于人大代表、政协委员、国家工作人员、中共党员，是否精神正常。	未成年人刑事犯罪注意收集出生证明、户口本复印件等相关材料，必要时可以进行骨龄鉴定；单位犯罪的注意收集法定代表人和负责人的身份信息。
	3. 刑事犯罪、违法等前科材料	前科劣迹及是否有累犯情节。	刑事判决书、刑满释放证明、治安处罚决定书、戒毒通知书等均须调取。	特别注意是否具有前科劣迹，如行政处罚、刑事处罚及释放证明等，以及是否达到完全刑事责任年龄。
	4. 到案经过、公安机关证明材料、接受投案的证明材料、检举揭发材料、立案逮捕或判决等法律文书	犯罪嫌疑人到案的真实详细过程；犯罪嫌疑人是否具有自首和立功情节。	到案经过应包括到案时间、地点、经过及是否抗拒抓捕、是否自动投案，是否有协助抓获其他同案犯的行为；到案后是否如实供述犯罪事实；由2名以上参与抓捕或者接受投案的办案人员书写、签名，并加盖单位公章。	异地抓获的，应附异地公安机关出具的抓获经过、在逃人员登记表、临时羁押证明；检举揭发的，应当收集笔录或自述材料，被检举揭发人案件相关文书如立案决定书、逮捕决定书、起诉书、判决书等；协助抓捕的，详细说明协助方式及作用。
	5. 传唤等文书以及拘传、拘留、逮捕、取保候审、监视居住等强制措施文书	传唤时间、拘传时间、羁押期限、强制措施合法性。	文书应当规范，符合公安机关刑事法律文书式样，完整、真实清楚记录各办案阶段的羁押时间，确保所有时间均在规定的时间范围内。	特别需要注意传唤、拘传时间（12小时或24小时起止时间及审批手续）、拘留后送看守所时间（24小时内）；异地执行拘留逮捕的，要附押、路程说明；拘留逮捕后通知家属时间要在法律规定的时间范围内。
	6. 通话记录、短信记录	预谋、分工情况、上下家联系情况及作案时间、过程、结果等情况。	须加盖提供单位的公章；以拍照、截图形式提取的，须当事人签字确认。	可结合涉案电子设备所提取的电子勘查情况作出分析。
	7. 开户信息、银行流水、微信支付、支付宝等资金往来情况	犯罪预备、工具准备等出资、雇工工钱支付情况；犯罪嫌疑人与上下家间的交易记录情况。	对相关资金流向进行分析统计，形成款项流转过程的侦查意见。	调取手续必须具有合法性，调取证据通知书附卷。对于违法所得在银行卡内的要冻结移送处理。

续表

证据类型	证据名称	证明内容	证明标准	特别注意事项
书证	8. 禁渔期、禁渔区、禁用渔具、禁用捕鱼方法认定相关文件	非法捕捞水产品认定的依据。	调取手续齐全；收集原件或从行业主管部门调取。	
	9. 购置、定制禁用渔具的发票、合同、交易凭证	禁用渔具的来源。	调取手续齐全；收集原件。	
	10. 水产品交易凭证	既往非法捕捞的水产品的数量、重量和获益情况。	调取手续齐全；收集原件；由记录人进行解释并签名确认。	犯罪嫌疑人否认的要作笔迹鉴定；注意跟微信、手机信息、供述串并分析。
	11. 涉案物品处理或移交清单；船只权属证明	水产品、渔具、船舶的处理或移交情况、船只权属情况。	由相关部门出具、盖章。	已移交相关部门进行处置的，需要说明处置的方式及结果。
犯罪嫌疑人的供述及辩解	1. 自书材料	对禁渔期、禁渔区、禁渔工具的认知；非法捕捞的目的和预谋、共谋过程；准备工具的经过、捕捞的时间、地点、方法经过和结果；共同犯罪分工、配合；水产品的去向、获益情况和赃款分配；既往非法捕捞的情况。	自书材料应证明来源、提取时间；须制作3份以上综合笔录，清晰明了阐述案发经过；确定涉案数额；对讯问过程同步录音录像；注意讯问程序的合法性和笔录符合法定要求。	讯问未成年犯罪嫌疑人须有法定代理人（或合适成年人）在场；讯问女性未成年犯罪嫌疑人须有女性侦查人员在场参与讯问；注意：行为人使用决水、投放危险物质、爆炸等危险方法捕捞水产品的，应以危害公共安全有关犯罪论处；在内陆水域非法捕捞水产品500公斤以上或者价值5000元以上才立案追诉。
	2. 讯问笔录			
证人证言	1. 目击证人、知情者、上下家的询问笔录	作案过程、犯罪嫌疑人的体貌体征、抓获的经过。	询问过程应符合法定程序。	证人的身份及与犯罪嫌疑人的关系；未达到追责标准的参与人对犯罪发生的过程的叙述等。
	2. 抓获人、报案人、现场发现人的询问笔录			
鉴定意见	1. 价格鉴定	鉴定涉案水产品的价格。	委托程序、鉴定程序合法；鉴定意见与委托要求相符。	检材的提取、送检应当符合法定程序；鉴定意见应在法定时限内作出；鉴定机构、人员资质必须符合法定条件；鉴定意见应有2名鉴定人签名、机构签章。无鉴定人签名的，应对鉴定人
	2. 痕迹鉴定	对所提取的指纹、脚印、水产品印痕等进行鉴定，证实案发情况。		

续表

证据类型	证据名称	证明内容	证明标准	特别注意事项
鉴定意见	3. 法庭科学DNA鉴定/物种鉴定	特殊水产品种属的鉴定；遗留在现场或涉案物品上的犯罪嫌疑人或涉案水产品的生物物证。	（同上）	进行询问或进行说明；鉴定意见须及时告知。
	4. 价值鉴定	鉴定涉案水产品的价值。		
	5. 禁用渔具、方法的认定	认定非法捕捞的依据。		
勘查、检查、辨认笔录等	1. 现场勘查笔录及照片	非法捕捞的现场；水产品装卸、储存、交易现场；犯罪工具来源、丢弃现场；提取物证现场。	文书应当规范，符合公安机关刑事法律文书式样，内容应当完整、真实、详细，清晰记录物品搜查、扣押、清点、核称、取样、存放、移交的过程。应当拍摄现场照片或录像，绘制现场图、制作现场勘查及提取物证笔录；制作搜查、检查、核称、取样笔录和清单。	严格执行见证人制度；注意提取案发现场和涉案物品上犯罪嫌疑人、涉案工具遗留的生物物证；注意扣押物品与案件的关联性，与案件无关及时发还物品所有人，保障相关人员的权利；严格见证人制度，对搜查、扣押、核称、取样过程进行同步录音录像；清点取样后依法封存于具有保管条件的地方储存。
	2. 搜查证、搜查笔录、扣押决定书、扣押清单等搜查扣押手续、移交存放清单记录证据	依法搜查、扣押作案工具、水产品、账本、车辆等物品的过程；注意核清数量或重量等计量数值。		
	3. 清点、核称笔录	对依法扣押的涉案水产品进行清点、核称相关数量。		
	4. 抽样提取送检笔录	对依法扣押的特殊水产品进行抽样送检。		
	5. 辨认笔录	犯罪嫌疑人、相关证人之间身份确认情况；辨认作案工具。		
	6. 指认笔录	指认现场和作案工具、指认涉案物品。		
视听资料	音频、视频	证明案发过程及案发现场情况。	应附证据来源、调取文书以及与案件关联性的说明，组织犯罪嫌疑人及相关证人对视频、音频内容进行辨认。	提供录音录像单位、个人的盖章或签章；注意时间的核对与校正，不得剪辑、增加、删改。

续表

证据类型	证据名称	证明内容	证明标准	特别注意事项
电子数据	电子数据勘验、检查笔录及载体	手机、电脑、导航仪等电子设备数据存储、恢复情况；社交软件、金融平台、网络交易平台、邮箱等资料。	案发经过；赃物处理；资金流转；组织犯罪嫌疑人及相关证人对电子数据内容进行辨认。	可根据办案需要将部分重要电子数据打印并经犯罪嫌疑人签字确认后附卷。

十、非法收购、运输、出售珍贵、濒危野生动物、珍贵、濒危野生动物制品罪（刑法第341条第1款）

非法收购、运输、出售珍贵、濒危野生动物、珍贵、濒危野生动物制品罪，是指违反野生动物保护法规，收购、运输、出售国家重点保护的珍贵、濒危野生动物及其制品的行为或者以食用为目的非法猎捕、收购、运输、出售刑法第341条第1款规定以外的在野外环境自然生长繁殖的陆生野生动物，情节严重的行为。

（一）犯罪构成要件

1. 客体要件：本罪侵犯的客体是国家重点保护的珍贵、濒危野生动物的管理制度。

2. 客观要件：本罪在客观方面表现为违反野生动物保护法规，收购、运输、出售珍贵、濒危野生动物及其制品的行为。

3. 主体要件：本罪的主体为一般主体，凡年满16周岁且具有刑事责任能力的人，均可构成本罪。单位也可构成本罪。

4. 主观要件：本罪在主观方面表现为故意，过失不构成本罪。

（二）专门性法律法规文件

1. 全国人民代表大会常务委员会《关于〈中华人民共和国刑法〉第三百四十一条、第三百一十二条的解释》；

2. 国家林业局、公安部《关于森林和陆生野生动物刑事案件管辖及立案标准》；

3. 最高人民检察院、公安部《关于公安机关管辖的刑事案件立案追诉标准的规定（一）》；

4. 最高人民法院《关于审理破坏野生动物资源刑事案件具体应用法律若干问题的解释》；

5. 最高人民法院《关于审理发生在我国管辖海域相关案件若干问题的规定（一）》；

6. 最高人民法院、最高人民检察院、国家林业局、公安部、海关总署《关于破坏野生动物资源刑事案件中涉及的CITES附录I和附录II所列陆生野生动物制品价值核定问题的通知》；

7. 最高人民法院研究室《关于收购、运输、出售部分人工驯养繁殖技术成熟的野生动物适用法律问题的复函》；

8. 国家林业局《关于发布破坏野生动物资源刑事案中涉及走私的象牙及其制品价值标准的通知》；

9.《水生野生动物保护实施条例》；

10.《陆生野生动物保护实施条例》。

（三）证据清单

证据类型	证据名称	证明内容	证明标准	特别注意事项
物证	1.涉案的动物、动物制品、包装物等原物或照片	非法收购、运输、出售的珍贵、濒危野生动物或动物制品实物、特征、数量或重量及包装、储存、运输工具和通信工具。	扣押、提取、封存等过程具有合法性，扣押、提取、封存的作案工具、货物物品须与案件具有关联性。物证特征、数量、质量应与扣押物品清单一致。	珍贵动物注意活体与死体的情况及数量；动物制品注意数量、重量或面积的核算。
	2.运输车辆、船舶等工具照片			
	3.对讲机、手机等通信工具			
	4.记账本、票据、通行证、现金等物品			
书证	1.受案材料、立案文书、破案经过	是否有管辖权；线索来源、发案经过、侦破经过。	相关文书应加盖公章，报案、控告等应形成笔录。	注意受理案件与立案时间、手续的衔接，如行政案件转化为刑事案件等情况，关系到收集证据的时间是否合法的问题。
	2.犯罪嫌疑人主体证据、户籍证明；单位工商登记资料、营业执照	犯罪嫌疑人或嫌疑单位的基本信息；是否构成单位犯罪。	犯罪嫌疑人是否具备完全刑事责任年龄，是否属于人大代表、政协委员、国家工作人员、中共党员，是否精神正常。	未成年人刑事犯罪注意收集出生证明、户口本复印件等相关材料，必要时可以进行骨龄鉴定；单位犯罪的注意收集法定代表人和负责人的身份信息。

续表

证据类型	证据名称	证明内容	证明标准	特别注意事项
书证	3. 刑事犯罪、违法等前科材料	前科劣迹及是否有累犯情节。	刑事判决书、刑满释放证明、治安处罚决定书、戒毒通知书等均须调取。	特别注意是否具有前科劣迹，如行政处罚、刑事处罚及释放证明等，以及是否达到完全刑事责任年龄。
	4. 到案经过、公安机关证明材料、接受投案的证明材料、检举揭发材料、立案逮捕或判决等法律文书	犯罪嫌疑人到案的真实详细过程；犯罪嫌疑人是否具有自首和立功情节。	到案经过应包括到案时间、地点、经过及是否抗拒抓捕、是否自动投案，是否有协助抓获其他同案犯的行为；到案后是否如实供述犯罪事实；由2名以上参与抓捕或者接受投案的办案人员书写、签名，并加盖单位公章。	异地抓获的，应附异地公安机关出具的抓获经过、在逃人员登记表、临时羁押证明；检举揭发的，应当收集笔录或自述材料，被检举揭发人案件相关文书如立案决定书、逮捕决定书、起诉书、判决书等；协助抓捕的，详细说明协助方式及作用。
	5. 传唤等文书以及拘传、拘留、逮捕、取保候审、监视居住等强制措施文书	传唤时间、拘传时间、羁押期限、强制措施合法性。	文书应当规范，符合公安机关刑事法律文书式样，完整、真实、清楚记录各办案阶段的羁押时间，确保所有时间均在规定的时间范围内。	特别需要注意传唤、拘传时间（12小时或24小时起止时间及审批手续）；拘留后送看守所时间（24小时内）；异地执行拘留逮捕的要附转押、路程说明；拘留逮捕后通知家属时间要在法律规定的时间范围内。
	6. 通话记录、短信记录	预谋、分工情况、上下家联系情况及作案时间、过程、结果等情况。	须加盖提供单位的公章；以拍照、截图形式提取的须当事人签字确认。	可结合涉案电子设备所提取的电子勘查情况作出分析。
	7. 开户信息、银行流水、微信支付、支付宝等资金往来情况	犯罪预备、工具准备等出资、雇工工钱支付情况；犯罪嫌疑人与上下家间的交易记录情况。	对相关资金流向进行分析统计，形成款项流转过程的侦查意见。	调取手续必须具有合法性，调取证据通知书附卷。对于违法所得在银行卡内的要冻结移送处理。
	8. 车船飞机票、路桥费、加油记录、住宿登记等	行为人实施异地收购、出售或运输行为的时间、地点等情况。	调取手续齐全；收集原件。	

续表

证据类型	证据名称	证明内容	证明标准	特别注意事项
书证	9. 托运、邮寄珍贵、濒危野生动物或动物制品的物流寄递单证	运输、交易珍贵、濒危野生动物或动物制品时间、方式和路线。	调取手续齐全；收集原件。	是否存在掩饰、伪装或逃避检查的情况；是否以虚假身份作案，必要时进行笔迹鉴定。
	10. 记载制造、交易野生动物或动物制品的记录本或记账单	野生动物或动物制品交易的情况；上下家及相关交易信息；赃款的处理情况。	调取手续齐全；收集原件；由记录人进行解释并签名确认。	犯罪嫌疑人否认的要作笔迹鉴定；注意跟微信、手机信息、供述串并分析。
	11. 租房合同、住宿登记及费用	房屋等场所的所有人、使用人或管理人情况；行动轨迹或犯罪行为场所。	调取手续齐全；收集原件。	使用虚假身份、号码等信息租用车辆、房屋、包厢等，注意收集相关的证人证言、监控视频、辨认笔录等证实实际租用人身份，必要时进行笔迹等鉴定。
	12. 租车合同、机动车登记信息、驾驶人登记信息、驾驶证、行驶证	交通工具的归属和使用情况；是否专门的作案工具。	调取手续齐全；收集原件和复印件。	机动车登记所有人与实际使用人不一致的，应当收集登记所有人等证人的证言、转让合同、付款记录、保养维修记录等证据。
	13. 涉案物品处理或移交清单	珍贵动物或制品的处理或移交情况。	由相关部门出具、盖章。	已移交相关部门进行处置的，需要说明处置的方式及结果。
犯罪嫌疑人的供述及辩解	1. 自书材料 2. 讯问笔录	犯罪起意、预谋过程，对野生动物及制品的保护等级、价值和行为违法性的认知；实施犯罪行为的时间、地点、人物、分工、流程以及涉案物品的来源、去向、储存地点、交易价格、交易方式；作案次数、犯罪经过、作案工具、记账及获益情况；共同犯罪分工、配合、分赃、工钱等。	自书材料应证明来源、提取时间；须制作3份以上综合笔录，清晰明了阐述案发经过；确定涉案数额；对讯问过程同步录音录像；注意讯问程序的合法性和笔录符合法定要求。	讯问未成年犯罪嫌疑人须有法定代理人（或合适成年人）在场；讯问女性未成年犯罪嫌疑人须有女性侦查人员在场参与讯问；单位犯罪的，应注意讯问单位直接负责的主管人员和其他直接责任人员犯罪过程。

续表

证据类型	证据名称	证明内容	证明标准	特别注意事项
证人证言	1. 目击证人、知情者、上下家的询问笔录	作案过程、犯罪嫌疑人的体貌体征、抓获的经过；单位犯本罪的，还要收集参与人员、单位相关人员的证言。	询问过程应符合法定程序。	证人的身份及与犯罪嫌疑人的关系；未达到追责标准的参与人对犯罪发生的过程的叙述等。
	2. 抓获人、报案人、现场发现人的询问笔录			
鉴定意见	1. 物种鉴定	野生动物或制品的物种归属、保护等级或参照保护等级。	委托程序、鉴定程序合法；鉴定意见与委托要求相符。	检材的提取、送检应当符合法定程序，鉴定意见应在法定时限内作出；鉴定机构、人员资质必须符合法定条件；鉴定意见应有2名鉴定人签名、机构签章。无鉴定人签名的，应对鉴定人进行询问或进行说明；鉴定意见须及时告知。
	2. 痕迹鉴定	对所提取的指纹、脚印、动物印痕等进行鉴定，证实案发情况。		
	3. 法庭科学 DNA 鉴定	遗留在现场或涉案物品上的犯罪嫌疑人或涉案动物、动物制品的生物物证。		
	4. 价值鉴定	鉴定涉案野生动物或制品的保护价值。		
	5. 司法会计鉴定	野生动物或制品的交易情况和获利情况，特别是无现货并扣押到账本的案件。		
勘查、检查、辨认笔录等	1. 现场勘查笔录及照片	野生动物或制品装卸、储存、交易现场；犯罪工具来源、丢弃现场；提取物证现场。	文书应当规范，符合公安机关刑事法律文书式样，内容应当完整、真实、详细，清晰记录物品搜查、扣押、清点、核称、取样、存放、移交的过程。应当拍摄现场照片或录像、绘制现场图、制作现场勘查及提取物证笔录；制作搜查、检查、核称、取样笔录和清单。	严格执行见证人制度；注意提取案发现场和涉案物品上犯罪嫌疑人、涉案动物遗留的生物物证；注意扣押物品与案件的关联性，与案件无关及时发还物品所有人，保障相关人员的权利；严格见证人制度，对搜查、扣押、核称、取样过程进行同步录音录像；清点取样后依法封存于具有保管条件的地方储存。
	2. 搜查证、搜查笔录、扣押决定书、扣押清单等搜查扣押手续、移交存放清单记录证据	依法搜查、扣押作案工具、野生动物或制品、账本、车辆等搜查扣押的过程；注意核清数量或重量等计量数值。		
	3. 清点、核称笔录	对依法扣押的涉案珍贵动物或制品进行清点、核称相关数量。		

续表

证据类型	证据名称	证明内容	证明标准	特别注意事项
勘查、检查、辨认笔录等	4.抽样提取送检笔录	对依法扣押的涉案珍贵动物或制品进行抽样送检（针对数量多的涉案动物按规定比例取样）。	（同上）	（同上）
	5.辨认笔录	犯罪嫌疑人、相关证人之间身份确认情况；辨认作案工具。		
	6.指认笔录	指认现场和作案工具、指认涉案物品。		
视听资料	音频、视频	证明案发过程及案发现场情况。	应附证据来源、调取文书以及与案件关联性的说明，组织犯罪嫌疑人及相关证人对视频、音频内容进行辨认。	注意提取沿途路段的监控录像、交管部门测速装置、车辆GPS、涉案车辆及邻近车辆行车记录仪视频的相关视频、数据；提供录音录像单位、个人的盖章或签章；注意时间的核对与校正，不得剪辑、增加、删改。
电子数据	电子数据勘验、检查笔录及载体	手机、电脑、导航仪等电子设备数据存储、恢复情况；社交软件、金融平台、网络交易平台、邮箱等资料。	案发经过；赃物处理；资金流转；组织犯罪嫌疑人及相关证人对电子数据内容进行辨认。	可根据办案需要将部分重要电子数据打印并经犯罪嫌疑人签字确认后附卷。

十一、非法占用农用地罪（刑法第342条）

非法占用农用地罪，是指违反土地管理法规，非法占用耕地、林地等农用地，改变被占用土地用途，数量较大，造成耕地、林地等农用地大量毁坏的行为。

（一）犯罪构成要件

1.客体要件：本罪侵犯的客体是国家的土地管理制度。

2. 客观要件：本罪在客观方面表现为违反土地管理法规，非法占用农用地改作他用，数量较大，造成农用地大量毁坏的行为。

3. 主体要件：本罪的主体是一般主体，即年满16周岁且具有刑事责任能力的自然人，单位也可构成本罪。

4. 主观要件：本罪在主观方面表现为故意。即明知占用农用地改作他用的行为违反土地管理法规，而且对于占用农用地改作他用会造成大量农用地被毁坏的结果也是明知的。

（二）专门性法律法规文件

1.《土地管理法》；

2. 全国人民代表大会常务委员会《关于〈中华人民共和国刑法〉第二百二十八条、第三百四十二条、第四百一十条的解释》；

3. 最高人民检察院、公安部《关于公安机关管辖的刑事案件立案追诉标准的规定（一）》；

4. 最高人民法院《关于审理破坏土地资源刑事案件具体应用法律若干问题的解释》；

5. 最高人民法院《关于审理破坏林地资源刑事案件具体应用法律若干问题的解释》；

6. 最高人民法院《关于审理破坏草原资源刑事案件应用法律若干问题的解释》；

7.《基本农田保护条例》；

8.《退耕还林条例》。

（三）证据清单

证据类型	证据名称	证明内容	证明标准	特别注意事项
物证	1. 用于占用、改变农用地的挖掘机、推土机、车辆等工具、物品原物或照片	被占用的农用地损毁情况及作案工具、运输工具、通信工具。	程序合法；实物或照片与扣押物品清单一致；扣押、提取、封存的作案工具、物品须与案件具有关联性。	注意计算被损毁林木、农作物、草皮等价值。
	2. 农用地上被损毁的林木、农作物、草皮、被挖掘的沙土、石块等原物和照片			

续表

证据类型	证据名称	证明内容	证明标准	特别注意事项
物证	3.农用地上的建筑物、设施、附着物的原物或照片	（同上）	（同上）	（同上）
	4.对讲机、手机等通信工具			
书证	1.受案材料、立案文书、破案经过	是否有管辖权；线索来源、发案经过、侦破经过。	相关文书应加盖公章，报案、控告等应形成笔录。	注意受理案件与立案时间、手续的衔接；多次实施违法犯罪行为的数额犯，未经刑事、行政处理的，一般可以累积计算。
	2.犯罪嫌疑人主体证据、户籍证明；单位工商登记资料、营业执照	犯罪嫌疑人或嫌疑单位的基本信息；是否构成单位犯罪。	犯罪嫌疑人是否具备完全刑事责任年龄，是否属于人大代表、政协委员、国家工作人员、中共党员，是否精神正常。	未成年人刑事犯罪注意收集出生证明、户口本复印件等相关材料，必要时可以进行骨龄鉴定；单位犯罪的，注意收集法定代表人和负责人的身份信息。
	3.刑事犯罪、违法等前科材料	前科劣迹及是否有累犯情节。	刑事判决书、刑满释放证明、治安处罚决定书、戒毒通知书等均须调取。	特别注意是否具有前科劣迹，如行政处罚、刑事处罚及释放证明等，以及是否达到完全刑事责任年龄。
	4.到案经过、公安机关证明材料、接受投案的证明材料、检举揭发材料、立案逮捕或判决等法律文书	犯罪嫌疑人到案的真实详细过程；犯罪嫌疑人是否具有自首和立功情节。	到案经过应包括到案时间、地点、经过及是否抗拒抓捕、是否自动投案、是否有协助抓获其他同案犯的行为；到案后是否如实供述犯罪事实；由2名以上参与抓捕或者接受投案的办案人员书写、签名，并加盖单位公章。	异地抓获的，应附异地公安机关出具的抓获经过、在逃人员登记表、临时羁押证明；检举揭发的，应当收集笔录或自述材料，被检举揭发人案件相关文书如立案决定书、逮捕决定书、起诉书、判决书等；协助抓捕的，详细说明协助方式及作用。
	5.传唤等文书以及拘传、拘留、逮捕、取保候审、监视居住等强制措施文书	传唤时间、拘传时间、羁押期限、强制措施合法性。	文书应当规范，符合公安机关刑事法律文书式样，完整、真实清楚记录各办案阶段的羁押时间，确保所有时间均在规定的时间范围内。	特别需要注意传唤、拘传时间（12小时或24小时起止时间及审批手续）；拘留后送看守所时间（24小时内）；异地执行拘留逮捕的要附转押、路程说明；拘留逮捕后通知家属时间要在法律规定的时间范围内。

续表

证据类型	证据名称	证明内容	证明标准	特别注意事项
书证	6. 使用农用地的申请书、审批表、招拍挂材料、记账凭证、账簿	证明是否符合用地要求，审批是否齐全。	原件调取，必要时从相关部门调取。	注意违规审批的认定。
书证	7. 计划用地报告、规划用地文件，破坏土地资源收费收据	证明被占用的农用地属性和违法责任。		注意相关文件的来源和出台部门是否具有相应权限。
书证	8. 土地管理部门、乡镇政府、村委会出具的证明材料	证明行为人非法占用农用地的数量、用途及被破坏的情况。	满足一般证据的证明标准。	
书证	9. 复绿的支付凭证、账本	证明行为人的认罪悔罪表现和复绿情况。	原件调取。	注意真实性审查。
书证	10. 通话记录、短信记录	预谋、分工情况及作案时间、过程、结果等情况。	须加盖提供单位的公章；以拍照、截图形式提取的须当事人签字确认。	可结合涉案电子设备所提取的电子勘查情况作出分析。
书证	11. 开户信息、银行流水、微信支付、支付宝等资金往来情况	占用农用地支出的土地出让金、平整地块费用、复绿费用等。	对相关资金流向进行分析统计，形成款项流转过程的侦查意见。	调取手续必具有合法性，调取证据通知书附卷。对于违法所得在银行卡内的，要冻结移送处理。
书证	12. 涉案物品处理或移交清单	非法占有农用地的工具、堆放物品和被损毁物品的处理或移交情况。	由相关部门出具、盖章。	已移交相关部门进行处置的，需要说明处置的方式及结果。
犯罪嫌疑人的供述及辩解	1. 自书材料 2. 讯问笔录	对农用地的认知；非法占用农用地的动机、目的、时间、地点、参与人等；采取何种方法、手段，包括擅自占有农用地、少批多占、采取欺骗手段骗取审批等；占用农用地的原状，包括是否有林木、林草、农作物、矿产等；将农用地改作何种用途，包括开办企业、建造住宅、筑路、采石、采砂、采矿等。	自书材料应证明来源、提取时间；须制作3份以上综合笔录，清晰阐明了案发经过；确定涉案数额；对讯问过程同步录音录像；注意讯问程序的合法性和笔录符合法定要求。	讯问未成年犯罪嫌疑人须有法定代理人（或合适成年人）在场；讯问女性未成年犯罪嫌疑人须有女性侦查人员在场参与讯问；注意违法审批或使用欺诈手段骗取审批的情况下，是否存在渎职线索。

续表

证据类型	证据名称	证明内容	证明标准	特别注意事项
证人证言	1. 目击证人、知情者的询问笔录	被占用农用地前后的状况；非法占用农用地的手段、改变农用地用途的方法、过程和后果；造成的损失。	询问过程应符合法定程序。	证人的身份及与犯罪嫌疑人的关系；单位犯本罪的，还要收集非法占用农用地的经办人员、参与人员、单位领导的证言。
	2. 施工人、报案人、现场发现人、执法人员的询问笔录			
鉴定意见	1. 价格鉴定	鉴定被损毁农作物等的价值。	委托程序、鉴定程序合法；鉴定意见与委托要求相符；涉及土地、地上附着植被等方面的鉴定应由农、林、牧及国土资源相关专门机构作出。	检材的提取、送检应当符合法定程序，鉴定意见应在法定时限内作出；鉴定机构、人员资质必须符合法定条件，鉴定意见应有2名鉴定人签名、机构签章。无鉴定人签名的，应对鉴定人进行询问或进行说明；鉴定意见须及时告知。
	2. 痕迹鉴定	对所提取的指纹、脚印、水产品印痕等进行鉴定，证实案发情况。		
	3. 法庭科学DNA鉴定/物种鉴定	遗留在现场或涉案物品上的犯罪嫌疑人的生物物证；被毁坏珍稀动植物的鉴定。		
	4. 土地性质鉴定、被毁坏程度鉴定、造成环保损害的鉴定	证实土地资源毁坏及农用地丧失种植条件，土地沙化、水土流失以及相关损毁土地的面积、体积等。		
	5. 复绿成本认定	认定复绿或恢复原状的成本。		
勘查、检查、辨认笔录等	1. 现场勘查笔录及照片	非法占用农用地的现场；犯罪工具来源、丢弃现场；提取物证现场。	文书应当规范，符合公安机关刑事法律文书式样，内容应当完整、真实、详细，清晰记录物品搜查、扣押、清点、核称、	严格执行见证人制度；注意提取案发现场和涉案物品上犯罪嫌疑人、涉案工具遗留的生物物证；注意扣押物品与案件的关联性，与案件无关及时发还物品所有人，保障相关人员的权利；严格见证人制度，对搜查、扣押、核称、取样过程进行同步录音录像；清点取样后依法封存于具有保管条件的地方储存；注意收集卫星图片，证实被破坏农用地的前后状况。
	2. 搜查证、搜查笔录、扣押决定书、扣押清单等搜查扣押手续、移交存放清单记录证据	依法搜查、扣押作案工具、损毁农作物、账本、车辆等物品的过程；注意核清数量或重量等计量数值。		
	3. 清点、核称笔录	对依法扣押的林木、作物进行清点、核称相关数量。		

续表

证据类型	证据名称	证明内容	证明标准	特别注意事项
勘查、检查、辨认笔录等	4. 抽样提取送检笔录	对被损毁的特殊动植物进行抽样送检。	取样、存放、移交的过程。应当拍摄现场照片或录像、绘制现场图、制作现场勘查及提取物证笔录；制作搜查、检查、核称、取样笔录和清单。	（同上）
	5. 辨认笔录	犯罪嫌疑人、相关证人之间身份确认情况；辨认作案工具。		
	6. 指认笔录	指认现场和作案工具、指认涉案物品。		
视听资料	音频、视频	证明案发过程及案发现场情况。	应附证据来源、调取文书以及与案件关联性的说明，组织犯罪嫌疑人及相关证人对视频、音频内容进行辨认。	提供录音录像单位、个人的盖章或签章；注意时间的核对与校正，不得剪辑、增加、删改。
电子数据	电子数据勘验、检查笔录及载体	手机、电脑、导航仪等电子设备数据存储、恢复情况；社交软件、金融平台、网络交易平台、邮箱等资料。	案发经过；赃物处理；资金流转；组织犯罪嫌疑人及相关证人对电子数据内容进行辨认。	可根据办案需要将部分重要电子数据打印并经犯罪嫌疑人签字确认后附卷。

十二、盗伐林木罪（刑法第 345 条第 1 款）

盗伐林木罪，是指违反国家保护森林法规，以非法占有为目的，擅自砍伐国家、集体所有或者个人所有的森林或者其他林木，数量较大的行为。

（一）犯罪构成要件

1. 客体要件：本罪侵犯的客体是国家对森林资源的管理活动和林木的所有权。

2. 客观要件：本罪在客观方面表现为违反保护森林法规，盗伐国家、集体和个人所有的森林及其他林木，数量较大的行为。

3. 主体要件：本罪主体是一般主体，凡年满 16 周岁且具备刑事责任能力的人均可成为本罪的主体，既可以是普通公民，也可以是国家工作人员，单位可成为本罪主体。

4. 主观要件：本罪在主观方面表现为故意，即明知林木不归本人或者本单位所有，而以非法占有为目的，故意盗伐。

（二）专门性法律法规文件

1.《森林法》；

2. 最高人民检察院、公安部《关于公安机关管辖的刑事案件立案追诉标准的规定（一）》；

3. 国家林业局、公安部《关于森林和陆生野生动物刑事案件管辖及立案标准》；

4. 最高人民法院《关于审理破坏森林资源刑事案件具体应用法律若干问题的解释》；

5. 最高人民法院《关于在林木采伐许可证规定的地点以外采伐本单位或者本人所有的森林或者其他林木的行为如何适用法律问题的批复》；

6.《森林法实施条例》。

（三）证据清单

证据类型	证据名称	证明内容	证明标准	特别注意事项
物证	1. 被盗伐的林木原物或照片	被盗伐的木材、材积量及盗伐的过程。	照片、复制件须与原物、原件核对一致；物证的特征、数量、质量应与扣押清单一致。	注意对不同种类、等级的林木进行单独取证或拍照。
	2. 盗伐工具、运输工具等原物或照片			
书证	1. 受案材料、立案文书、破案经过	是否有管辖权；线索来源、发案经过、侦破经过。	相关文书应加盖公章，报案、控告等应形成笔录。	注意受案时间与立案时间的衔接。
	2. 户籍证明、工商注册登记信息	犯罪嫌疑人身份信息、刑事责任年龄；犯罪嫌疑单位的登记信息。	户籍证明由户籍所在地公安机关出具并加盖公章；工商登记信息由市场监督管理部门出具并加盖公章。	未成年人刑事犯罪注意收集出生证明、户口本复印件等相关材料，必要时可以进行骨龄鉴定。

续表

证据类型	证据名称	证明内容	证明标准	特别注意事项
书证	3. 刑事犯罪、违法等前科材料	前科劣迹及是否有累犯情节。	刑事判决书、刑满释放证明、治安处罚决定书、戒毒通知书等均须调取。	备注证据来源，附调取文书及调取人员签名。
	4. 到案经过、公安机关证明材料、接受投案的证明材料、检举揭发材料、立案逮捕或判决等法律文书	犯罪嫌疑人到案的真实详细过程；犯罪嫌疑人是否具有自首和立功情节。	到案经过应包括到案时间、地点、经过及是否抗拒抓捕、是否自动投案，是否有协助抓获其他同案犯的行为；到案后是否如实供述犯罪事实；由2名以上参与抓捕或者接受投案的办案人员书写、签名，并加盖单位公章。	异地抓获的，应附异地公安机关出具的抓获经过、在逃人员登记表、临时羁押证明；检举揭发的，应当收集笔录或自述材料，被检举揭发人案件相关文书如立案决定书、逮捕决定书、起诉书、判决书等；协助抓捕的，详细说明协助方式及作用。
	5. 拘传、拘留、逮捕、取保候审等强制措施文书	采取强制措施的合法性、羁押期限时长，是否按规定送所。	依法告知、加盖公章、注意法定羁押期限。	注意拘留后24小时入所、呈捕时间、执行时间以及拘留、逮捕后讯问时间。
	6. 林权权属证明材料	所盗伐的林木的权属。	林权证或者承包合同。	存在权属纠纷的应调取主管部门的确权证明或是法院的判决书。
	7. 林木采伐许可证	采伐行为是否经过许可及许可的具体内容。	须主管部门加盖公章。	
	8. 该林班林木出材率的证明	林业设计队提供的盗伐林班树木郁密度、该林班小班的出材率。	证明出材率，是否与鉴定意见吻合。	应由2名以上林业工程师签名，并加盖设计队公章。
	9. 收条、谅解书	退赔、赔偿情况；犯罪嫌疑人认罪、悔罪、赔偿情况及刑事和解情况。	核实赔偿款支付情况及谅解书的真实性。	

续表

证据类型	证据名称	证明内容	证明标准	特别注意事项
犯罪嫌疑人的供述及辩解	1. 自书材料	行为人关于盗伐的动机、目的，盗伐后林木如何处理；行为人是临时起意还是经过事前策划，如有策划，策划的具体内容如何，具体包括：是否进行了踩点，准备了什么工具，如何运输，是否联系好销赃点；共同犯罪的，要注意查明行为人的共同故意内容，预谋的过程，共同犯罪的时间、地点、人员、分工以及各行为人的地位和作用以及如何分赃。	自书材料应证明来源、提取时间；须形成3份以上的综合讯问笔录，清晰明了阐述事发经过；必要时对讯问过程同步录音录像；注意讯问程序的合法性和笔录符合法定要求。	讯问未成年犯罪嫌疑人须有法定代理人（或合适成年人）在场；讯问女性未成年犯罪嫌疑人要求有女性侦查人员在场参与讯问。
	2. 犯罪嫌疑人的供述及辩解			
被害人陈述	被害人的询问笔录	被盗伐林木的权属、地点、株数等。	询问过程应符合法定程序。	
证人证言	1. 现场目击证人、装车运输人员、买赃人的询问笔录	证实盗伐林木时间、地点、数量及被盗林木的权属等。	询问过程应符合法定程序。	
	2. 执法机关工作人员的询问笔录等			
	3. 单位犯罪的，还要收集单位相关人员、具体实施人员的询问笔录			
鉴定意见	1. 价格鉴定	鉴定涉案林木的价格及被盗伐林木的立木蓄积量。	委托程序、鉴定程序合法；鉴定意见与委托要求相符。	鉴定机构、人员资质必须符合法定条件；意见出具应有鉴定机构签章和2名鉴定人员签字；鉴定意见须及时告知。
	2. 立木蓄积量的鉴定			

续表

证据类型	证据名称	证明内容	证明标准	特别注意事项
勘查、检查、辨认笔录等	1. 现场勘查笔录及照片	证明案发现场、被盗伐林木的伐根。	应当拍摄现场照片或录像、绘制现场图、制作现场勘查及提取物证笔录；制作搜查、检查笔录和扣押物品、文件清单；严格见证人制度，必要时进行同步录音录像。	重点收集能够判断"新旧的伐根"的相关证据；注意扣押程序合法性及物品与清单记录的一致性。
	2. 搜查、检查笔录及扣押物品、文件清单	人身检查情况、涉案财物、作案工具情况。		
	3. 辨认笔录	犯罪嫌疑人、被害人、相关证人之间身份确认情况；辨认作案工具。		
	4. 指认笔录	指认现场、指认涉案物品。		
视听资料	音频、视频	证明案发过程及案发现场情况。	应附证据来源、调取文书以及与案件关联性的说明。	提供录音录像单位、个人的盖章或签章；注意时间的核查与校正。

十三、滥伐林木罪（刑法第345条第2款）

滥伐林木罪，是指违反森林法及其他保护森林法规，未经林业行政主管部门及法律规定的其他主管部门批准并核发采伐许可证，或者虽持有采伐许可证，但违背采伐证所规定的地点、数量、树种、方式而任意采伐本单位所有或管理的，以及本人自留山上的森林或者其他林木，情节严重的行为。

（一）犯罪构成要件

1. 客体要件：本罪侵犯的客体是国家保护林业资源的管理制度。

2. 客观要件：本罪在客观方面表现为违反国家保护森林法规，未经林业行政主管部门及法律规定的其他主管部门批准并核发采伐许可证，或者虽持有采伐许可证，但违背采伐证所规定的地点、数量、树种、方式而任意采伐本单位所有或管理的，以及本人自留山上的森林或者其他林木的行为。

3. 主体要件：本罪主体是一般主体，凡年满16周岁且具备刑事责任能力的人均可成为本罪的主体，既可以是普通公民，也可以是国家工作人员，单位可成为本罪主体。

4. 主观要件：本罪在主观方面表现为故意，即明知不该滥伐，滥伐林木的行为会产生危害结果而有意实施滥伐行为。

（二）专门性法律法规文件

1.《森林法》；
2. 最高人民检察院、公安部《关于公安机关管辖的刑事案件立案追诉标准的规定（一）》；
3. 国家林业局、公安部《关于森林和陆生野生动物刑事案件管辖及立案标准》；
4. 最高人民法院《关于审理破坏森林资源刑事案件具体应用法律若干问题的解释》；
5. 最高人民法院《关于滥伐自己所有权的林木其林木应如何处理的问题的批复》；
6. 最高人民法院《关于在林木采伐许可证规定的地点以外采伐本单位或者本人所有的森林或者其他林木的行为如何适用法律问题的批复》；
7.《森林法实施条例》。

（三）证据清单

证据类型	证据名称	证明内容	证明标准	特别注意事项
物证	1. 被滥伐的林木原物或照片	被滥伐的木材、材积量及滥伐的过程。	照片、复制件须与原物、原件核对一致；物证的特征、数量、质量应与扣押清单一致。	注意对不同种类、等级的林木进行单独取证或拍照。
	2. 滥伐工具、运输工具等原物或照片			
书证	1. 受案材料、立案文书、破案经过	是否有管辖权；线索来源、发案经过、侦破经过。	相关文书应加盖公章，报案、控告等应形成笔录。	注意受案时间与立案时间的衔接。

续表

证据类型	证据名称	证明内容	证明标准	特别注意事项
书证	2. 户籍证明、工商注册登记信息	犯罪嫌疑人身份信息、刑事责任年龄；犯罪嫌疑单位的登记信息。	户籍证明由户籍所在地公安机关出具并加盖公章；工商登记信息由市场监督管理部门出具并加盖公章。	未成年人刑事犯罪注意收集出生证明、户口本复印件等相关材料，必要时可以进行骨龄鉴定。
	3. 刑事犯罪、违法等前科材料	前科劣迹及是否有累犯情节。	刑事判决书、刑满释放证明、治安处罚决定书、戒毒通知书等均须调取。	备注证据来源，附调取文书及调取人员签名。
	4. 到案经过、公安机关证明材料、接受投案的证明材料、检举揭发材料、立案逮捕或判决等法律文书	犯罪嫌疑人到案的真实详细过程；犯罪嫌疑人是否具有自首和立功情节。	到案经过应包括到案时间、地点、经过及是否抗拒抓捕、是否自动投案，是否有协助抓获其他同案犯的行为；到案后是否如实供述犯罪事实；由2名以上参与抓捕或者接受投案的办案人员书写、签名，并加盖单位公章。	异地抓获的，应附异地公安机关出具的抓获经过、在逃人员登记表、临时羁押证明；检举揭发的，应当收集笔录或自述材料，被检举揭发人案件相关文书如立案决定书、逮捕决定书、起诉书、判决书等；协助抓捕的，详细说明协助方式及作用。
	5. 拘传、拘留、逮捕、取保候审等强制措施文书	采取强制措施的合法性、羁押期限时长，是否按规定送所。	依法告知、加盖公章、注意法定羁押期限。	注意拘留后24小时入所、呈捕时间、执行时间以及拘留、逮捕后讯问时间。
	6. 林权权属证明材料	所滥伐的林木的权属。	林权证或者承包合同。	存在权属纠纷的，应调取主管部门的确权证明或是法院的判决书。
	7. 林木采伐许可证	采伐行为是否经过许可及许可的具体内容。	须主管部门加盖公章。	
	8. 该林班林木出材率的证明	林业设计队提供的滥伐林班树木郁密度、该林班小班的出材率。	证明出材率，是否与鉴定意见吻合。	应由2名以上林业工程师签名，并加盖设计队公章。
	9. 收条、谅解书	退赔、赔偿情况；犯罪嫌疑人认罪、悔罪、赔偿情况及刑事和解情况。	核实赔偿款支付情况及谅解书的真实性。	

续表

证据类型	证据名称	证明内容	证明标准	特别注意事项
犯罪嫌疑人的供述及辩解	1. 自书材料	行为人关于滥伐的动机、目的，滥伐后林木如何处理；行为人是临时起意还是经过事前策划，如有策划，策划的具体内容如何，具体包括是否进行了采点，准备了什么工具，如何运输，是否联系好销赃点；共同犯罪的，要注意查明行为人的共同故意内容，预谋的过程，共同犯罪的时间、地点、人员、分工以及各行为人的地位和作用以及如何分赃。	自书材料应证明来源、提取时间；须形成3份以上的综合讯问笔录，清晰明了阐述事发经过；必要时对讯问过程同步录音录像；注意讯问程序的合法性和笔录符合法定要求。	讯问未成年犯罪嫌疑人须有法定代理人（或合适成年人）在场；讯问女性未成年犯罪嫌疑人要求有女性侦查人员在场参与讯问。
	2. 犯罪嫌疑人的供述及辩解			
被害人陈述	被害人的询问笔录	被滥伐林木的权属、地点、株数等。	询问过程应符合法定程序。	
证人证言	1. 现场目击证人、装车运输人员、买赃人的询问笔录	证实滥伐林木时间、地点、数量及被滥伐林木的权属等。	询问过程应符合法定程序。	
	2. 执法机关工作人员的询问笔录等			
	3. 单位犯罪的，还要收集单位相关人员、具体实施人员的询问笔录			
鉴定意见	1. 价格鉴定	鉴定涉案林木的价格及被滥伐林木的立木蓄积量。	委托程序、鉴定程序合法；鉴定意见与委托要求相符。	鉴定机构、人员资质必须符合法定条件；意见出具应有鉴定机构盖章和2名鉴定人员签字；鉴定意见须及时告知。
	2. 立木蓄积量的鉴定			

续表

证据类型	证据名称	证明内容	证明标准	特别注意事项
勘查、检查、辨认笔录等	1. 现场勘查笔录及照片	证明案发现场、被滥伐林木的伐根。	应当拍摄现场照片或录像、绘制现场图、制作现场勘查及提取物证笔录;制作搜查、检查笔录和扣押物品、文件清单;严格见证人制度,必要时进行同步录音录像。	重点收集能够判断"新旧的伐根"的相关证据;注意扣押程序合法性及物品与清单记录的一致性。
	2. 搜查、检查笔录及扣押物品、文件清单	人身检查情况、涉案财物、作案工具情况。		
	3. 辨认笔录	犯罪嫌疑人、被害人、相关证人之间身份确认情况;辨认作案工具。		
	4. 指认笔录	指认现场、指认涉案物品。		
视听资料	音频、视频	证明案发过程及案发现场情况。	应附证据来源、调取文书以及与案件关联性的说明。	提供录音录像单位、个人的盖章或签章;注意时间的核对与校正。

十四、走私、贩卖、运输、制造毒品罪（刑法第 347 条）

走私、贩卖、运输、制造毒品罪,是指明知是毒品而故意实施走私、贩卖、运输、制造的行为。

(一) 犯罪构成要件

1. 客体要件：本罪侵犯的客体是国家对毒品的管理制度和人民的生命健康。

2. 客观要件：本罪在客观方面上表现为行为人进行走私、贩卖、运输、制造毒品的行为。

走私毒品,是指明知是毒品而非法将其运输、携带、寄递进出国(边)境的行为。直接向走私人非法收购走私进口的毒品,或者在内海、领海、界河、界湖运输、收购、贩卖毒品的,以走私毒品罪立案追诉。

贩卖毒品,是指明知是毒品而非法销售或者以贩卖为目的而非法收买的行为。以牟利为目的,为他人代购仅用于吸食、注射的毒品的,或明知他人实施毒品犯罪而为其居间介绍、代购代卖的,构成贩卖毒品罪。

运输毒品，是指明知是毒品而采用携带、寄递、托运、利用他人或者使用交通工具等方法非法运送毒品的行为。

制造毒品，是指非法利用毒品原植物直接提炼或者用化学方法加工、配制毒品，或者以改变毒品成分和效用为目的，用混合等物理方法加工、配制毒品的行为。

3. 主体要件：本罪的主体是一般主体，年满16周岁且具有刑事责任能力的自然人均可成为本罪主体，其中已满14周岁未满16周岁的未成年人贩卖毒品的，应当负刑事责任。因此，对于走私、运输、制造毒品犯罪，只有达到16周岁才负刑事责任。

4. 主观要件：本罪在主观方面表现为故意，且是直接故意，即明知是毒品而走私、贩卖、运输、制造，过失不构成本罪。

（二）专门性法律法规文件

1. 最高人民法院、最高人民检察院、公安部《办理毒品犯罪案件毒品提取、扣押、称量、取样和送检程序若干问题的规定》；
2. 最高人民法院、最高人民检察院、公安部《关于办理毒品犯罪案件收集与审查证据若干问题的意见》；
3. 最高人民检察院、公安部《关于公安机关管辖的刑事案件立案追诉标准的规定（三）》；
4. 最高人民法院《关于审理毒品犯罪案件适用法律若干问题的解释》；
5. 最高人民法院、最高人民检察院、公安部《办理毒品犯罪案件适用法律若干问题的意见》；
6. 最高人民法院、最高人民检察院、公安部《关于办理走私、非法买卖麻黄碱类复方制剂等刑事案件适用法律若干问题的意见》；
7. 最高人民法院《全国部分法院审理毒品犯罪案件工作座谈会纪要》；
8. 最高人民法院《全国法院毒品犯罪审判工作座谈会纪要》；
9. 公安部《关于毒品案件立案标准的通知》；
10. 公安部《公安机关缴获毒品管理规定》。

（三）证据清单

证据类型	证据名称	证明内容	证明标准	特别注意事项
物证	1.毒品、毒品半成品、制毒原料、配剂、废料、废液等原物或照片	毒品等的数量、形态、种类；走私、贩卖、运输、制造毒品犯罪使用的作案工具、通信工具；毒品上下家交易情况；毒赃情况及犯罪嫌疑人名下财产情况。	扣押、提取、封存等过程具有合法性，扣押、提取、封存的作案工具、货物物品须与案件具有关联性。	毒品是否被隐藏、掩盖；毒品犯罪交易的方式；是否进行武装掩护或者以暴力抗拒检查；是否涉及如非法持有枪支、弹药等数罪情况；对涉案枪支、弹药进行鉴定。
	2.制造、运输、称量、分装、盛装毒品、制毒物品的工具如车辆、塑料袋、器皿、天平、包裹等			
	3.吸食或注射毒品的工具如注射器、吸管、锡纸、特制冰壶等			
	4.购买原材料、制造工具的单证、包装物			
	5.对讲机、手机等通信工具及枪支、弹药、爆炸物、器械等武器			
	6.现金、银行卡、记账本、票据、动产实物、不动产权证等			
书证	1.受案材料、立案文书、破案经过	是否有管辖权；线索来源、发案经过、侦破经过。	相关文书应加盖公章，报案、控告等应形成笔录。	注意受理案件与立案时间、手续以及技侦手续的衔接。
	2.犯罪嫌疑人主体证据、户籍证明	犯罪嫌疑人的基本信息。	犯罪嫌疑人是否达到相应刑事责任年龄	未成年人刑事犯罪注意收集出生证明、户口本复印件等相关材料，必要时可以进行骨龄鉴定。外国人须收集护照、身份证等证件，并向使领馆核查。

第五章 妨害社会管理秩序罪

续表

证据类型	证据名称	证明内容	证明标准	特别注意事项
书证	3.刑事犯罪、违法等前科材料	前科劣迹及是否有毒品再犯、累犯或刑罚执行期间犯罪，是否吸毒人员。	刑事判决书、刑满释放证明、治安处罚决定书、强制戒毒登记表、戒毒通知书等。	注意调取一、二审刑事判决裁定及释放证明等；是否存在以贩养吸情节；是否系漏犯或有遗漏罪行。
	4.到案经过、公安机关证明材料、接受投案的证明材料、检举揭发材料、立案逮捕或判决等法律文书	犯罪嫌疑人到案的真实详细过程；犯罪嫌疑人是否具有自首和立功情节。	到案经过应包括到案时间、地点、经过及是否抗拒抓捕、是否自动投案，是否有协助抓获其他同案犯的行为；到案后是否如实供述犯罪事实；由2名以上参与抓捕或者接受投案的办案人员书写、签名，并加盖单位公章。	异地抓获的，应附异地公安机关出具的抓获经过、在逃人员登记表、临时羁押证明；检举揭发的，应当收集笔录或自述材料，被检举揭发人案件相关文书如立案决定书、逮捕决定书、起诉书、判决书等；协助抓捕的，详细说明协助方式及作用；使用警犬嗅源手段协助侦查确定犯罪嫌疑人、被告人或查获毒品等相关物品的，应将相关情况写成书面材料，并加盖单位公章，有条件的可以附录像。
	5.传唤等文书以及拘传、拘留、逮捕、取保候审、监视居住等强制措施文书	传唤时间、拘传时间、羁押期限、强制措施合法性。	文书应当规范，符合公安机关刑事法律文书式样，完整、真实、清楚记录各办案阶段的羁押时间，确保所有时间均在规定的时间范围内。	特别需要注意传唤、拘传时间（12小时或24小时起止时间及审批手续）、拘留后送看守所时间（24小时内）；异地执行拘留逮捕的，要附转押、路程说明；拘留逮捕后通知家属时间要在法律规定的时间范围内。
	6.通话记录、短信记录、开户信息	预谋、分工情况、上下家联系情况及作案时间、过程、结果等情况。	须加盖提供单位的公章；以拍照、截图形式提取的须当事人签字确认。	注意通过基站、异常联系情况分析活动轨迹及同案犯、上下家关系；可结合涉案电子设备所提取的电子勘查情况作出分析。
	7.开户信息、银行流水、微信支付、支付宝等资金往来情况	毒资的来源、流转和去向；路费、雇工工钱支付情况；犯罪嫌疑人与上下家间的交易记录情况。	对相关资金流向进行分析统计，形成款项流转过程的侦查意见；异常资金流结合交易对手账户分析。	调取手续必须具有合法性，调取证据通知书附卷；对于违法所得在银行卡内的要冻结移送处理；注意同案人是否构成洗钱罪。

续表

证据类型	证据名称	证明内容	证明标准	特别注意事项
书证	8. 机票、乘机记录、车船票、路桥费票据、出入境记录等	犯罪嫌疑人出入境情况；犯罪嫌疑人轨迹情况。	调取手续齐全；收集原件。	
	9. 托运、邮寄毒品的物流寄递单证	毒品犯罪的时间和行为人；毒品犯罪的方式和路线。	调取手续齐全；收集原件。	是否存在掩饰、伪装或逃避检查的情况；是否以虚假身份作案，必要时进行笔迹鉴定。
	10. 记载制造、交易毒品的记录本或记账单	毒品交易的情况；上下家及相关交易信息；毒赃的处理情况。	调取手续齐全；收集原件；由记录人进行解释并签名确认。	犯罪嫌疑人否认的要做笔迹鉴定；注意跟微信、手机信息、供述串并分析。
	11. 租房合同、住宿登记、预定包厢记录及付费凭证	房屋等场所的所有人、使用人或管理人情况；行动轨迹或毒品犯罪行为场所。	调取手续齐全；收集原件。	使用虚假身份、号码等信息租用车辆、房屋、包厢等，注意收集相关的证人证言、监控视频、辨认笔录等证实实际租用人身份，必要时进行笔迹等鉴定。
	12. 租车合同、机动车登记信息、驾驶人登记信息、驾驶证、行驶证	交通工具的归属和使用情况；是否专门的作案工具。	调取手续齐全；收集原件和复印件。	机动车登记所有人与实际使用人不一致的，应当收集登记所有人等证人的证言、转让合同、付款记录、保养维修记录等证据。
	13. 公安机关证明材料、接受投案的证明材料、检举揭发材料、立案逮捕或判决等法律文书	犯罪嫌疑人是否具有自首和立功情节。	证明材料须单位盖章及2名侦查人员签名。	检举揭发的，应当收集笔录或自述材料，被检举揭发人案件相关文书如立案决定书、逮捕决定书、起诉书、判决书等；协助抓捕的，详细说明协助方式及作用。
	14. 涉案物品处理或移交清单	毒品、原材料、毒资、作案工具等物品的处理或移交情况。	由相关部门出具、盖章。	已移交相关部门进行处置的需要说明处置的方式及结果。

续表

证据类型	证据名称	证明内容	证明标准	特别注意事项
犯罪嫌疑人的供述及辩解	1. 自书材料	犯罪时间、地点、经过、次数；毒品的种类、数量、价格、制作方法、交付方式、来源和去向；毒资来源、流转和支付方式；通信、交通等工具的来源去向；上下家在犯意提起、付款、运输、促成交易等环节所起的作用；共同犯罪案件中的预谋、分工、出资、毒品归属、毒赃分配以及地位、作用；是不是累犯、毒品再犯等前科情况；是否曾因实施毒品违法行为被行政处罚、强制戒毒和吸毒情况；到案经过及是否有自首、立功等情节；犯罪嫌疑人的经济状况、涉案财产的储存和处理。	自书材料应证明来源、提取时间；须制作3份以上综合笔录，清晰阐明阐述案发经过；确定涉案数额；对讯问过程同步录音录像；注意讯问程序的合法性和笔录符合法定要求；讯问外国人、少数民族应当提供翻译。	讯问未成年犯罪嫌疑人须有法定代理人（或合适成年人）在场；讯问女性未成年犯罪嫌疑人须有女性侦查人员在场参与讯问；注意是否存在以贩养吸、为他人有偿或无偿代购、用于自行吸食的情况；注意对毒品的认知情况和对是否明知是毒品的辩解；对犯罪嫌疑人有逃避、抗拒检查，获取不合理高额报酬，伪报、藏匿、伪装等蒙蔽手段逃避海关、边防检查或者故意绕开检查站；以虚假身份、地址或物品办理托运、寄递毒品，采用高度隐蔽方式携带、运输、交接毒品等可以推定犯罪嫌疑人对毒品的明知的情形的，注意对犯罪嫌疑人采取上述方式供述与辩解的收集；注意犯罪嫌疑人是否吸毒后、精神状态是否正常、意识是否清醒，如存在此情况，应停止问话，待其清醒后重新制作笔录。
	2. 讯问笔录			
被害人陈述	被害人询问笔录或自述材料	是否有武装掩护或暴力抗拒检查、拘留、逮捕等；是否造成伤亡和财产损失。	询问程序合法。	
证人证言	1. 目击证人、知情者、上下家的询问笔录	毒品犯罪的经过；犯罪嫌疑人的体貌体征、抓获的经过；是否吸毒。	询问过程应符合法定程序。	证人的身份及与犯罪嫌疑人的关系；未达到追责标准的参与人对犯罪发生的过程的叙述等。
	2. 抓获人、报案人、购毒和吸毒人员、现场发现人的询问笔录			

续表

证据类型	证据名称	证明内容	证明标准	特别注意事项
证人证言	3. 隐匿身份人的证言	隐匿身份人的身份信息、与犯罪嫌疑人的关系；毒品交易或走私、运输、制造的过程；毒资的来源。	审批手续、对侦破案件的作用和身份信息附密卷移送。	反映是否存在犯意引诱、数量引诱；是否为隐匿身份人提供的毒资或毒品或购毒渠道；应当采取不暴露隐匿身份人身份的保护措施。
鉴定意见	1. 涉毒物质成分与含量鉴定	对毒品、制毒物品、毒品原植物及其种子或者幼苗、半成品、废料、废液等进行毒品成分、含量鉴定。	委托程序、鉴定程序合法；鉴定意见与委托要求相符。	检材的提取、送检应当符合法定程序，鉴定意见应在法定时限内作出；鉴定机构、人员资质必须符合法定条件；鉴定意见应有2名鉴定人签名、机构签章。无鉴定人签名的，应对鉴定人进行询问或进行说明；鉴定意见须及时告知。
	2. 笔迹鉴定	银行凭条、记账本、租房或租车合同、托运单据等笔迹鉴定。		
	3. 枪支、弹药鉴定	武装贩毒情况。		
	4. 价格鉴定	以物易毒等情况鉴定涉案物品价格。		
	5. 声纹或人像鉴定	确认调取或提取的录音、通话、监控等视听材料中的对象身份。		
	6. 痕迹鉴定	对所提取的指纹、痕迹等进行鉴定。		
	7. 伤情或死因鉴定	武装掩护或抗拒抓捕导致被害人伤亡情况。		
	8. 法庭科学 DNA 鉴定	遗留在现场或涉案物品上的犯罪嫌疑人或经手人的生物物证进行同一认定。		
	9. 司法会计鉴定	毒品交易情况和获利情况，特别是无现货并扣押到账本、银行资金流的案件。		

续表

证据类型	证据名称	证明内容	证明标准	特别注意事项
勘查、检查、辨认笔录等	1. 现场勘查笔录、现场提取痕迹/物证登记表及照片	毒品走私、贩卖、运输、制造、交易、交接、储存、吸食现场；犯罪工具来源、丢弃现场；提取物证现场；指纹、掌纹等痕迹；体液、毛发等生物检材；枪支、弹药、爆炸物、器械储存、提取现场。	文书应当规范，符合公安机关刑事法律文书式样，内容应当完整、真实、详细，清晰记录物品搜查、扣押、清点、核称、取样、存放、移交的过程。应当拍摄现场照片或现场录像，绘制现场图、制作现场勘查及提取物证笔录；制作搜查、检查、核称、取样笔录和清单；称量工具是否合格；实地称量不具备条件的应依法封装后到有条件的地方进行称量抽样送检；见证人在场，同步录音录像。	严格执行见证人制度；注意提取案发现场和涉案物品上犯罪嫌疑人、涉案人员的生物物证；注意扣押物品与案件的关联性，与案件无关及时发还物品所有人，保障相关人员的权利；严格见证人制度，对搜查、扣押、核称、取样过程进行同步录音录像；清点取样后依法封存于具有保管条件的地方储存。不得将不同包装物内的毒品、毒品半成品、原料、配剂等进行混合，严格避免交叉污染和重复计算；采取措施防止犯罪嫌疑人及其他无关人员接触毒品及包装物；对体内藏毒的案件，应当监控犯罪嫌疑人排出体内的毒品，及时提取、扣押并制作笔录；在保障犯罪嫌疑人隐私权和人格尊严的情况下，可以对排毒的主要过程进行拍照或者录像；必要时，可以在排毒前对犯罪嫌疑人体内藏毒情况进行透视检验并以透视影像的形式固定证据；及时发现、提取犯罪嫌疑人身体、衣服、随身物品以及作案工具上的毒品残留物及相关的痕迹和生物检材；注意避免犯罪嫌疑人吸毒后等不清醒时在场见证。
	2. 搜查证、搜查笔录、扣押决定书、扣押清单等搜查扣押手续、移交存放清单记录证据	查获的毒品、包装物、记账本、现金、手机等涉案物品来源、名称、数量、特征等；运毒车辆、藏毒物品和工具以及吸毒、制毒工具的数量特征。		
	3. 清点、核称笔录	毒品、原材料、废料、废液重量的清点和称量。		
	4. 抽样提取送检笔录	对依法扣押的毒品、原材料、废液、废料进行抽样送检。		
	5. 辨认笔录	犯罪嫌疑人、毒品上下家、购毒吸毒人员等身份确认情况；辨认作案工具。		
	6. 人身检查笔录及照片	确定涉案人特征、受伤情况或者精神状态；提取生物检材或毒品检材。		
	7. 尿液或血液毒品检测	是否吸毒。		
	8. 指认笔录	指认现场、指认涉案物品、作案工具。		

续表

证据类型	证据名称	证明内容	证明标准	特别注意事项
视听资料	道路监控视频、高速卡口监控视频；出入境通道、机场、火车站、汽车站等场所监控视频；行车记录仪视频、执法记录仪视频；车辆GPS记录；银行监控视频；宾馆、KTV等监控视频；其他涉案相关音视频	犯罪嫌疑人走私、运输、制造、贩卖毒品的作案过程；提取、存储、流转毒资、毒赃情况；出入宾馆、KTV等活动轨迹情况；到案经过、协助抓捕他人经过；抓获、搜查、扣押、称量经过。	存储于光盘等存储介质随案移送；附有调取证据通知书（回执）和调取证据清单，并由证据持有人签名或盖章；附视频资料制作说明，对视频资料的来源、真实完整性、提取保存过程和证实主要事实进行说明。	注意提取沿途路段的监控录像、收费站的通行记录、车辆GPS、涉案车辆及邻近车辆行车记录仪视频的相关视频、数据；提供录音录像单位、个人的盖章或签名；注意时间的核对与校正，不得剪辑、增加、删改；注意时间的核对；组织犯罪嫌疑人及相关证人对视频、音频内容进行辨认。
电子数据	电子数据勘验、检查笔录及载体	手机、电脑、导航仪等电子设备数据存储、恢复情况；微信、QQ等社交软件、支付宝、微信支付等网络交易平台、网页、邮箱等毒品相关资料。	对毒品以及制毒原料、制毒方式的认知；毒品的来源、去向及交易方式、过程；毒资的流转、毒赃的分配和处理；组织犯罪嫌疑人及证人对电子数据内容进行辨认。	可根据办案需要将部分重要电子数据打印并经犯罪嫌疑人签字确认后附卷；使用前后注意封存物证。
技侦证据	1. 采取技术侦查措施获取的物证、物证、视听资料、电子数据等	犯罪嫌疑人对毒品的明知；共同犯罪的各犯罪嫌疑人在共同犯罪中的地位、作用；毒品交易的上下家及毒品犯罪的类型如仅是运输还是贩卖、运输等毒品交易的数量、金额、地点等。	审批程序合法、齐全，必要时附秘卷移送；视频、音频内容应当转化为文字材料与光盘一并移送；电话监听须标注电话号码及机主，特殊代称或隐晦用语须注明。	采取技术侦查措施收集音视频证据应同时收集证明声音主体身份的证据；必要时进行声纹鉴定、图像鉴定。
	2. 控制下交付的证明材料	公安机关事实控制下交付的过程及毒品犯罪的过程。	审批手续合法、齐全，附实施控制下交付的过程的书面说明，密卷移送。	

十五、非法持有毒品罪（刑法第348条）

非法持有毒品罪，是指明知是鸦片、海洛因、甲基苯丙胺或者其他毒品，而非法持有且数量较大的行为。

第五章 妨害社会管理秩序罪

（一）犯罪构成要件

1. 客体要件：本罪侵犯的客体，是国家对毒品的管制和他人的身体健康。
2. 客观要件：本罪客观方面表现为非法持有毒品数量较大的毒品。
3. 主体要件：本罪的主体是一般主体。凡年满16周岁且具有刑事责任能力的自然人均可成为本罪主体。
4. 主观要件：本罪在主观方面表现为故意。即行为人明知是国家禁止非法持有的毒品而故意持有。

（二）专门性法律法规文件

1. 最高人民法院、最高人民检察院、公安部《办理毒品犯罪案件毒品提取、扣押、称量、取样和送检程序若干问题的规定》；
2. 最高人民法院、最高人民检察院、公安部《关于办理毒品犯罪案件收集与审查证据若干问题的意见》；
3. 最高人民检察院、公安部《关于公安机关管辖的刑事案件立案追诉标准的规定（三）》；
4. 最高人民法院《关于审理毒品犯罪案件适用法律若干问题的解释》；
5. 最高人民法院、最高人民检察院、公安部《办理毒品犯罪案件适用法律若干问题的意见》；
6. 最高人民法院《全国部分法院审理毒品犯罪案件工作座谈会纪要》；
7. 最高人民法院《全国法院毒品犯罪审判工作座谈会纪要》；
8. 公安部《关于毒品案件立案标准的通知》；
9. 公安部《公安机关缴获毒品管理规定》。

（三）证据清单

证据类型	证据名称	证明内容	证明标准	特别注意事项
物证	1. 毒品、包装物、储存工具等原物或照片 2. 吸食或注射毒品的工具如注射器、吸管、锡纸、特制冰壶等 3. 现金、银行卡、手机、车辆等	毒品的数量、形态、种类；毒品的包装、存放的地方。	扣押、提取、封存等过程具有合法性，扣押、提取、封存的作案工具、货物物品须与案件具有关联性。原物提取、不便提取的以照片形式附卷；物证的特征、数量、数额、重量与扣押清单一致。	不得将不同包装物内的毒品等进行混合；采取措施防止犯罪嫌疑人及其他无关人员接触毒品及包装物；及时发现、提取犯罪嫌疑人身体、衣服、随身物品以及作案工具上的毒品残留物。

续表

证据类型	证据名称	证明内容	证明标准	特别注意事项
书证	1.受案材料、立案文书、破案经过	是否有管辖权；线索来源、发案经过、侦破经过。	相关文书应加盖公章，报案、控告等应形成笔录。	注意受理案件与立案时间、手续以及技侦手续的衔接。
	2.犯罪嫌疑人主体证据、户籍证明	犯罪嫌疑人的基本信息。	犯罪嫌疑人是否达到相应刑事责任年龄。	未成年人刑事犯罪注意收集出生证明、户口本复印件等相关材料，必要时可以进行骨龄鉴定。外国人须收集护照、身份证等证件，并向使领馆核查。
	3.刑事犯罪、违法等前科材料	前科劣迹及是否有毒品再犯、累犯或刑罚执行期间犯罪，是否为吸毒人员。	刑事判决书、刑满释放证明、治安处罚决定书、强制戒毒登记表、戒毒通知书等。	注意调取一、二审刑事判决裁定及释放证明等；是否系漏犯或有遗漏罪行。
	4.到案经过、公安机关证明材料、接受投案的证明材料、检举揭发材料、立案逮捕或判决等法律文书	犯罪嫌疑人到案的真实详细过程；犯罪嫌疑人是否具有自首和立功情节。	到案经过应包括到案时间、地点、经过及是否抗拒抓捕、是否自动投案，是否有协助抓获其他同犯的行为；到案后是否如实供述犯罪事实；由2名以上参与抓捕或者接受投案的办案人员书写、签名，并加盖单位公章。	异地抓获的，应附异地公安机关出具的抓获经过、在逃人员登记表、临时羁押证明；检举揭发的，应当收集笔录或自述材料，被检举揭发人案件相关文书如立案决定书、逮捕决定书、起诉书、判决书等；协助抓捕的，详细说明协助方式及作用；在执法人员检查时有逃跑、藏匿、丢弃携带的物品、弃车逃离或者其他逃避、抗拒检查行为的，应详细说明经过；使用警犬嗅源手段协助侦查确定犯罪嫌疑人、被告人或查获毒品等相关物品的，应将相关情况写成书面材料，并加盖单位公章，有条件的可以附录像。
	5.传唤等文书以及拘传、拘留、逮捕、取保候审、监视居住等强制措施文书	传唤时间、拘传时间、羁押期限、强制措施合法性。	文书应当规范，符合公安机关刑事法律文书式样，完整、真实、清楚记录各办案阶段的羁押时间，确保所有时间均在规定的时间范围内。	特别需要注意传唤、拘传时间（12小时或24小时起止时间及审批手续）、拘留后送看守所时间（24小时内）；异地执行拘留逮捕的要附转押、路程说明；拘留逮捕后通知家属时间要在法律规定的时间范围内。

第五章 妨害社会管理秩序罪

续表

证据类型	证据名称	证明内容	证明标准	特别注意事项
书证	6.通话记录、短信记录、开户信息	毒品的来源、用途等。	须加盖提供单位的公章；以拍照、截图形式提取的须当事人签字确认。	可结合涉案电子设备所提取的电子勘查情况作出分析。
	7.开户信息、银行流水、微信支付、支付宝等资金往来情况	毒资的来源、流转和去向；犯罪嫌疑人与上家间的交易记录情况。	对相关资金流向进行分析统计，注意区分贩卖、运输毒品。	调取手续必具有合法性，调取证据通知书附卷；对于违法所得在银行卡内的要冻结移送处理；注意同案人是否构成洗钱罪。
	8.租房合同、住宿登记、预定包厢记录及费用	房屋等场所的所有人、使用人或管理人情况；行动轨迹或毒品犯罪行为场所。	调取手续齐全；收集原件。	使用虚假身份、号码等信息租用车辆、房屋、包厢等，注意收集相关的证人证言、监控视频、辨认笔录等证实实际租用人身份，必要时进行笔迹等鉴定。
	9.公安机关证明材料、接受投案的证明材料、检举揭发材料、立案逮捕或判决等法律文书	犯罪嫌疑人是否具有自首和立功情节。	证明材料须单位盖章及2名侦查人员签名。	检举揭发的，应当收集笔录或自述材料，被检举揭发人案件相关文书如立案决定书、逮捕决定书、起诉书、判决书等；协助抓捕的，详细说明协助方式及作用。
	10.涉案物品处理或移交清单	毒品、作案工具等物品的处理或移交情况。	由相关部门出具、盖章。	已移交相关部门进行处置的需要说明处置的方式及结果。
犯罪嫌疑人的供述及辩解	1.自书材料	犯罪时间、地点、经过；毒品的种类、数量、来源和用途；购毒支付方式；通信、交通等工具的来源去向；共同犯罪案件中的分工、出资、毒品归属；是不是累犯、毒品再犯等前科情况；是否曾因实施毒品违法行为被行政处罚、强制戒毒和吸毒情况；到案经过及是否有自首、立功等情节；犯罪嫌疑人的经济状况、涉案财产的储存和处理。	自书材料应证明来源、提取时间；须制作3份以上综合笔录，清晰阐明了阐述案发经过；确定涉案数额；对讯问过程同步录音录像；注意讯问程序的合法性和笔录符合法定要求；讯问外国人、少数民族应当提供翻译。	讯问未成年犯罪嫌疑人须有法定代理人（或合适成年人）在场；讯问女性未成年犯罪嫌疑人须有女性侦查人员在场参与讯问；注意对毒品的认知情况和对是否明知是毒品的辩解；对犯罪嫌疑人有逃避、抗拒检查、伪报、藏匿、伪装等蒙蔽手段逃避检查或者故意绕开检查站等可以推定犯罪嫌疑人对毒品的明知的情形，注意对犯罪嫌疑人采取上述方式供述与辩解的收集；注意犯罪嫌疑人是否为吸毒后、精神状态是否正常、意识是否清醒，如存在此情况，应停止问话，待其清醒后重新制作笔录。
	2.讯问笔录			

续表

证据类型	证据名称	证明内容	证明标准	特别注意事项
证人证言	1. 目击证人、知情者的询问笔录	毒品犯罪的经过；犯罪嫌疑人的体貌体征、抓获的经过；是否吸毒。	询问过程应符合法定程序。	证人的身份及与犯罪嫌疑人的关系；未达到追责标准的参与人对犯罪发生的过程的叙述等。
	2. 抓获人、报案人、购毒和吸毒人员、现场发现人的询问笔录			
	3. 隐匿身份人的证言	隐匿身份人的身份信息、与犯罪嫌疑人的关系；毒品的来源、用途、去向；毒资的来源。	审批手续、对侦破案件的作用和身份信息附密卷移送。	反映是否存在犯意引诱、数量引诱；是否为隐匿身份人提供的毒资或毒品或购毒渠道；应当采取不暴露隐匿身份人身份的保护措施。
鉴定意见	1. 涉毒物质成分与含量鉴定	对毒品进行毒品成分、含量鉴定。	委托程序、鉴定程序合法；鉴定意见与委托要求相符。	检材的提取、送检应当符合法定程序，鉴定意见应在法定时限内作出；鉴定机构、人员资质必须符合法定条件；鉴定意见应有2名鉴定人签名、机构签章。无鉴定人签名的，应对鉴定人进行询问或进行说明；鉴定意见须及时告知。
	2. 声纹或人像鉴定	确认调取或提取的录音、通话、监控等视听材料中的对象身份。		
	3. 痕迹鉴定	对所提取的指纹、痕迹等进行鉴定。		
	4. 法庭科学DNA鉴定	遗留在现场或涉案物品上的犯罪嫌疑人或经手人的生物物证进行同一认定。		
勘查、检查、辨认笔录等	1. 现场勘查笔录、现场提取痕迹/物证登记表及照片	毒品储存、吸食现场；犯罪工具来源、丢弃现场；提取物证现场；指纹、掌纹等痕迹；体液、毛发等生物检材。	文书应当规范，符合公安机关刑事法律文书样式，内容应当完整、真实、详细，清晰记录物品搜查、扣押、清点、核称、取样、存放。	严格执行见证人制度；注意提取案发现场和涉案物品上犯罪嫌疑人、涉案人员的生物物证；注意扣押物品与案件的关联性，与案件无关及时发还物品所有人，保障相关人员的权利；严格见证人制度，对搜查、扣押、核称、取样过程进行同步录音录像；清点取样后依法封存于具有保管条件的地方储存。不得将不同包装物内的毒品、毒品半成品、原料、配剂等进行混合，
	2. 搜查证、搜查笔录、扣押决定书、扣押清单等搜查扣押手续、移交存放清单记录证据	查获的毒品、包装物、现金、手机等涉案物品来源、名称、数量、特征；运毒车辆、藏毒物品和工具以及吸毒工具的数量特征。		

续表

证据类型	证据名称	证明内容	证明标准	特别注意事项
勘查、检查、辨认笔录等	3. 清点、核称笔录	毒品的清点和称量。	移交的过程。应当拍摄现场照片或录像、绘制现场图、制作现场勘查及提取物证笔录；制作搜查、检查、核称、取样笔录和清单；称量工具是否合格；实地称量不具备条件的应依法封装后到有条件的地方进行称量排样送检；见证人在场，同步录音录像。	严格避免交叉污染和重复计算；采取措施防止犯罪嫌疑人及其他无关人员接触毒品及包装物；对体内藏毒的案件，应当监控犯罪嫌疑人排出体内的毒品，及时提取、扣押并制作笔录；在保障犯罪嫌疑人隐私和人格尊严的情况下，可以对排毒的主要过程进行拍照或者录像；必要时，可以在排毒前对犯罪嫌疑人体内藏毒情况进行透视检验并以透视影像的形式固定证据；及时发现、提取犯罪嫌疑人身体、衣服、随身物品以及作案工具上的毒品残留物及相关的痕迹和生物检材；注意避免犯罪嫌疑人吸毒后等不清醒时在场见证。
	4. 抽样提取送检笔录	对依法扣押的毒品、原材料、废液、废料进行抽样送检。		
	5. 辨认笔录	犯罪嫌疑人、毒品上下家、购毒、吸毒人员等身份确认情况；辨认作案工具。		
	6. 人身检查笔录及照片	确定涉案人特征、受伤情况或者精神状态；提取生物检材或毒品检材。		
	7. 尿液或血液毒品检测	是否吸毒。		
	8. 指认笔录	指认现场、指认涉案物品、作案工具。		
视听资料	道路监控视频、高速卡口监控视频；出入境通道，机场、火车站、汽车站等场所监控视频；行车记录仪视频、执法记录仪视频；车辆GPS记录；银行监控视频；宾馆、KTV等监控视频；其他涉案相关音视频	犯罪嫌疑人持有毒品的作案过程；出入宾馆、KTV等活动轨迹情况；到案经过、协助抓捕他人经过；抓获、搜查、扣押、称量经过。	光盘等存储介质随案移送；附有调取证据通知书（回执）和调取证据清单，并由证据持有人签名或盖章；附视频资料制作说明，对视频资料的来源、真实完整性、提取保存过程和证实主要事实进行说明。	注意提取沿途路段的监控录像、收费站的通行记录、车辆GPS、涉案车辆及邻近车辆行车记录仪视频的相关视频、数据；提供录音录像单位、个人的盖章或签章；注意时间的核对与校正，不得剪辑、增加、删改；注意时间的核对；组织犯罪嫌疑人及相关证人对视频、音频内容进行辨认。
电子数据	电子数据勘验、检查笔录及载体	手机、电脑、导航仪等电子设备数据存储、恢复情况；微信、QQ等社交软件，支付宝、微信支付等网络交易平台，网页、邮箱等毒品相关资料。	对毒品的认知；毒品的来源、去向及交易方式、过程；毒资的流转；组织犯罪嫌疑人及证人对电子数据内容进行辨认。	可根据办案需要将部分重要电子数据打印并经犯罪嫌疑人签字确认后附卷；使用前后注意封存物证。

续表

证据类型	证据名称	证明内容	证明标准	特别注意事项
技侦证据	采取技术侦查措施获取的物证、物证、视听资料、电子数据等	犯罪嫌疑人对毒品的明知；共同犯罪的各犯罪嫌疑人在共同犯罪中的地位、作用；毒品交易的数量、金额、地点等。	审批程序合法、齐全，必要时附秘卷移送；视频、音频内容应当转化为文字材料与光盘一并移送；电话监听须标注电话号码及机主，特殊代称或隐晦用语须注明。	采取技术侦查措施收集音视频证据应同时收集证明声音主体身份的证据；必要时进行声纹鉴定、图像鉴定。

十六、容留他人吸毒罪（刑法第354条）

容留他人吸毒罪，是指为他人吸食、注射毒品提供场所的行为。

（一）犯罪构成要件

1. 客体要件：本罪侵犯的客体是社会的正常管理秩序和人们的身心健康。

2. 客观要件：本罪在客观方面表现为行为人实施了容留他人吸毒的行为，所谓容留他人吸毒，是指给吸毒者提供吸毒的场所。

3. 主体要件：本罪的主体为一般主体，凡年满16周岁且具有刑事责任能力的人，均可构成本罪。

4. 主观要件：本罪在主观方面表现为故意，过失不构成本罪。

（二）专门性法律法规文件

1. 最高人民法院、最高人民检察院、公安部《办理毒品犯罪案件毒品提取、扣押、称量、取样和送检程序若干问题的规定》；

2. 最高人民法院、最高人民检察院、公安部《关于办理毒品犯罪案件收集与审查证据若干问题的意见》；

3. 最高人民检察院、公安部《关于公安机关管辖的刑事案件立案追诉标准的规定（三）》；

4. 最高人民法院《关于审理毒品犯罪案件适用法律若干问题的解释》；

5. 最高人民法院、最高人民检察院、公安部《办理毒品犯罪案件适用法律若干问题的意见》；

6. 最高人民法院《全国部分法院审理毒品犯罪案件工作座谈会纪要》；

7. 最高人民法院《全国法院毒品犯罪审判工作座谈会纪要》；

8. 公安部《关于毒品案件立案标准的通知》；

9. 公安部《公安机关缴获毒品管理规定》。

（三）证据清单

证据类型	证据名称	证明内容	证明标准	特别注意事项
物证	1. 毒品、包装物、储存工具等原物或照片	毒品的数量、形态、种类；毒品的包装、存放的地方。	扣押、提取、封存等过程具有合法性，扣押、提取、封存的作案工具、货物物品须与案件具有关联性。原物提取，不便提取的以照片形式附卷；物证的特征、数量、数额、重量与扣押清单一致。	不得将不同包装物内的毒品等进行混合；采取措施防止犯罪嫌疑人及其他无关人员接触毒品及包装物；及时发现、提取犯罪嫌疑人身体、衣服、随身物品以及作案工具上的毒品残留物。
	2. 吸食或注射毒品的工具如注射器、吸管、锡纸、特制冰壶等			
	3. 现金、银行卡、手机、车辆等			
书证	1. 受案材料、立案文书、破案经过	是否有管辖权；线索来源、发案经过、侦破经过。	相关文书应加盖公章，报案、控告等应形成笔录。	注意受理案件与立案时间、手续以及技侦手续的衔接。
	2. 犯罪嫌疑人主体证据、户籍证明	犯罪嫌疑人的基本信息。	犯罪嫌疑人是否达到相应刑事责任年龄。	未成年人刑事犯罪注意收集出生证明、户口本复印件等相关材料，必要时可以进行骨龄鉴定。外国人须收集护照、身份证等证件，并向使领馆核查。
	3. 刑事犯罪、违法等前科材料	前科劣迹及是否有毒品再犯、累犯或刑罚执行期间犯罪、是否为吸毒人员。	刑事判决书、刑满释放证明、治安处罚决定书、强制戒毒登记表、戒毒通知书等。	注意是否因容留他人吸毒被行政处罚；调取一、二审刑事判决裁定及释放证明等；是否系漏犯或有遗漏罪行。
	4. 到案经过、公安机关证明材料、接受投案的证明材料、检举揭发材料、立案逮捕或判决等法律文书	犯罪嫌疑人到案的真实详细过程；犯罪嫌疑人是否具有自首和立功情节。	到案经过应包括到案时间、地点、经过及是否抗拒抓捕、是否自动投案，是否有协助抓获其他同案犯的行为；到案后是否如实供述犯罪事实；由2名以上参与抓获或者接受投案的办案人员书写、签名，并加盖单位公章。	异地抓获的，应附异地公安机关出具的抓获经过、在逃人员登记表、临时羁押证明；检举揭发的，应当收集笔录或自述材料，被检举揭发人案件相关文书如立案决定书、逮捕决定书、起诉书、判决书等；协助抓捕的，详细说明协助方式及作用；在执法人员检查时有逃跑、藏匿、丢弃携带的物品或者其他逃避、抗拒检查行为的，应详细说明经过。

续表

证据类型	证据名称	证明内容	证明标准	特别注意事项
书证	5.传唤等文书以及拘传、拘留、逮捕、取保候审、监视居住等强制措施文书	传唤时间、拘传时间、羁押期限、强制措施合法性。	文书应当规范，符合公安机关刑事法律文书式样，完整、真实、清楚记录各办案阶段的羁押时间，确保所有时间均在规定的时间范围内。	特别需要注意传唤、拘传时间（12小时或24小时起止时间及审批手续）、拘留后送看守所时间（24小时内）；异地执行拘留逮捕的，要附转押、路程说明；拘留逮捕后通知家属时间要在法律规定的时间范围内。
	6.通话记录、短信记录、开户信息	毒品的来源、用途等。	须加盖提供单位的公章；以拍照、截图形式提取的须当事人签字确认。	可结合涉案电子设备所提取的电子勘查情况作出分析。
	7.开户信息、银行流水、微信支付、支付宝等资金往来情况	毒资的来源、流转和去向；犯罪嫌疑人与上家间的交易记录情况。	调取手续必须具有合法性，调取证据通知书附卷。	对相关资金流向进行分析统计，注意区分贩卖毒品；注意同案人是否构成洗钱罪；对于违法所得在银行卡内的要冻结移送处理。
	8.租房合同、酒店住宿登记表、预定酒店、饭店、娱乐场所包厢记录及消费记录	房屋等场所的所有人、使用人或管理人情况；行动轨迹或毒品犯罪行为场所。	调取手续齐全；收集原件。	使用虚假身份、号码等信息租用车辆、房屋、包厢等，注意收集相关的证人证言、监控视频、辨认笔录等证实实际租用人身份，必要时进行笔迹等鉴定。
	9.公安机关证明材料、接受投案的证明材料、检举揭发材料、立案逮捕或判决等法律文书	犯罪嫌疑人是否具有自首和立功情节。	证明材料须单位盖章及2名侦查人员签名。	检举揭发的，应当收集笔录或自述材料，被检举揭发人案件相关文书如立案决定书、逮捕决定书、起诉书、判决书等；协助抓捕的，详细说明协助方式及作用。
	10.涉案物品处理或移交清单	毒品、吸毒工具等物品的处理或移交情况。	由相关部门出具、盖章。	已移交相关部门进行处置的，需要说明处置的方式及结果。

第五章 妨害社会管理秩序罪

续表

证据类型	证据名称	证明内容	证明标准	特别注意事项
犯罪嫌疑人的供述及辩解	1. 自书材料	犯罪时间、地点、经过；毒品的种类、数量、来源和用途；容留吸毒的次数和容留的人数，是否曾因容留他人吸毒受过行政处罚，是否容留未成年人吸毒；通信、交通等工具的来源去向；共同犯罪案件中的分工、出资、毒品归属；是不是累犯、毒品再犯等前科情况；是否曾因实施毒品违法行为被行政处罚、强制戒毒和吸毒情况；到案经过及是否有自首、立功等情节；犯罪嫌疑人的经济状况、涉案财产的储存和处理。	自书材料应证明来源、提取时间；须制作3份以上综合笔录，清晰明了阐述案发经过；确定涉案数额；对讯问过程同步录音录像；注意讯问程序的合法性和笔录符合法定要求；讯问外国人、少数民族应当提供翻译。	讯问未成年犯罪嫌疑人须有法定代理人（或合适成年人）在场；讯问女性未成年犯罪嫌疑人须有女性侦查人员在场参与讯问；注意对毒品的认知情况和对是否明知是毒品的辩解；对犯罪嫌疑人有逃避、抗拒检查、伪报、藏匿、伪装等蒙蔽手段逃避检查等可以推定嫌疑人对毒品的明知的情形的，注意对犯罪嫌疑人采取上述方式供述与辩解的收集；注意犯罪嫌疑人是否为吸毒后、精神状态是否正常、意识是否清醒，如存在此情况，应停止问话，待其清醒后重新制作笔录。
	2. 讯问笔录			
证人证言	1. 目击证人、知情者的询问笔录	毒品犯罪的经过、容留吸毒的次数和吸毒人数；犯罪嫌疑人的体貌特征、抓获的经过；是否吸毒；吸毒场所的提供者。	询问过程应符合法定程序。	证人的身份及与犯罪嫌疑人的关系；未达到追责标准的参与人对犯罪发生的过程的叙述等。
	2. 抓获人、报案人、购毒和吸毒人员、现场发现人的询问笔录			
	3. 隐匿身份人的证言	隐匿身份人的身份信息、与犯罪嫌疑人的关系；毒品的来源、用途、去向；吸毒场所的提供者。	审批手续、对侦破案件的作用和身份信息附密卷移送。	是否为隐匿身份人提供的毒资或毒品或购毒渠道；应当采取不暴露隐匿身份人身份的保护措施。

续表

证据类型	证据名称	证明内容	证明标准	特别注意事项
鉴定意见	1. 涉毒物质成分与含量鉴定	对毒品进行毒品成分、含量鉴定。	委托程序、鉴定程序合法；鉴定意见与委托要求相符。	检材的提取、送检应当符合法定程序，鉴定意见应在法定时限内作出；鉴定机构、人员资质必须符合法定条件；鉴定意见应有2名鉴定人签名、机构签章。无鉴定人签名的，应对鉴定人进行询问或进行说明；鉴定意见须及时告知。
	2. 痕迹鉴定	对所提取的指纹、痕迹等进行鉴定。		
	3. 法庭科学DNA鉴定	遗留在现场或涉案物品上的犯罪嫌疑人或经手人的生物物证进行同一认定。		
勘查、检查、辨认笔录等	1. 现场勘查笔录、现场提取痕迹/物证登记表及照片	毒品储存、吸食现场、吸食工具；犯罪工具来源、丢弃现场；提取物证现场；指纹、掌纹等痕迹；体液、毛发等生物检材。	文书应当规范，符合公安机关刑事法律文书式样，内容应当完整、真实、详细，清晰记录物品搜查、扣押、清点、核称、取样、存放、移交的过程。应当拍摄现场照片或录像、绘制现场图、制作现场勘查及提取物证笔录；制作搜查、检查、核称、取样笔录和清单；称量工具是否合格；实地称量不具备条件的，应依法封装后到有条件的地方进行称量抽样送检；见证人在场，同步录音录像。	严格执行见证人制度；注意提取案发现场和涉案物品上犯罪嫌疑人、涉案人员的生物物证；注意扣押物品与案件的关联性，与案件无关的应及时发还物品所有人，保障相关人员的权利；严格见证人制度，对搜查、扣押、核称、取样过程进行同步录音录像；清点取样后依法封存于具有保管条件的地方储存。不得将不同包装物内的毒品或吸食毒品、残留毒品进行混合，严格避免交叉污染和重复计算；采取措施防止犯罪嫌疑人及其他无关人员接触毒品及包装物；及时发现、提取犯罪嫌疑人身体、衣服、随身物品以及作案工具上的毒品残留物及相关的痕迹和生物检材；注意避免犯罪嫌疑人吸毒后等不清醒时在场见证。
	2. 搜查证、搜查笔录、扣押决定书、扣押清单等搜查扣押手续、移交存放清单记录证据	查获的毒品、包装物、现金、手机等涉案物品来源、名称、数量、特征等；吸毒工具、毒品包装、分装工具的数量特征。		
	3. 清点、核称笔录	毒品的清点和称量。		
	4. 抽样提取送检笔录	对依法扣押的毒品和吸毒工具内毒品进行抽样送检。		
	5. 辨认笔录	犯罪嫌疑人、毒品上下家、购毒、吸毒人员等身份确认情况；辨认作案工具。		
	6. 人身检查笔录及照片	确定涉案人特征、精神状态；提取生物检材或毒品检材。		
	7. 尿液或血液毒品检测	是否吸毒。		
	8. 指认笔录	指认现场、指认涉案物品、作案工具。		

续表

证据类型	证据名称	证明内容	证明标准	特别注意事项
视听资料	道路监控视频、宾馆、KTV、酒店等监控视频；其他涉案相关音视频	犯罪嫌疑人容留他人吸毒的作案过程；出入宾馆、KTV等活动轨迹情况；到案经过、协助抓捕他人经过；抓获、搜查、扣押、称量经过。	光盘等存储介质随案移送；附有调取证据通知书（回执）和调取证据清单，并由证据持有人签名或盖章；附视频资料制作说明，对视频资料的来源、真实完整性、提取保存过程和证实主要事实进行说明。	提供录音录像单位、个人的盖章或签章；注意时间的核对与校正，不得剪辑、增加、删改；注意时间的核对；组织犯罪嫌疑人及相关证人对视频、音频内容进行辨认。
电子数据	电子数据勘验、检查笔录及载体	手机、电脑、导航仪等电子设备数据存储、恢复情况；微信、QQ等社交软件、支付宝、微信支付等网络交易平台、网页、邮箱等毒品相关资料。	对毒品的认知；毒品的来源、去向及交易方式、过程；组织犯罪嫌疑人及证人对电子数据内容进行辨认。	可根据办案需要将部分重要电子数据打印并经犯罪嫌疑人签字确认后附卷；使用前后注意封存物证。

十七、组织卖淫罪（刑法第358条第1款）

组织卖淫罪，是指以招募、雇佣等手段，纠集、控制多人从事卖淫的行为。

（一）犯罪构成要件

1. 客体要件：本罪侵犯的客体是社会治安管理秩序。

2. 客观要件：本罪在客观方面表现为行为人实施了组织、策划、指挥他人卖淫的行为。

3. 主体要件：本罪的主体为一般主体，凡年满16周岁且具有刑事责任能力的自然人均可构成本罪。

4. 主观要件：本罪在主观方面表现为具有组织他人卖淫的"组织故意"，即行为人明知自己是在实施组织他人进行卖淫活动的行为，并且明知这种组织行为会造成危害社会的结果，而希望或者放任这种结果的发生。

（二）专门性法律法规文件

1. 最高人民法院、最高人民检察院《关于办理组织、强迫、引诱、容留、介绍卖淫刑事案件适用法律若干问题的解释》；

2.最高人民法院、最高人民检察院、公安部、司法部《关于依法惩治拐卖妇女儿童犯罪的意见》；

3.最高人民法院、最高人民检察院、公安部、司法部《关于依法惩治性侵害未成年人犯罪的意见》；

4.最高人民检察院、公安部《关于公安机关管辖的刑事案件立案追诉标准的规定（一）》。

（三）证据清单

证据类型	证据名称	证明内容	证明标准	特别注意事项
物证	1.涉案钱款、避孕套、情趣用品等物品	涉案钱款、卖淫用品的情况、犯罪嫌疑人身份和随身携带物品情况、交通工具情况。	注意与扣押物品清单一致；原件扣押，如不能随案移送，拍照经犯罪嫌疑人、被告人确认，需要翻译的，则对证件内容进行翻译。	有组织境外人员卖淫或是组织人员到境外卖淫的，注意收集出入境及境外人员身份证明、护照等证据。
	2.护照、身份证、边境通行证			
	3.交通、通信工具			
	4.记账本、预约卡、宣传单等			
	5.卖淫人员的衣物、行李			
书证	1.受案材料、立案文书、破案经过	是否有管辖权；线索来源、发案经过、侦破经过。	相关文书应加盖公章，报案、控告等应形成笔录。	注意受案时间与立案时间的衔接。
	2.户籍证明、护照、身份证、边境通行证	犯罪嫌疑人身份信息、刑事责任年龄、国籍；卖淫人员的身份信息和年龄。	由户籍所在地公安机关出具并加盖公章；外国人需要通过使领馆核实身份。	调取原始户籍；注意卖淫人员是否为未成年人；外籍未成年人刑事责任年龄认定以其有效出入境证件为准。
	3.出入境信息查询单	证明出入境证件的真实、有效、出入境时间、口岸、使用情况。	调取出入境记录，非单一口岸出入境记录。	从公安内部信息网络打印的，列明查询时间、计算机、查询人员、办案部门。
	4.刑事犯罪、违法等前科材料	前科劣迹及是否有累犯情节。	刑事判决书、刑满释放证明、曾经卖淫或相关行为、吸毒被行政处罚的决定书等均须调取。	备注证据来源，附调取文书及调取人员签名；外国人要注意收集证明照片、指纹、自述材料等证明同一人的材料。

续表

证据类型	证据名称	证明内容	证明标准	特别注意事项
书证	5. 到案经过、公安机关证明材料、接受投案的证明材料、检举揭发材料、立案逮捕或判决等法律文书	犯罪嫌疑人到案的真实详细过程；犯罪嫌疑人是否具有自首和立功情节。	到案经过应包括到案时间、地点、经过及是否抗拒抓捕、是否自动投案，是否有协助抓获其他同案犯的行为；到案后是否如实供述犯罪事实；由2名以上参与抓捕或者接受投案的办案人员书写、签名，并加盖单位公章。	异地抓获的，应附异地公安机关出具的抓获经过、在逃人员登记表、临时羁押证明；检举揭发的，应当收集笔录或自述材料，被检举揭发人案件相关文书如立案决定书、逮捕决定书、起诉书、判决书等；协助抓捕的，详细说明协助方式及作用；多人以上结伙作案的情形，要注意表述清楚一起被抓获的涉案人员；被抓获人员自称姓名、身份、来源、对同伴的称呼。
	6. 拘传、拘留、逮捕、取保候审等强制措施文书	采取强制措施的合法性、羁押期限时长，是否按规定送所。	依法告知、加盖公章、注意法定羁押期限。	注意拘留后24小时入所、呈捕时间、执行时间以及拘留、逮捕后讯问时间。
	7. 卖淫人员体检报告	卖淫人员的身体情况。	由县级以上医院作出。	是否有性病或其他因卖淫行为导致的损伤、疾病。
	8. 房屋产权证明、租房合同、酒店或宾馆的营业执照、承包合同	涉案场所的所有者、使用者、经营者。	原件提取或到主管行政部门调取。	房屋所有人、酒店或宾馆经营者对卖淫行为是否明知，是否构成共犯。
	9. 车辆登记信息、行驶证、租车合同	接送卖淫人员或嫖客的交通工具的情况。	原件提取或到主管行政部门调取。	
	10. 记账本、收据、劳务合同、预约卡、宣传单、套餐价目表等	涉案人员的关系、卖淫行为的组织、收费和分工。	原件提取。	让犯罪嫌疑人、卖淫人员指认、解释、签字确认与卖淫相关的内容。
	11. 通话记录、短信记录	预谋、分工、接应情况及作案时间、过程、结果、收费、分赃等情况。	须加盖提供单位的公章；以拍照、截图形式提取的，须当事人签字确认。	可结合涉案电子设备所提取的电子勘查情况作出分析。
	12. 银行流水、微信支付、支付宝等资金往来情况	嫖资的收入、赃款的流向、分赃的情况。	对相关资金流向进行分析统计，形成款项流转过程的侦查意见。	

续表

证据类型	证据名称	证明内容	证明标准	特别注意事项
犯罪嫌疑人的供述及辩解	1. 自书材料	犯罪的起意、预谋过程、分工情况；卖淫地点的选择、承包费或租金的支付；卖淫女的来源、管理、联络和工作安排；嫖客的来源、费用的收取、收益分配；床、衣物、避孕套等卖淫工具的来源、成本的支出；出入境费用及支付方式。	自书材料应证明来源、提取时间；须制作3份以上综合笔录，清晰明了阐述案发经过；确定犯罪数额；对讯问过程同步录音录像；注意讯问程序的合法性和笔录符合法定要求。	犯罪嫌疑人有权选择诉讼时使用的语言；应依法提供翻译。
	2. 讯问笔录			
证人证言	1. 卖淫人员、嫖客的证言	卖淫女的来源、管理、联络和工作安排；嫖客的来源、费用的收取、收益分配。	证明组织人员的组织、指挥、策划、管理作用；询问过程应符合法定程序。	询问未成年人须有法定代理人（或合适成年人）在场；询问女性未成年人要求有女性侦查人员在场。
	2. 保洁员、收银员、保安员等员工的证言	犯罪嫌疑人实施犯罪的具体过程和分工。		
	3. 屋主、酒店或宾馆经营者等目击者、知情者的证言	房屋租赁、酒店或宾馆承包的情况、费用、出入人员；引诱、容留、介绍卖淫行为的过程；涉案人员的情况。		
	4. 警察证言	执法过程中查获犯罪嫌疑人及场所的经过。		
鉴定意见	1. 外币价值认定	跨境组织卖淫的收费和分赃。	委托程序、鉴定程序合法；鉴定意见与委托要求相符。	检材的提取、送检应当符合法定程序，鉴定意见应在法定时限内作出；鉴定机构、人员资质必须符合法定条件；鉴定意见应有2名鉴定人签名、机构签章。无鉴定人签名的，应对鉴定人进行询问或进行说明；鉴定意见须及时告知。
	2. 痕迹鉴定	对所提取的指纹、脚印等进行鉴定，确定犯罪参与人。		
	3. 法庭科学DNA鉴定	卖淫行为的发生和现场、物品、作案工具上的生物物证。		
	4. 司法精神鉴定	鉴定卖淫人员的精神状态。		
	5. 笔迹鉴定	虚假通关单证、身份证明文件签名来源；收条、合同的笔迹。		

续表

证据类型	证据名称	证明内容	证明标准	特别注意事项
勘查、检查、辨认笔录等	1. 现场勘查笔录及照片	卖淫场所、卖淫人员居住场所、出入境地点、路线、被抓获地点等现场位置、环境；涉案物证、痕迹的提取。	应当拍摄现场照片或录像、绘制现场图、制作现场勘查及提取物证笔录；制作搜查、检查笔录和扣押物品、文件清单；严格见证人制度，必要时进行同步录音录像；注明送检提取、封存程序；严格执行见证人制度。	注意查看扣押通信工具内置通联卡的号码；是否携带可以证实身份的证件、证件号、外国钱币、写有外文的书证；注意记录原始放置位置、外包装、内包装特征、细目照；搜查女性和提取女性生物检材由女性侦查人员提取。
	2. 搜查、检查笔录、照片及扣押物品、文件清单	人身检查情况、涉案财物情况、运送工具情况。		
	3. 辨认笔录	犯罪嫌疑人、卖淫人员、嫖客、工作人员之间身份确认情况；辨认交通、联络工具、卖淫工具。		
	4. 指认笔录	指认现场、指认涉案物品。	确认卖淫场所、管理居住场所、出入路线或出入境地点、被抓获地点等。	
	5. 犯罪嫌疑人生物检材提取笔录（如血痕卡等）	用于鉴定，比对DNA	犯罪嫌疑人确认、封存检材的照片附卷。	
视听资料	天网监控、执法视频等音视频	犯罪嫌疑人组织卖淫行为的场所、管理场所、路线、交通工具、招揽嫖客方式；犯罪嫌疑人、证人被抓获经过及现场盘问情况。	应附证据来源、调取文书以及与案件关联性的说明。	提供录音录像单位、个人的盖章或签章；注意时间的核对与校正。
电子数据	电子数据勘验、检查笔录及载体	案发经过；资金流转、费用收取和分赃。	手机、电脑、导航仪等电子设备数据存储、恢复情况。	可根据办案需要将部分重要电子数据如QQ记录、微信记录、网络转账等打印后经犯罪嫌疑人签字确认后附卷。
技侦证据	犯罪嫌疑人关于组织卖淫人员、嫖客以及组织跨境卖淫人员的相关音频、视频等证据	案发经过。	满足一般证据的证明标准。	立案后严格按照程序，由公安机关收集。

十八、引诱、容留、介绍卖淫罪（刑法第359条第1款）

引诱、容留、介绍卖淫罪，是指利用金钱、物质等手段诱使他人卖淫，为他人卖淫提供场所，以及在卖淫者和嫖客之间牵线搭桥的行为。

（一）犯罪构成要件

1. 客体要件：本罪侵犯的客体是社会治安管理秩序。

2. 客观要件：本罪在客观方面表现为引诱、容留、介绍他人卖淫的行为。

3. 主体要件：本罪的主体为一般主体，即凡年满16周岁且具有刑事责任能力的自然人实施了引诱、容留、介绍他人卖淫行为的，都可构成本罪。

4. 主观要件：本罪在主观方面表现为故意。过失不构成本罪。即行为人明知自己是在实施引诱、容留、介绍他人卖淫的行为，并且明知这种行为会造成危害社会的结果，而希望或追求这种结果的发生。

（二）专门性法律法规文件

1. 最高人民法院、最高人民检察院《关于办理组织、强迫、引诱、容留、介绍卖淫刑事案件适用法律若干问题的解释》；

2. 最高人民法院、最高人民检察院、公安部、司法部《关于依法惩治拐卖妇女儿童犯罪的意见》；

3. 最高人民法院、最高人民检察院、公安部、司法部《关于依法惩治性侵害未成年人犯罪的意见》；

4. 最高人民检察院、公安部《关于公安机关管辖的刑事案件立案追诉标准的规定（一）》。

（三）证据清单

证据类型	证据名称	证明内容	证明标准	特别注意事项
物证	1. 涉案钱款、避孕套、情趣用品等物品 2. 护照、身份证、边境通行证	涉案钱款、卖淫用品的情况、犯罪嫌疑人身份和随身携带物品情况、交通工具情况。	注意与扣押物品清单一致；原件扣押，如不能随案移送，拍照经犯罪嫌疑人、被告人确认，对证件内容进行翻译。	有引诱、容留、介绍境外人员卖淫的，注意收集出入境及境外人员身份证明、护照等证据。

证据类型	证据名称	证明内容	证明标准	特别注意事项
物证	3. 交通、通信工具	（同上）	（同上）	（同上）
	4. 记账本、预约卡、宣传单等			
	5. 卖淫人员的衣物、行李			
书证	1. 受案材料、立案文书、破案经过	是否有管辖权；线索来源、发案经过、侦破经过。	相关文书应加盖公章，报案、控告等应形成笔录。	注意受案时间与立案时间的衔接。
	2. 户籍证明、护照、身份证、边境通行证	犯罪嫌疑人身份信息、刑事责任年龄、国籍。	由户籍所在地公安机关出具并加盖公章；外国人需要通过使领馆核实身份。	调取原始户籍；外籍未成年人刑事责任年龄认定以其有效出入境证件为准。
	3. 卖淫人员身份证、户籍证明、护照等	卖淫人员的身份信息和年龄。	由户籍所在地公安机关出具并加盖公章；外国人需要通过使领馆核实身份。	注意卖淫人员是否有未成年人和外国人。
	4. 刑事犯罪、违法等前科材料	前科劣迹及是否有累犯情节。	刑事判决书、刑满释放证明、曾经卖淫或相关行为、吸毒被行政处罚的决定书等均须调取。	备注证据来源，附调取文书及调取人员签名；外国人要注意收集证明照片、指纹、自述材料等证明同一人的材料。
	5. 到案经过、公安机关证明材料、接受投案的证明材料、检举揭发材料、立案逮捕或判决等法律文书	犯罪嫌疑人到案的真实详细过程；犯罪嫌疑人是否具有自首和立功情节。	到案经过应包括到案时间、地点、经过及是否抗拒抓捕、是否自动投案、是否有协助抓获其他同案犯的行为；到案后是否如实供述犯罪事实；由2名以上参与抓获或者接受投案的办案人员书写、签名，并加盖单位公章。	异地抓获的，应附异地公安机关出具的抓获经过、在逃人员登记表、临时羁押证明；检举揭发的，应当收集笔录或自述材料，被检举揭发人案件相关文书如立案决定书、逮捕决定书、起诉书、判决书等；协助抓捕的，详细说明协助方式及作用；多人以上结伙作案的情形，要注意表述清楚一起被抓获的涉案人员；被抓获人员自称姓名、身份、来源、对同伴的称呼。
	6. 拘传、拘留、逮捕、取保候审等强制措施文书	采取强制措施的合法性、羁押期限时长，是否按规定送所。	依法告知、加盖公章、注意法定羁押期限。	注意拘留后24小时入所、呈捕时间、执行时间以及拘留、逮捕后讯问时间。

续表

证据类型	证据名称	证明内容	证明标准	特别注意事项
书证	7. 卖淫人员体检报告	卖淫人员的身体情况。	由县级以上医院作出。	是否有性病或其他因卖淫行为导致的损伤、疾病。
	8. 房屋产权证明、租房合同、酒店或宾馆的营业执照、承包合同	涉案场所的所有者、使用者、经营者。	原件提取或到主管行政部门调取。	房屋所有人、酒店或宾馆经营者对卖淫行为是否明知，是否构成共犯。
	9. 车辆登记信息、行驶证、租车合同	接送卖淫人员或嫖客的交通工具的情况。	原件提取或到主管行政部门调取。	
	10. 记账本、收据、劳务合同、预约卡、宣传单、套餐价目表等	涉案人员的关系、卖淫行为的引诱、容留、介绍、收费和分工。	原件提取。	让犯罪嫌疑人、卖淫人员指认、解释、签字确认与卖淫相关的内容。
	11. 通话记录、短信记录	预谋、分工、接应情况及作案时间、过程、结果、收费、分赃等情况。	须加盖提供单位的公章；以拍照、截图形式提取的须当事人签字确认。	可结合涉案电子设备所提取的电子勘查情况作出分析。
	12. 银行流水、微信支付、支付宝等资金往来情况	嫖资的收入、赃款的流向、分赃的情况。	对相关资金流向进行分析统计，形成款项流转过程的侦查意见。	
犯罪嫌疑人的供述及辩解	1. 自书材料	犯罪的起意、预谋过程、分工情况；卖淫地点的选择、承包费或租金的支付；卖淫女的来源、联络和工作安排；嫖客的来源、费用的收取、收益分配；床、衣物、避孕套等卖淫工具的来源、成本的支出；出入境费用及支付方式。	自书材料应证明来源、提取时间；须制作3份以上综合笔录，清晰明了阐述案发经过；确定犯罪数额；对讯问过程同步录音录像；注意讯问程序的合法性和笔录符合法定要求。	犯罪嫌疑人有权选择诉讼时使用的语言；应依法提供翻译。
	2. 讯问笔录			

第五章 妨害社会管理秩序罪

续表

证据类型	证据名称	证明内容	证明标准	特别注意事项
证人证言	1. 卖淫人员、嫖客的证言	卖淫女的来源、联络和工作安排；嫖客的来源、费用的收取、收益分配。	证明涉案人员的引诱、容留、介绍卖淫作用；询问过程应符合法定程序。	询问未成年人须有法定代理人（或合适成年人）在场；询问女性未成年人要求有女性侦查人员在场；注意区分组织卖淫罪。
	2. 保洁员、收银员、保安员等员工的证言	犯罪嫌疑人实施犯罪的具体过程和分工、收益、分赃。		
	3. 屋主、酒店或宾馆经营者等目击者、知情者的证言	房屋租赁、酒店或宾馆承包的情况、费用、出入人员；引诱、容留、介绍卖淫行为的过程；涉案人员的情况。		
	4. 警察证言	执法过程中查获犯罪嫌疑人及场所的经过。		
鉴定意见	1. 外币价值认定	跨境卖淫行为的收费和分赃。	委托程序、鉴定程序合法；鉴定意见与委托要求相符。	检材的提取、送检应当符合法定程序，鉴定意见应在法定时限内作出；鉴定机构、人员资质必须符合法定条件；鉴定意见应有2名鉴定人签名、机构盖章。无鉴定人签名的，应对鉴定人进行询问或进行说明；鉴定意见须及时告知。
	2. 痕迹鉴定	对所提取的指纹、脚印等进行鉴定，确定犯罪参与人。		
	3. 法庭科学DNA鉴定	卖淫行为的发生和现场、物品、作案工具上的生物物证。		
	4. 司法精神鉴定	鉴定卖淫人员的精神状态。		
	5. 笔迹鉴定	虚假通关单证、身份证明文件签名来源；收条、合同的笔迹。		
勘查、检查、辨认笔录等	1. 现场勘查笔录及照片	卖淫场所、卖淫人员居住场所、出入境地点、路线、被抓获地点等现场位置、环境；涉案物证、痕迹、生物检材、作案工具的提取。	应当拍摄现场照片或录像、绘制现场图、制作现场勘查及提取物证笔录；制作搜查、检查笔录和扣押物品、文件	注意查看扣押通信工具内置通联卡的号码；是否携带可以证实身份的证件、证件号、外国钱币、写有外文的书证；注

续表

证据类型	证据名称	证明内容	证明标准	特别注意事项
勘查、检查、辨认笔录等	2. 搜查、检查笔录、照片及扣押物品、文件清单	扣押人身检查情况、涉案财物情况、运送工具、联络工具。	清单；严格见证人制度，必要时进行同步录音录像；注明送检提取、封存程序；严格执行见证人制度。	意记录原始放置位置、外包装、内包装特征、细目照；搜查女性和提取女性生物检材由女性侦查人员提取。
	3. 辨认笔录	犯罪嫌疑人、卖淫人员、嫖客、工作人员之间身份确认情况；辨认交通、联络工具。		
	4. 指认笔录	指认现场、指认涉案物品。	确认卖淫场所、路线、居住场所和出入境地点、被抓获地点等。	
	5. 从犯罪嫌疑人处提取生物检材	证明与案件的关联性。	犯罪嫌疑人确认、封存检材的照片附卷。	
视听资料	天网监控、执法视频等音视频	犯罪嫌疑人引诱、容留、介绍卖淫行为的场所、卖淫场所、路线、交通工具、招揽嫖客方式；犯罪嫌疑人、证人被抓获经过及现场盘问情况。	应附证据来源、调取文书以及与案件关联性的说明。	提供录音录像单位、个人的盖章或签章；注意时间的核对与校正。
电子数据	电子数据勘验、检查笔录及载体	案发经过；资金流转、费用收取和分赃。	手机、电脑、导航仪等电子设备数据存储、恢复情况。	可根据办案需要将部分重要电子数据如QQ记录、微信记录、网络转账等打印并经犯罪嫌疑人签字确认后附卷。
技侦证据	犯罪嫌疑人关于引诱、容留、介绍卖淫人员、嫖客以及实施跨境犯罪的相关音频、视频等证据	案发经过。	满足一般证据的证明标准。	立案后严格按照程序，由公安机关收集。

附录：综合性法律法规及司法解释

1. 《刑法》；
2. 《刑事诉讼法》；
3. 最高人民法院《关于适用〈中华人民共和国刑事诉讼法〉的解释》；
4. 《人民检察院刑事诉讼规则》；
5. 《公安机关办理刑事案件程序规定》；
6. 最高人民法院《关于处理自首和立功若干具体问题的意见》；
7. 最高人民法院、最高人民检察院、公安部、国家安全部、司法部《关于办理死刑案件审查判断证据若干问题的规定》；
8. 最高人民法院、最高人民检察院、公安部、国家安全部、司法部《关于办理刑事案件排除非法证据若干问题的规定》；
9. 最高人民法院、最高人民检察院、公安部、国家安全部、司法部《关于办理刑事案件严格排除非法证据若干问题的规定》；
10. 《公安机关讯问犯罪嫌疑人录音录像工作规定》；
11. 最高人民法院《关于审理未成年人刑事案件具体应用法律若干问题的解释》；
12. 最高人民法院、最高人民检察院、公安部《关于办理刑事案件收集提取和审查判断电子数据若干问题的规定》；
13. 《公安机关办理刑事案件电子数据取证规则》；

14. 最高人民法院《全国法院维护农村稳定刑事审判工作座谈会纪要》；
15. 全国人民代表大会常务委员会《关于司法鉴定管理问题的决定》；
16. 《公安机关鉴定机构登记管理办法》。

图书在版编目（CIP）数据

常见刑事犯罪侦查取证工作指引 / 韦凤珍主编；防城港市人民检察院编写．—北京：中国检察出版社，2021.1
ISBN 978-7-5102-2533-8

Ⅰ.①常… Ⅱ.①韦… ②防… Ⅲ.①刑事侦查—证据—收集—研究 Ⅳ.①D918

中国版本图书馆 CIP 数据核字（2021）第 004541 号

常见刑事犯罪侦查取证工作指引
韦凤珍　主编
防城港市人民检察院　编写

出版发行：	中国检察出版社
社　　址：	北京市石景山区香山南路 109 号（100144）
网　　址：	中国检察出版社（www.zgjccbs.com）
编辑电话：	（010）86423749
发行电话：	（010）86423726　86423727　86423728
	（010）86423730　86423732
经　　销：	新华书店
印　　刷：	北京联兴盛业印刷股份有限公司
开　　本：	710mm×960mm　16 开
印　　张：	15
字　　数：	256 千字
版　　次：	2021 年 1 月第一版　2023 年 2 月第二次印刷
书　　号：	ISBN 978-7-5102-2533-8
定　　价：	50.00 元

检察版图书，版权所有，侵权必究
如遇图书印装质量问题本社负责调换